CLASSICS IN GERMANIC LITERATURES
AND PHILOSOPHY

HERAUSGEGEBEN VON

WOLFGANG F. TARABA

Professor für Neuere Germanistik und *Humanities*
University of Minnesota

DIE MURBACHER HYMNEN

NACH DER HANDSCHRIFT HERAUSGEGEBEN

VON

EDUARD SIEVERS

Mit einer Einführung von
EVELYN SCHERABON FIRCHOW
Professor für Altere Germanistik
an der University of Minnesota

JOHNSON REPRINT CORPORATION
New York • London
1972

Library of Congress Catalog Card Number: 79-116458
ISBN: 0-384-55359-1

Copyright © 1972 by Johnson Reprint Corporation
First reprinting 1972, all rights reserved
Johnson Reprint Corporation
111 Fifth Avenue, New York, New York 10003

Printed in the United States of America

Einführung[*]

Die kritische Textausgabe der *Murbacher Hymnen* (*MbH*) von Eduard Sievers, die in diesem Nachdruck vorliegt, ist beinahe hundert Jahre alt. Da sie ursprünglich nur in einer kleinen Auflage erschien, ist sie schon lange nicht mehr im Buchhandel erhältlich. In vielen Bibliotheken ist der Text daher heute nicht vorhanden, und wo man Exemplare der Erstausgabe findet, sind sie in schlecht erhaltenem Zustand. Und so schien es angebracht, einen Nachdruck dieses althochdeutschen Sprachdenkmals herauszubringen, damit es der Forschung wieder allgemein zugängig gemacht werden kann.[1]

Verbunden mit den Bestrebungen und Verordnungen Karls des Großen — ausgedrückt in der *Admonitio generalis* aus dem Jahre 789 — daß in den Klöstern die Benediktinerregel genau gekannt

---

[*] Dieser Aufsatz wurde ursprünglich im Sommer 1967 abgeschlossen. Seither erschienene Arbeiten sind nur zum Teil berücksichtigt worden. Der Graduate School der University of Minnesota habe ich für die zur Verfügung gestellten Mittel zur Beschaffung der Sekundärliteratur zu danken.

1. Der von Ursula Daab herausgegebene Abdruck (*Drei Reichenauer Denkmäler der altalemannischen Frühzeit, Altdeutsche Textbibliothek* Nr. 57, Tübingen 1963, S. 29ff.) ist unvollständig und fehlerhaft und daher für die wissenschaftliche Forschung ungenügend. Der Grund dafür liegt wenigstens teilweise darin, daß Daab keine vollständige Photokopie der HS zur Verfügung hatte und lediglich die in Baesecks *Lichtdrucken* (siehe unten Anmerkung 6) abgebildeten Kodexseiten kollationieren konnte. Trotzdem hat sie auch dabei vieles übersehen und oft Sievers einfach kopiert, wie jetzt auch Giancarlo Bolognesi („Note critico-linguistiche sui ,Murbacher Hymnen'," *Studi linguistici in onore di Vittore Pisani*, hrsg. von G. Bolognesi *et al.*, 1. Band, Brescia 1969, S. 129–160) wiederholt festgestellt hat. Dasselbe gilt auch für den Abdruck der *MbH* aus der Junius HS Nr. 25 von Cyrille Vogel nach seiner eigenen Lesung („L'hymnaire de Murbach contenu dans le ms. Junius 25," *Archive de l'Eglise d'Alsace* 25/N.F.9, 1958, S. 18–42). Der Abdruck enthält besonders im althochdeutschen Teil viele Verlesungen und Fehler und stützt sich auf Sievers' Lesarten und Textausgabe, wie auch G. Bolognesi bei seiner Textkollationierung bemerkt hat.

werden soll und daß man der geistlichen Literatur große Aufmerksamkeit zu schenken habe, ist das Aufblühen der Übersetzungsliteratur. Im letzten Jahrzehnt des achten und in den beiden ersten Jahrzehnten des neunten Jahrhunderts zeichnen sich vor allem die Klöster Reichenau und Murbach durch eifrige Glossenarbeiten und Interlinearübersetzungen aus. Während man die Glossenarbeit als Vorschule für die Übersetzung zusammenhängender Texte ansehen kann, bilden die Interlinearversionen den ersten und primitivsten Versuch, ganze Texte zu verdeutschen. Aus sklavischer Treue zum lateinischen Text hat man Wort für Wort, sogar Form für Form aus dem Zusammenhang gelöst und in die Muttersprache übertragen. Die *Murbacher Hymnen* sind ein solches Beispiel einer frühen Interlincarübersetzung: in der Handschrift ist der lateinische Text interlinear mit althochdeutschen Glossen versehen, die meist keine zusammenhängende Übersetzung bilden, sondern oft Wort-für-Wortübertragungen sind.[1a]

Die *Murbacher Hymnen* sind uns in einem einzigen Manuskript des neunten Jahrhunderts überliefert, das sich heute in der Bodleianischen Bibliothek in Oxford befindet. Das erhaltene Manuskript stammt aus den Jahren 810 bis 817[2] und ist die Abschrift eines verlorenen Originals, das ursprünglich wohl einige Jahre vorher entstanden sein wird. Die Interlinearversion stellt daher ein sehr frühes Sprachdenkmal der althochdeutschen Sprache dar.

Worum es sich bei den Hymnen handelt ersehen wir aus der lateinischen Überschrift, die dem Text in der Junius HS Nr. 25 vorangeht: *Incipiunt hymni canendae* [sic] *per circulum annum.* Es ist also

---

1a. Vgl. dazu jetzt auch Stefan Sonderegger, „Frühe Übersetzungsschichten im Althochdeutschen. Ein methodischer Beitrag," *Philologia deutsch. Festschrift zum 70. Geburtstag von Walter Henzen,* hrsg. von Werner Kohlschmidt und Paul Zinsli, Bern 1965, wo er auf Seite 103 schreibt: „Es stellt sich bei den Interlinearversionen immer die Frage, wieweit man schon von einer Übersetzung sprechen dürfe. Die Antwort ist nicht einfach; neben völlig schematischer Formumsetzung finden sich einzelne Perlen von gelungenen Übersetzungsstellen, aber die Interlinearversion als Ganzes ist doch meist mehr der Versuch einer Erklärung als eine Übersetzung. . . . Die Interlinearübersetzung ist erst so etwas wie die Rohübersetzung einer Übersetzungsmaschine der modernen technischen Linguistik. Und doch können wir bei den einzelnen Interlinearversionen zum Teil beachtliche Unterschiede in der Übersetzungstechnik finden." Weiteres siehe Seite xixff.

2. Vgl. die Datierungen bei: Eduard Sievers, dieses Buch, S. 4f.; Gustav Ehrismann, *Geschichte der deutschen Literatur,* 1. Teil, München 1932, S. 258; Georg Baesecke, *Der deutsche Abrogans und die Herkunft des deutschen Schrifttums,* Halle 1930, S. 11, 51; Ursula Daab, *Drei Reichenauer Denkmäler,* S. viii.

nicht nur eine Sammlung von Hymnen, sondern ein frühes Hymnar, das insgesamt siebenundzwanzig Hymnen für die verschiedenen kirchlichen Anlässe im Laufe des Kirchenjahres enthält.[3] Mit Ausnahme der ersten Hymne, die mit der Anmerkung *Ad noct. dominicis diebus* rubriziert ist, finden sich in der Handschrift keine weiteren Anweisungen für die Bestimmung und Verwendung der einzelnen Hymnen.

Der Kodex, der die *MbH*-Handschrift enthält, war nachweislich bis Mitte des fünfzehnten Jahrhunderts im Besitze des südelsässischen Klosters Murbach. Von dort gelangte die Handschrift in Zuerius Marcus Boxhorns, dann in die Isaac Vossius'sche Privatbibliothek, und schließlich scheint Franz Junius sie geerbt zu haben, der sie auch abschrieb.[4] Längere Zeit war dann die Originalhandschrift verschollen[4a] und Jakob Grimms Erstausgabe der *MbH* im Jahre 1830 stützte sich daher auf die von Junius verfertigte Abschrift der Handschrift.[5] Sievers' Ausgabe ist die erste und einzige kritische Textausgabe dieses Sprachdenkmals, die nach der Wiederentdeckung der Originalhandschrift herausgegeben wurde.[5a] Sievers' Text ist vorzüglich und

---

3. Nach Grimms und Sievers' Zählung sind es sechsundzwanzig Hymnen, da der sechsundzwanzigste Hymnus von beiden als ‚25a' bezeichnet wird.

4. Zur Geschichte und Beschreibung der Handschrift vgl. Eduard Sievers, dieses Buch, S. 1ff.; Elias Steinmeyer und Eduard Sievers, *Die althochdeutschen Glossen*, 4. Band, Berlin 1898, S. 588ff.; Cyrille Vogel, „L'hymnaire de Murbach," S. 2ff. Der niederländische Gelehrte Franciscus Junius (1589–1677) hat sich um die Erschliessung der Hauptquellen der germanischen Sprachen große Verdienste erworben.

4a. Der Kodex Junius HS Nr. 25 kam 1678 aus dem Nachlaß des Junius an die Bodleianische Bibliothek in Oxford. Der Kodex besteht aus elf ursprünglich selbständigen Faszikeln aus dem 8. und 9. Jahrhundert, die vielleicht bereits in Murbach vereint wurden. Die *MbH* finden sich im sechsten und siebenten Faszikel: der Hauptteil ist Faszikel sieben (Bl. 122–129, Bl. 129b sehr verschmutzt, wahrscheinlich Schlußblatt eines früheren Kodex; enthält die Hymnen 1–21 = *Ha*, Reichenauer Teil) und stammt von Reichenauer Hand aus dem ersten Viertel des 9. Jahrhunderts. Dieser Teil gelangte früh nach Murbach und wurde dort durch den sechsten Faszikel vorne ergänzt: von Murbacher Hand des ersten Viertels des 9. Jahrhunderts auf Bl. 116a bis 117b mit den Hymnen 22–26 (= *Hb*, Murbacher Teil), darauf mit Glossar Jc (*Ahd. Glossen* IV, 1–25) auf Bl. 118a bis 121b (bis auf Bl. 122a des Faszikels sieben hinüberführend) beschrieben. Siehe Hanns Fischer, *Schrifttafeln zum althochdeutschen Lesebuch*, Tübingen 1966, S. 9*.

5. Junius HS Nr. 74. Nach Sievers, dieses Buch, S. 8, hat bereits G. Hickes in seiner *Grammatica franco-theotisca*, Oxonii 1703 die Hymnen *Mediae noctis tempore* (S. 110), *Aeternis lucis conditor* (S. 111), *Fulgentis auctor aetheris* (S. 100) und *Te Deum laudamus* (S. 64) herausgegeben. J. G. Eccard hat in seiner *Francia orientalis*, 2. Band, Wirceburgi 1729, S. 948ff. die ersten drei Hymnen nach Hickes abgedruckt.

5a. Die Junius HS Nr. 25 wurde von Sievers' Lehrer Friedrich Zarncke mit Hilfe des Oxforder Sprachwissenschaftlers Max F. Müller wiederentdeckt. Durch die

enthält nur einige Fehler und Irrtümer. Die wenigen Nachträge und Berichtigungen zum Text sind am Ende dieser Einführung zusammengestellt (S. xli ff).

Sowohl der lateinische als auch der deutsche Text sind in der Handschrift bis auf wenige Stellen gut erhalten und leicht lesbar.[6] Da die Handschrift keine Noten enthält, wurde sie wahrscheinlich als Lesetext benützt. Zu welchem Zwecke aber ist sie verfaßt worden? Man hat vorgeschlagen, daß Murbach, im sprachlichen Übergangsgebiet zwischen Gallien und Germanien gelegen, fremde Mönche in seiner Klostergemeinschaft miteinschloß, die auf diese Weise das Althochdeutsche, d.h. die Sprache ihres neuen Wirkungskreises lernen sollten.[7] Tatsächlich sind für Murbach Mönche aus Irland und England nachgewiesen worden[8] und es ist auch sicher,

---

Fürsprache Zarnckes beim Sächsischen Kultusministerium erhielt der zwanzigjährige(!) Sievers nach Abschluß seiner Doktorarbeit ein Reisestipendium. Damit fuhr er dann am Ende des Wintersemesters 1870/71 nach Oxford, wo er während seines Aufenthaltes unter anderem auch die *MbH* aus der Junius HS Nr. 25 abschrieb. Diese veröffentlichte er drei Jahre später als die vorliegende kritische Ausgabe. Zu E. Sievers' Bericht an das Sächsische Kultusministerium (datiert 16. Juli 1871) über seine Reise nach England und die Beschreibung seiner Arbeit an den *MbH* in der Bodleiana siehe D. Germann, „Eduard Sievers' Bericht über seine Handschriftenfunde in der Bodleiana und dem Britischen Museum im Frühjahr 1871," *PBB* 79 (Halle 1957), besonders S. 323–329.

6. Vgl. Sievers' Leseprobe aus der Handschrift (Teile von Blatt 116b und 122b) am Ende des vorliegenden Bandes, S. 107. Auch George Baeseckes *Lichtdrucke nach althochdeutschen Handschriften*, Halle 1926 enthalten Abbildungen der Handschrift: die Kodexseiten 122b, 123a, 126b (*Ha*) und 116b (*Hb*) sind auf den Tafeln 31, 32, 33 und 28 abgedruckt. Bei Hannes Fischer, *Schrifttafeln zum ahd. Lesebuch* ist auf Seite 6 Blatt 122b photographisch abgebildet. Auf Seite 9* und 10* wird es transkribiert und besprochen. Fischer beschreibt die HS der *MbH* wie folgt: „Gleichmäßige breite karolingische Minuskel alemannischer Prägung mit der charakteristischen Vorliebe für die *nt*-Ligatur.... Auch sonst begegnen viele Ligaturen. Die deutschen Glossen zeigen sowohl Auslassung mittlerer Buchstaben (*truh ne* für *truhtine*....) als auch die eigenartige Ersparung des Wortanfangs (*ta* für *uuafta*, *cho* für *starchlicho*....), auf die bei der Interlinearversion der Benediktinerregel... hingewiesen wurde. Die beiden Schriftdenkmäler stehen sich überhaupt in mancher Hinsicht nahe." (Seite 10*)

7. J. Knight Bostock, *A Handbook on Old High German Literature*, Oxford 1955, S. 95–96. Ähnlich schon Johann Kelle, *Geschichte der Deutschen Litteratur*, 1. Band, Berlin 1892, S. 99.

8. Das Kloster wurde angeblich 726 vom heiligen Pirmin gegründet. Die Herkunft des Bischofs Perminius, wie er urkundlich heißt, ist umstritten: man hat ihn für einen Westgoten, Angelsachsen, Iroschotten und Südgallier gehalten. Die Gründermönche Murbachs waren Landesfremde, „peregrini", die aus verschiedenen Gegenden zusammenkamen, vor allem aus Westfranken, d.h. Gallien. Murbach

daß sich unter den Brüdern zahlreiche Westfranken befanden. Andererseits aber diente die Interlineararbeit allgemein zur Erziehung des inneren klösterlichen Kreises, für die Mönche und die Geistlichen, die zum Verständnis der hymnisch-liturgischen Texte erst erzogen werden mußten.[9] Interlinearversionen wurden also von den Geistlichen zum eigentlichen Wortvertständnis benutzt, hatten vorerst mit dem Lehren des Volkes und Laientums nichts zu tun, sondern waren vielmehr „Verständnishilfe eines eindringlichen Studiums in der Stille der Klosterschule und Klosterbibliothek, klösterlich-gelehrten Aufgaben dienlich."[10] Man mag dabei auch besonders an die jüngeren Brüder und die Klosterschüler denken, sowie an die Mönche, die keine „scolastici" waren. Denn es ist ziemlich sicher, daß die Lateinkenntnisse der damaligen Mönche zu wünschen übrig ließen, eine Tatsache, die gerne übersehen wird.[11]

Über die Dialektzugehörigkeit der *MbH* wurden im Laufe der Zeit verschiedene widersprechende Ansichten geäußert. Jakob Grimm und danach Eduard Sievers haben sie als „Murbacher Hymnen"

---

wurde nach iroschottischem Vorbild errichtet und Beyerle glaubt, daß das Kloster zeitlich *vor* der Reichenau gegründet worden ist. (Gegen diese Annahme ist seither allerdings von verschiedensten Seiten energisch Einspruch erhoben worden.) Vgl. Franz Beyerle, „Bischof Perminius und die Gründung der Abteien Murbach und Reichenau," *Zeitschrift für Schweizerische Geschichte* 27 (1947), S. 131, 137, 144 und A. Gatrio, *Die Abtei Murbach in* [sic] *Elsaß*, 1. Band, Straßburg 1895, S. 4ff., der vielgeschmähte Historiker der Abtei Murbach, dessen Darstellung der frühen Epochen des Klosters äußerst unzulänglich ist. Auch der Angelsachse Alcuin hat das Kloster selbst besucht und stand mit Murbach in Beziehung, vgl. A. Gatrio, *ibid.*, S. 134ff.

9. Helmut de Boor, „Von der Karolingischen zur Cluniazensischen Epoche," in H. O. Burger, *Annalen der deutschen Literatur*, Stuttgart 1952, S. 46.

10. Helmut de Boor, *Die deutsche Literatur von Karl dem Großen bis zum Beginn der höfischen Dichtung*, 1. Band, München [6]1964, S. 25.

11. Man vergleiche in diesem Zusammenhange z.B. die Statuten des Abtes Simbert von Murbach, später Bischof von Augsburg (786–792), die dieser schriftlich nach Murbach sandte. Aus ihnen geht deutlich hervor, daß die Lateinkenntnisse der Mönche in Murbach am Ende des achten Jahrhunderts keinesfalls überwältigend gewesen sein können. Vgl. A. Gatrio, *Die Abtei Murbach*, besonders S. 107. Siehe auch die Eintragung in das Bücherverzeichnis der Reichenau, das vor 842 zusammengestellt wurde, wo steht: „In xx primo libello continentur xii carmina Theodiscae linguae formata. In xx secundo libello habentur diversi poenitentiarum libri a diversis doctoribus editi et *carmina diversa ad docendum Theodiscam linguam.*" [Kursive von mir.] Darunter werden allgemein die *MbH* verstanden, die zum Unterricht im Deutschen bestimmt waren und die zum Übersetzen aus dem Lateinischen ins Deutsche dienten. Siehe G. Ehrismann, *Geschichte der deutschen Literatur*, I. Teil, Seite 268.

bezeichnet, weil die erhaltene Handschrift aus dem Kloster Murbach stammt. Im Jahre 1883 zeigte jedoch Socin, daß die Sprache der *MbH* nicht elsässisch ist. Da uns der Lautstand dieses Sprachgebietes nicht direkt überliefert ist, untersuchte er den Lautstand und die Grammatik der althochdeutschen Sprache im Elsaß an Hand von Eigennamen aus elsässischen Urkunden, vor allem aus dem achten und neunten Jahrhundert. Das Ergebnis der Arbeit beweist, daß es im Elsaß in althochdeutscher Zeit keinen einheitlichen Dialekt gegeben hat: im Norden wurde der südfränkische Dialekt, „das heißt das durch das Alemannische stark beeinflußte Rheinfränkische," im Süden dagegen das Alemannische, das durch das nördlich sich anschließende Fränkisch gemildert war, gesprochen. Socin gelangt zu dem Schluß, „daß der *Lautstand von Murbach die Mitte innehält zwischen dem Südfränkischen von Weißenburg und dem Hochalemannischen von St. Gallen.* Letzterem steht er aber doch entschieden näher. Wir haben ihn also, wozu auch die ethnographischen Verhältnisse stimmen, als *alemannisch, und zwar als niederalemannisch anzusehen.*" Da aber der Lautstand der *MbH* durchaus hochalemannisch ist, kann „von Murbach als Ort der Übersetzung dieser Hymnen ... demnach nicht die Rede sein, *das obere Alemannien ist ihre Heimat,* und zwar ... Reichenau."[12]

Rudolf Koegel dagegen vertrat in einem im Jahre 1884 veröffentlichten Aufsatz eine andere Ansicht.[13] Indem für ihn die rheinfränkische Herkunft der Isidorübersetzung und der verwandten Stücke feststand, waren die Übereinstimmungen der Murbacher Denkmäler mit diesen Texten seiner Auffassung nach Zeugnis ihrer rheinfränkischen Herkunft. Orthographische und formale Eigenheiten, für das Schrifttum der Reichenau nicht belegt, dagegen größtenteils in den Murbacher Schriften aufscheinend, führte Koegel auf rheinfränkische Einflüsse zurück. Die *MbH* seien daher „direct oder durch mittelglieder hindurch aus vorlagen geflossen, welche in rheinfränkischer mundart ... abgefaßt gewesen sind."[14] Als Beweis für die ursprünglich rheinfränkische Vorlage der *MbH* führt Koegel folgende Merkmale auf: die Schreibung *quh,* die sonst nur im Isidor und im

---

12. Vgl. Adolf Socin, „Die althochdeutsche Sprache im Elsaß vor Otfrid von Weißenburg," *Straßburger Studien,* 1 (1883), S. 273-274.

13. Rudolf Koegel, „Zu den Murbacher Denkmälern und zum Keronischen Glossar," *PBB* 9 (1884), S. 301-329.

14. *Ibid.,* S. 324.

Glossar *Jc* gefunden wird, die vereinzelten *th, dh* im In- und Auslaut, die im Reichenau-Murbacher Dialekt des neunten Jahrhunderts nicht vorkommen, die Schreibung *ch* = *g*, sowie die beiden Stellen, an denen *cha*- geschrieben wird, die wahrscheinlich auf ein *chi*- der Vorlage zurückgehen, sowie die zahlreichen anlautenden *th* in *Hb* und das erhaltene *wr*.[15] Koegel hat aber später, nachdem er Socins Untersuchungen kennenlernte, seine Ansicht über die rheinfränkische Vorlage der *MbH* zurückgenommen.[16] Er sah ein, daß die in den *MbH* enthaltenen fränkischen Spuren durch die Murbacher Schreiber in die Abschrift hineingekommen sind und daß der Grunddialekt des Denkmales Hochalemannisch ist.

Bei seinem Versuch, die Heimat der Murbacher Denkmäler festzustellen, schloß sich auch Schindling noch im Jahre 1908 an die alte Auffassung Koegels an und wiederholte im wesentlichen dieselben Argumente. Da sowohl *Jc* als auch *Hb* von gleicher Hand geschrieben sind, stellte Schindling durch einen Vergleich fest, daß der Lautstand von *Jc* fast völlig dem von *Hb* entspricht und daher müßten *Hb* und *Jc* beide auf eine rheinfränkische Vorlage zurückgehen. *Ha* dagegen weist einen anderen Lautstand als *Hb* und *Jc* auf. Und so schießt Schindling: „*Hb* ist im allgemeinen wohl jünger als *Ha*, in der Entwicklung der Nebensilbenvokale aber steht es wie *Jc* entschieden auf älterer Stufe. Da wir diese Verhältnisse nicht aus zeitlichen Differenzen aufzuklären vermögen, so müssen wir wieder wie für *Jc* dialektische Unterschiede der Entstehung und Überlieferung annehmen, etwa so, daß *Hb* (gemeinsam mit *Ha*) in früher Zeit in rheinfränkischer Vorlage nach dem Oberrhein gekommen war, von wo aus *Hb* bald nach Murbach gelangt und dort kopiert, *Ha* dagegen erst später in Reichenauer Schrift dorthin gebracht, aber nicht mehr kopiert worden wäre."[17] Schindling nimmt daher wie Koegel eine rheinfränkische Vorlage für *Ha* und *Hb* an. *Ha* hält er für eine Reichenauer Handschrift, deren fränkische Merkmale auf die

---

15. Vgl. Eduard Sievers, dieses Buch, S. 15, 17. Rudolf Koegel, „Zu den Murbacher Denkmälern," S. 325. Siehe hier jetzt auch Richard H. Lawson: „Preverbal *ke*- in the Earliest Old Alemannic," *JEGP* 69 (1970), S. 568–579.

16. Vgl. Rudolf Koegel, *Geschichte der deutschen Literatur bis zum Ausgang des Mittelalters*, 1. Band/2, Straßburg 1897, S. 469 und besonders Rudolf Koegel und Wilhelm Bruckner, „Althoch- und altniederdeutsche Literatur," in H. Paul, *Grundriß der germanischen Philologie*, 2. Band/I, Straßburg ²1901–1909, S. 147.

17. B. Schindling, *Die Murbacher Glossen. Ein Beitrag zur ältesten Sprachgeschichte des Oberrheins*, Straßburg 1908, S. 153ff., 160.

ursprünglich rheinfränkische Vorlage zurückzuführen sind, *Hb* dagegen ist ein direkter Zeuge des Murbacher Dialektes und die darin auftretenden fränkischen Formen stammen teils aus der rheinfränkischen Vorlage, teils von der Murbacher Mundart, in der fränkische Einschläge mit vorherrschendem alemannischen Lautstand zu finden sind.

Die meisten Merkmale, die Koegel und Schindling für die fränkische Herkunft der Originale vorbringen, sind nach der Ansicht Nutzhorns nicht stichhaltig. In einer ausführlichen Arbeit versucht er zu beweisen, daß Murbach nicht nur der Entstehungsort der *MbH* und der verwandten Denkmäler, sondern auch der Isidorgruppe ist.[18] Er glaubte, den Sprachgebrauch und die Orthographie Murbachs um 800 mit Hilfe der Urkunden und *Jc*, sowie der Abweichungen des Glossars *Ja* und der *MbH* vom Reichenauer, und der des Glossars *Jb* vom schwäbisch-bairischen Dialekt feststellen zu können. *Ja* ist das älteste Denkmal, *Jc* und *Hb* sind gleichaltrig — nach Sievers aus dem Anfang des neunten Jahrhunderts — und die jüngsten Werke. Ihre Vorlage ist wahrscheinlich nicht viel früher in Murbach entstanden. *Ha* ist schon früher nach Murbach gelangt, denn schon Sievers bemerkte, daß die Schrift dieses Teiles der Handschrift etwas altertümlicher aussieht als die von *Hb* und *Jc*. Die orthographischen Eigentümlichkeiten aller dieser Handschriften, die sonst nirgends in derselben Konsequenz belegt sind, deuten daher auf *eine* Schreibstube zu einer bestimmten Zeit. „Daß nun der ort ihrer entstehung *Murbach* war, wo die hss. sich bis im 15. jh. befanden, zeigen die *urkunden*, indem sie dieselben orthographischen eigenarten und denselben lautstand bieten."[19]

18. G. Nutzhorn, „Murbach als Heimat der althochdeutschen Isidorübersetzung und der verwandten Stücke," *ZfdPhil.* 44 (1912), S. 265–320, 430–476.
19. *Ibid.*, S. 309. In diesem Zusammenhang ist auf die Arbeit von Bettina Kirschstein zu verweisen: „Sprachliche Untersuchungen zur Herkunft der althochdeutschen Isidorübersetzung, insbesondere zur ‚Murbacher These'," *PBB* 84 (Tübingen 1962), S. 5–122. Kirschstein hat Nutzhorns ‚Murbacher These' über die Herkunft des Isidor erneut überprüft und stellt fest, daß der Isidor auf keinen Fall aus der Murbacher Schreibstube hervorgegangen sein kann. Da die Schreiber der für Murbach verhältnismäßig sicher bezeugten Denkmäler (darunter die Urkunden *Jc*, *Hb*, sowie die charakteristischen Abweichungen in *Ja*, *Jb* und *Ha*) mit der isidorischen Schreibweise überhaupt nicht vertraut gewesen zu sein scheinen, sondern vielmehr einen verschiedenen Lautstand und eine andere Orthographie verwendet haben, muß der Isidor an einem anderen Orte als in Murbach entstanden sein. Schon Eduard Sievers hatte in seinem Aufsatz „Neue althochdeutsche Sagvers-

Einführung

Die seit Nutzhorn in der Forschung allgemein akzeptierte Ansicht über die Herkunft der *MbH* läßt sich folgendermaßen zusammenfassen: *Ha* stammt ursprünglich aus der Reichenau, da aber die Sprache des in der Junius HS Nr. 25 erhaltenen Textes gewisse orthographische und lautliche Eigentümlichkeiten aufweist, die für Murbach typisch sind, handelt es sich dabei um eine Murbacher Abschrift einer hochalemannischen Textvorlage. *Ha* gelangte wahrscheinlich aus der Reichenau nach Murbach, wurde dort abgeschrieben und später[20] durch *Hb* vervollständigt. *Hb* ist zweifellos in Murbach geschrieben worden, und zwar von derselben Hand als *Jc*, das ganz sicher aus Murbach stammt, ob es aber letztlich auf einer Reichenauer Vorlage basiert ist unbestimmt.[21]

Weitere Unterstützung erfahren diese Ansichten durch die Arbeit Ursula Daabs. Sie hat bei ihren Untersuchungen der Benediktinerregel festgestellt, daß die *MbH* zusammen mit der Benediktinerregel, den altalemannischen Psalmen, den St. Pauler Lucasglossen und dem *Carmen ad Deum* gemeinsame stilistische Eigentümlichkeiten aufweisen, was darauf hindeutet, daß diese Werke am selben Ort, d.h. in dem Kloster Reichenau entstanden sind.[22]

---

texte," *PBB* 52 (1928), S. 185ff. die Möglichkeit der Herkunft des Isidor aus derselben Schreibstube wie die Murbacher Denkmäler angezweifelt. Da er durch schallanalytische Untersuchungen zu diesem Schluß gelangte, hat man seine Ansichten allerdings nicht ernst genommen (vgl. z.B. Georg Baesecke, *Der deutsche Abrogans*, S. 4, Fußnote 2).

20. Eduard Sievers, „Neue althochdeutsche Sagverstexte," S. 184 hält *Ha* auf Grund schallanalytischer Untersuchungen für jünger als *Hb*. „Das altersverhältnis ergibt sich daraus, daß der zweite teil (also h. 22–26) noch durchaus die aussprache mit hl-, (hn-), hr-, hw- fordert ... während h. 1–21 nur einfaches l,n,r,w dafür kennen." Seine Ansicht ist aber von der Forschung nicht akzeptiert worden. Vgl. hier auch Gustav Ehrismann, *Geschichte der deutschen Literatur*, 1. Band, S. 223.

21. Vgl. schon Johann Kelle, *Geschichte der Deutschen Litteratur*, 1. Band, S. 98f. Ebenso Wolf von Unwerth und Theodor Siebs, *Geschichte der deutschen Literatur*, Berlin und Leipzig 1920, S. 207f.; Georg Baesecke, „Das althochdeutsche Schrifttum von Reichenau," *PBB* 51 (1927), S. 213ff.; derselbe, *Der deutsche Abrogans*, S. 11, 20, 49ff.; Gustav Ehrismann, *Geschichte der deutschen Literatur*, 1. Band, S. 257, 268; Helmut de Boor in *Annalen*, S. 46; derselbe, *Die deutsche Literatur*, 1. Band, S. 24; Ursula Daab, *Studien zur althochdeutschen Benediktinerregel* (Hermea Nr. 24), Halle 1929, S. 55; dieselbe, *Drei Reichenauer Denkmäler*, S. viii und dieselbe, „Zur Datierung der altalemannischen Psalmenübersetzung," *PBB* 83 (Tübingen 1962), S. 283, 300f.

22. Schon Georg Baesecke wies auf gewisse technische Gemeinsamkeiten zwischen diesen Denkmälern hin, vgl. „Das althochdeutsche Schrifttum von Reichenau," S. 214. Für das Folgende vgl. Ursula Daab, *Studien zur althochdeutschen Benediktinerregel*, Halle 1929.

Da es sich bei den *MbH* um eine Interlinearversion handelt, ergibt sich kein zusammenhängender deutscher Text, der ohne das Lateinische zu verstehen wäre. Häufig werden sogar weder die Zugehörigkeit eines Adjektivs zu seinem Substantiv, noch die Zugehörigkeit eines flektierten Partizipiums zu seinem regierenden Substantiv durch Endungen bezeichnet. Daher kann man keine eigentliche satzsyntaktische Untersuchung der deutschen Übersetzung vornehmen. Wo in den *MbH* Abweichungen der deutschen Wortstellung von der lateinischen oder Umstellung von Kasus- oder Verbformen auftreten, ist dies wahrscheinlich auf die mangelhafte Lateinkenntnis des Übersetzers zurückzuführen.[22a]

Daab hat vor allem die Wiedergabe der Verbalformen, besonders des Passivs, durch Zusammensetzungen der verschiedenen flektierten und unflektierten Partizipien mit den Tempora des Verbum Substantivum in den oben angeführten Werken verglichen. Bei der Übersetzung des lateinischen Aktivs findet man, daß die *MbH* für den Indikativ und Konjunktiv Präsens die regelrechten deutschen Entsprechungen aufweisen und daß keine Verwechslungen der einzelnen Modi vorkommen.[23] Der Singular und Plural des lateinischen Ind. Perf. und Imperf. Akt. werden im Deutschen regelmäßig durch den Ind. Prät. übersetzt.[24] Bei der Wiedergabe des lateinischen Passivs stellt Daab fest, daß der Ind. und Konj. Präs. Pass. durch die Umschreibung des unflektierten Part. Prät. mit dem Verbum Substantivum im präsentisch-passivischen Sinn übertragen wird. Nur in drei Fällen wird der Ind. Präs. Pass. durch die Verwendung des Verbums *uuerdan* statt *uuesan* genau wiedergegeben[25] und an einer weiteren Stelle findet man eine Doppelübersetzung, die Daab

---

22a. Dazu siehe jetzt besonders Stefan Sonderegger, ,,Frühe Übersetzungsschichten im Althochdeutschen," *Philologia deutsch*, S. 101–114 und ders., ,,Frühe Erscheinungsformen dichterischer Sprache im Althochdeutschen," *Typologia Litterarum. Festschrift für Max Wehrli*, Zürich 1969, Seite 53–81.

23. An der Stelle 21,7,4 wird die 2. Pers. Sing. Konj. *defendas* mit dem Imperativ *kascirmi* wiedergegeben, eine durchaus sinngemäße Übertragung, in der sich der Übersetzer vom lateinischen Text befreit hat. Vgl. *ibid*. S. 32, 33.

24. An der Stelle 25,6,1 wird der Ind. Perf. durch eine Umschreibung, bei der das Verbum Substantivum fehlt, übersetzt: *rediit=erkepan*. ,,Die Form der *MbH* ist aufzufassen als ein Zeugnis für die Überlegung des Übersetzers, der *rediit=*ist zurückgekehrt als Pass. versteht und mit ‚wird zurückgegeben' auszudrücken versucht." *Ibid*., S. 33.

25. 5,2,2 *renascitur — itporan uuirdit*; 25,7,4 *soluit[ur] — inpu[n]tan uuirdit*; 22,4,1 *traduntur — kiselit uuerdant. Ibid*., S. 35.

als „charakteristische Übergangsform" bezeichnet: 5,2,1 *depellitur — fartripan ist uuirdit*.[25a] Auch Verwechslungen des Singulars und Plurals in der 3. Pers. Konj. Präs. Pass. kommen vor, wobei der Singular mit *sîu* und der Plural mit *sî* umschrieben werden. An einigen Stellen fehlt das Verbum Substantivum völlig und nur das Part. Prät. wird gefunden. Steinmeyer sah in dieser Erscheinung ein Überbleibsel aus der Kurzschrift der Vorlage: das bloße ‚s‘, das dort sowohl für den Singular als auch für den Plural stand, wurde vom Kopisten verständnislos und daher oft falsch ergänzt oder auch weggelassen.[26] Der lat. Ind. Imperf. Pass. wird durch das Part. Prät. mit dem Ind. Prät. von *uuesan*, der lat. Ind. Perf. Pass. durch Umschreibung des Part. Prät. mit *uuerdan* oder *uuesan* übersetzt. In letzterem Falle wird *uuesan* immer im Ind. Präs., *uuerdan* im Ind. Prät. gebraucht und damit eine klare Scheidung erzielt.[27] Bei der Untersuchung der lateinischen Verba Deponentia findet Daab, daß die *MbH* fehlerlose Übersetzungen aufweisen.[28] Im Vergleich zu den übrigen Reichenauer Denkmälern stehen die St. Pauler Lucasglossen in ihrer Technik der Wiedergabe der Verbalformen an erster, die *MbH* an zweiter Stelle, darauf folgen die altalemannischen Psalmen, die Benediktinerregel und das *Carmen ad Deum*. Nur in der fehlerlosen Verwendung der lateinischen Verba Deponentia stehen die *MbH* an der Spitze, allerdings ist hier das Vergleichsmaterial zahlenmäßig gering.

Einen weiteren Beweis, daß die *MbH* zum Schrifttum der Reichenau gehören, bilden die Doppelübersetzungen. Schon Jakob Grimm hat in der Einleitung zu seiner Ausgabe der *MbH* kurz auf diese Charakteristik verwiesen: „Interdum monacho ... dubitatio haesisse videtur de vera verbi latini significatione ideoque duobus illam theotiscis attingere studuit, quorum posterius uncis inclusi."[29] Wilken hat dann die Stellen zusammengestellt, an denen ein lateinisches Lemma durch zwei althochdeutsche Wörter übersetzt wird.[30] Weitaus die Mehrzahl

---

25a. Siehe dazu jetzt auch G. Bolognesi, „Note critico-linguistiche...", S. 149.
26. Daab, *Studien*, S. 36 und Elias von Steinmeyer, *Kleinere althochdeutsche Sprachdenkmäler*, Berlin 1916, S. 286.
27. Daab, *ibid.*, S. 37–39.
28. *Ibid.*, S. 43.
29. Jacobus Grimm, *Ad Auspicia Professionis Philosophiae ordinariae...*, Göttingen 1830, S. 5.
30. E. Wilken, „Zu den Murbacher Hymnen," *Germania* 20 (1875), S. 81–84. Siehe auch Rudolf Koegel, *Geschichte der deutschen Litteratur*, 1. Band/2, S. 470–471 und G. Bolognesi, „Note critico-linguistiche...", S. 148ff.

der Doppelglossierungen — und zwar insgesamt 22 — finden sich im Reichenauer Teil, d.h. in *Ha*, der die Hymnen 1–21 enthält. Seltener sind die Doppelübersetzungen im zweiten Teil, in *Hb* — und zwar nur an sechs Stellen — ein möglicher Beweis, daß dieser Teil in Murbach hinzugefügt worden ist. Ursula Daab hat die übrigen vier Reichenauer Interlinearversionen auf Doppelglossierungen hin verglichen und festgestellt, daß die Methode der Doppelübersetzung in Reichenau anscheinend besonders gepflegt wurde, da alle untersuchten Denkmäler sie aufweisen.[31]

Die *MbH* bedienen sich der Doppelglossierung am auffallendsten. Sowohl in der Benediktinerregel als auch in den *MbH* werden sie sinnvoll und zu einem bestimmten Zweck angewendet. In weitaus den meisten Fällen wollte der Glossator alle deutschen Synonyme, die er entweder schriftlich bereits aufgezeichnet fand oder die ihm selbst einfielen, für das lateinische Wort festhalten. Das geschieht in den *MbH* an folgenden Stellen: 1,3,2 *angelus — poto, chundo*; 4,1 *hora — uuila, stunta*; 4,3 *punire — sclahan, uuizzinon*; 7,4 *conditor — felaho, scheffo*; 9,4 *regia — turi, portun*;[32] 2,5,4 *potens — mahtiger, [ma]gantiu*; 8,3 *fideles — triuafte, ka[lau]bige*; 3,2,2 *nitore — scimin, clizze*; 6,4 *spiritus* (Gen.) *— atumes, keistes*; 7,2 *diluculo — frua, in morgan*; 4,3,4 *reuectans — auuar traganti, uuidar fuarinti*; 5,2,1 *depellitur — fartripan ist uuirdit*;[32a] 2,2 *nitor — sconi, cliz*; 4,2 *spiritus — atum, keist*; 6,3,2 *per omnia — uber duruch alliu*; 8,5,2 *inuideamus — apa[n]stohem, kataroem*; 15,2,3 *dum — unzi, denne*; 18,3,1 *pudicitiae — kahaltini, [heil]agini*; 20,1,4 *probrosa* (Akk. Pl.) *— ituuizlicho, unc[hus]ko*; 23,2,3 *prosternimus — spreitemes, strechemes*[32b]; 24,3,3 *formam — kilihnissa, pilidi*; 26,1,4 *ueneratur — uuirdit, eret*;[32c] 7,1–2 *deuicto ... aculeo — kerihtemo ubaruunnomo* [statt *-anemo*] ... *angin*; 11,1 *populum — folh, liut*.

Doch gibt es auch Stellen, an denen die zweite Glosse ganz deutlich eine Erklärung der ersten Glosse sein soll. In den beiden folgenden Fällen wird jeweils der Volks- oder Ländername durch die Beifügung eines Gattungsnamens verdeutlicht: 1,6,1 *israhel — israhel liut*; 19,6,3 *in galilea — in galilea in kauimizze*. An einer weiteren Stelle wird die erste Glosse durch die zweite berichtigt, 23,4,4 *hostem — heri, fiant*,

31. Vgl. Ursula Daab, *Studien zur althochdeutschen Benediktinerregel*, S. 45–48.
32. Nach Daab, *ibid.*, S. 47, Fußnote 72 wurde die falsche Übersetzung durch *turi* hervorgerufen, das in der vorhergehenden Zeile über lat. *ianuam* steht.
32a. Hierzu jetzt Bolognesi, „Note critico-linguistiche ...", S. 149.
32b. Wie Bolognesi, *ibid.*, ganz richtig ergänzt. Siehe bes. S. 148, 152–4.
32c. Dazu jetzt Bolognesi, *ibid.*, S. 149–150.

Einführung

denn hier sind die beiden Substantive nicht Synonyme und die richtige Bedeutung des lateinischen Wortes wurde durch die zweite Glosse erfaßt. In zwei weiteren Fällen werden beide Bedeutungen des lateinischen Wortes mit deutschen Entsprechungen wiedergegeben: 2,1,4 *pandis — spreitis, inluchis* (*pandere* bedeutet sowohl „breiten" als auch „öffnen"); 3,2 *radiis — scimon, speichon* (*radius* bedeutet sowohl „Strahl" als auch „Speiche"). Daab gelangt zu dem Schluß, daß die *MbH* in ihrer Glossierungstechnik mit den übrigen vier Interlinearversionen in eine Reihe zu stellen sind; allerdings ist die in den *MbH* verwendete Methode den übrigen Denkmälern überlegen.[33]

Die den fünf Interlinearversionen gemeinsame Abkürzungstechnik ist ein weiterer Beweis für die Herkunft der *MbH* aus der Reichenau. Die Abkürzungen sind auf eine gewohnheitsmäßige Arbeitsmethode bei der Herstellung des Konzeptes zurückzuführen und werden uns in den Abschriften deutlich, „sobald der Abschreiber sich nicht der Mühe unterzogen hat, die fehlenden Silben zu ergänzen."[34] Bloße

---

33. Daab, *Studien*, S. 48. Anschließend an G. Baesecke (*Der deutsche Abrogans und die Herkunft des deutschen Schrifttums*, Halle 1930, S. 23) verweist auch Bolognesi, „Note critico-linguistiche...", S. 150f. auf die zahlreichen Übereinstimmungen in den Doppelglossierungen, die zwischen den *MbH* und dem *Abrogans* bestehen. Er vervollständigt die von Baesecke angeführten Beispiele: *ueneratur uuirdit uel eret* in *Abrogans* α sowie in den *MbH* 26,1,4. Ebenfalls *MbH* 25,6,2 siuchem (ms. siuchē) = *egris* — *Abrogans* 26,38: Aegris a Egeris b Egris α undaralih a undharalih b siuhhen α. *MbH* 1,3,3 *intulit* = ana prahta (anaprahta Daab) — *Abrogans* 22,15 *intulit* pringit a b ana prahta α. *MbH* 8,7,3 *conpetens* = kalimfanti — *Abrogans* 8,11 *conpetens* arpittenti a arpitandi b arpitanti c kalimflih α. Baesecke (Seite 63) gibt noch andere Übereinstimmungen zwischen *Abrogans* und den *MbH* an, und zwar handelt es sich in diesen Fällen um einfache Glossierungen: *MbH* 6,5,2 firstes = *culminis* — *Abrogans* 64,35 *culmen* uflih abc hnol *uel* first α (hier wiederholen die *MbH* nur *eine* Glossierung aus *Abrogans* α). Bolognesi ergänzt Baeseckes Liste für den *Abrogans* α folgenderweise: *MbH* 3,5,3 *calore* = hizzu — *Abrogans* 30,6 *calor* suiluceom a souuilizzo b hizzea *uel* uuarmi α. Doch gibt es auch zwischen dem *MbH* und dem *Abrogans* abc Übereinstimmungen, die Baesecke auf Seite 62 aufzählt, doch ist seine Liste unvollständig. Nach Bolognesi (Seite 151) gehören noch dazu: *MbH* 18,2,3 *serpens* = natra — *Abrogans* abc 12,37 *serpens* natra. An derselben Stelle schreibt Bolognesi weiter: „Sarebbe quindi estremamente interessante ampliare e approfondire la ricerca in questa direzione onde poter dimostrare, con una documentazione ancora più abbondante di quella addota da Baesecke, la dipendenza lessicale dei *Murbacher Hymnen* dall' *Abrogans* tedesco. Che questi antichi traduttori tedeschi si siano serviti anche di glossari ci sembra abbastanza naturale, ed in alcuni casi ciò è stato provato. Una migliore conoscenza degli strumenti di lavoro usati dagli antichi traduttori tedeschi ci porterebbe a meglio definire le varie componenti della loro formazione, e lo stesso ambiente culturale in cui operavano."

34. Daab, *Studien*, S. 53.

[xviii]   Evelyn Scherabon Firchow

Endungsbezeichnungen des Wortes findet man in den ersten 26 Hymnen nur an 14 Stellen: 1,5,1 [uuaf]ta, [starchli]cho; 5,3 [ei]no, [mand]ta; 5,4 [lam]bes, [plua]te; 2,5,4 [ma]gantiu; 6,7,1 [co]te; 7,2 [fate]re, [uuihe]mu; 7,4 [uueral]tim, [uue]ralti; 19,9,3 [chris]tan; 22,1,1 [chris]tes. Besonders häufig ist diese Art der Abkürzung in der 27. Hymne (*Te Deum laudamus*), die insgesamt 50 Endungsbezeichnungen aufweist und dadurch eine große Ähnlichkeit mit der stark abgekürzten Form der Lucasglossen hat:[35] 27,1,1 [lobo]mes; 1,2 [truhti]nan; 2,1 [thi]r, [angi]la, [thi]r, [himi]la; 2,2 [in]ti; 2,3 [thi]r; 3,1 [uuihe]r, [uuihe]r; 3,2 [truh]tin, [co]t; 3,3 [himi]la, [in]ti, [er]da; 3,4 [thi]nera; 4,1 [thi]h; 4,2 [thi]h; 5,1 [thi]h; 6,2 [chr]ist; 8,1 [co]tes; 9,1 [thi]h; 9,2 [thi]ne[m] (HS.-nē); 11,1 [truh]tin; 11,2 [uui]hi, [er]be, [thine]mu; 11,3 [in]ti; 12,2 [in]ti, [na]mun, [thi]nan; 12,3 [uueral]ti *dreimal*; 13,1 [truh]tin, [ta]ge, [the]mo; 13,2 [sun]ta; 14,1 [kena]de, [un]ser, [truh]tin; 14,2 [kena]de, [un]ser; 15,1 [kena]da, [truh]tin, [u]bar, [un]sih; 15,2 [uuanot]mes; 16,1 [thi]h, [truh]tin. Aber auch andere Abkürzungsarten kommen vor. Gelegentlich wird nur der Anfang bezeichnet, das aber nur an verhältnismäßig wenigen Stellen: 6,7,4 f[ona]; 15,2,3 den[ne]; 16,3,4 sculdi[ge]; 19,3,4 harstant[it]; 12,2 sine[mu]; 24,10,4 thine[mu]; 25,6,2 kicoz[zan]; 6,3 uuaffa[n]; 27,2,4 f[ora]; 5,4 einagu[n]; 7,3 intat[i]. Sehr häufig dagegen sind die Schreibungen von Anfang und Schluß des Wortes: 1,1,3 truh[ti]ne; 1,4 fa[te]re; 2,2 ka[uuis]so; 2,8,3 ka[lau]bige; 6,7,1 cr[is]te; 7,1,1 hi[mi]les, t[ruh]tin; 3,2 ka[po]ran; 4,3 ka[po]te, fa[te]res; 5,2 tiu[ri]da; 5,3 ar[changi]lo; 8,2 t[ruh]tin; 9,1 d[aui]des; 9,4 t[ruh]tin; 12,2 t[ruh]tin; 8,4,4 ka[lau]pa; 9,3,1 tr[uhti]ne; 4,2 tr[uhti]ne; 4,4 ti[uri]da; 10,2,4 farlo[ra]naz; 12,1,1 t[ruhti]ne; 2,2 t[iu]rida; 14,1,2 t[ruh]tin; 3,1 t[ruh]tin; 16,2,1 t[ruh]tin; 6,1 t[ruh]tin; 6,4 t[ruh]tin; 17,2,3 t[ruh]tin; 18,2,1 t[ruhti]nes; 19,4,3 t[ruh]tin; 5,2 t[ruh]tines; 6,3 t[ruh]ttin; 8,4 t[ruh]tines; 10,3 t[ruhti]nan; 20,1,4 unc[hus]ko; 23,1,3 c[ris]te; 27,5,2 sa[manun]ga; 9,1 p[itte]mes; 9,2 s[cal]chun; 11,1 k[ehal]tan; 13,2 k[ehal]tan. Auffallend ist, daß hier allein zwanzig Stellen Abkürzungen für das Nomen Sacrum *truhtin* darstellen. Im übrigen werden weggelassene in- oder auslautende Konsonanten bzw. Silben durch einen Strich über dem vorhergehenden Vokal bzw. Konsonant bezeichnet, und zwar geschieht dies an insgesamt 54 Stellen: es finden sich 42 Abkürzungen für „m", 10 für „er", je eine Abkürzung für

35. *Ibid.*

Einführung [xix]

„ru" (11,1,2 kanadige*ru*) und „n" (1,4,4 zeicha*n*). Weggelassenes auslautendes „m": 1,1,4; 2,4 simbulu*m*; 2,6,4 alle*m*; 3,8,1 fra*m*; 4,4,2 sclehte*m*; 4,3 fizusheiti*m*; 6,4 leitte*m*; 5,4,2 atu*m*; 7,2,4 chunnu*m*; 4,4 dine*m*; 5,4 kotkunde*m*; 11,3 zeichanu*m*, hohubitpantu*m*; 8,4,2 scalchu*m*; 6,1 unsere*m*; 7,4 trinche*m*; 9,2,1 simbulu*m*; 4,2 chuede*m*; 4,4 kebe*m*; 10,1,4 si[n]ge*m*; 11,1,2 pitte*m*; 12,1,1 chuede*m*; 15,1,3 ruacho*m*; 3,2 uuanchonte*m*; 16,4,2 simbulu*m*; 18,3,1 uuafanu*m*; 19,2,2 chrefti*m*; 22,1,4 muatu*m*; 3,2 fermanente*m*; 23,1,1 erstantente*m*; 24,1,4 simblu*m*; 15,3 frehti*m*; 16,4 simblu*m*; 25,2,3 uuegonte*m*; 6,2 siuche*m*; 27,7,3 calaupente*m*; 9,2 [thi]ne*m*; 10,1 uuihe*m*, thine*m*. Weggelassenes inlautendes „m": 1,7,3 chu*m*ftiger; 24,9,4 siginu*m*ft; 27,2,4 sti*m*mo. Weggelassenes auslautendes „-er": 1,5,4 [kascirm]te*r*; 8,1,2 hafte*r*; 9,1,4 fate*r*; 10,2,1 kaleitte*r*; 17,2,1 lobhafte*r*; 21,1,3 afte*r*; 24,14,4 stantante*r*; 27,5,3 fate*r*. Weggelassenes inlautendes „-er-": 7,7,2 fate*r*liches; 9,1,1 afte*r*morganlichem. Zusammenfassend stellt Daab fest: „Die Interlinearversionen sind durch die den Lucasglossen, Benediktinerregel, [Murbacher] Hymnen und Psalmen gemeinsame Methode der Textabkürzung im Konzept, die ursprünglich in bloßer Endungbezeichnung bestand, miteinander verbunden."[36]

Daher scheint heute die Herkunft der *MbH* aus der Reichenau ziemlich sicher festzustehen: nicht nur sprachliche,[36a] bzw. dialektische Gründe, sondern auch stilistische Gemeinsamkeiten, sowie die Doppelglossierungen und die charakteristische Abkürzungstechnik weisen auf die Reichenau als Entstehungsort hin.

In einem vor kurzem veröffentlichten Aufsatz über die verschiedenen Übersetzungsschichten im früheren Althochdeutschen gibt Stefan Sonderegger eine ausführliche Beschreibung der stilistisch-syntaktischen Struktur der Interlinearübersetzung der *MbH*.[36b] Er vergleicht sie mit mehreren anderen ahd. Interlinearübersetzungen und dem *Tatian* und nennt die *MbH* eine „wenigstens stellenweise dichterische Interlinearversion." (Seite 102) Sonderegger unterscheidet ganz allgemein zwischen vier Typen von Interlinearübersetzungen: 1) unvoll-

---

36. *Ibid.*, S. 54.

36a. Siehe hier jetzt auch Richard H. Lawson, „Classes of the Weak Verb in the Earliest Old Alemannic," *Neuphilologische Mitteilungen* 72/2 (1971), S. 339–345, wo der Gebrauch der schwachen Verben in den *MbH* und verwandten Denkmälern untersucht wird.

36b. Vgl. zum folgenden Stefan Sonderegger, „Frühe Übersetzungsschichten im Althochdeutschen. Ein methodischer Beitrag," *Philologia deutsch. Festschrift zum 70. Geburtstag von Walter Henzen*, Bern 1965, S. 101–114.

ständige Interlinearversionen ohne Absicht auf einen zusammenhängenden Text, d.h. eigentlich erweiterte Interlinearglossierungen, wie z.B. die St. Pauler Lukasglossierung; 2) vollständige, schematische Interlinearversionen, wie z.B. die ahd. Benediktinerregel; 3) dichterische Interlinearversionen, wie die *MbH*; 4) scheinbare Interlinearversionen, die ihrem Übersetzungsstil nach bereits ziemlich oder ganz frei übertragen, wie z.b. die Interlinearglossen zu Notkers Psalter. Auf Stufe 1 bleibt die völlige Identität Lateinisch-Althochdeutsch bestehen, bei den Schichten 2 und 3 dagegen weicht der Text bereits mehr oder weniger deutlich gegenüber dem lateinischen Original ab. Bei den *Murbacher Hymnen* handelt es sich um a) althochdeutsche Zusätze oder Verdeutlichungen, z.B. *MbH* 2,1,1 Deus, *qui* celi lumen es = cot *du der* himiles leoht pist. Dabei muss man zwischen Additiv- und Komplexzusätzen unterscheiden: unter ersteren (wie in dem oben zitierten Satz) versteht man einen ersparbaren, verdeutlichenden Zusatz wie Subjektpronomen, Demonstrativpronomen etc., unter letzteren einen notwendigen Teil eines geschlossenen Ganzen, z.B. 22,5,2 funditur = kicozan ist (=Passivumschreibung). b) Althochdeutsche Verkürzungen im Sinne von idiomatischen Übersetzungen, wie wenn z.B. in *MbH* 10,4,4 et nunc et *in perpetuum* durch „inti nu inti *euuon*" übersetzt wird. c) althochdeutsche Umstellungen der Wortfolge, wie etwa *MbH* 1,11,1 *noctisque* medie tempore = *ioh dera naht* mittera zite.

Selbstverständlich sind wesentlich detailliertere Untersuchungen nötig, damit schließlich Gültiges über die Technik und die Leistung der Übersetzung in den *MbH* und in den anderen Interlinearversionen ausgesagt werden kann. Bisher wurden lediglich Ansätze in diese Richtung gemacht. Sonderegger untersucht zwei Verse aus den *Murbacher Hymnen* genauer (1,1,1–4 und 16,1,1–4) und schließt: „Nach ihrer Treue gegenüber dem lateinischen Text stellen die *Murbacher Hymnen* ebenfalls den Typus der einfach strukturierten, fast reinen, d.h. fast völlig der lateinischen Wortfolge entsprechenden Interlinearversion dar. Die einzelnen Strophen zeigen entweder überhaupt keine Abweichungen. ... oder doch nur geringe Zusätze gegenüber dem lateinischen Text." (Seite 106) Trotzdem sind die *MbH* ein Sonderfall einer stellenweise dichterischen Übersetzung, denn sie zeigen 1) eine starke *Stabstilisierung*, wie die folgenden Beispiele in den einzelnen Versen beweisen, zu denen noch viele weitere hinzugefügt werden könnten:

Einführung [xxi]

1, 8, 4	magno letantes gaudio	= *m*ihileru froonte *m*endi
1, 13, 1	Dignos nos fac, rex agie	= *uu*irdige unsih tuo chuninc *uu*iho
2, 2, 4	terram babtizans roribus	= erda *t*aufanter *t*auum
2, 7, 1	Pater, qui celos contenis	= fater du der *h*imila int*h*ebis
4, 3, 1	Iam strato leti surgimus	= giu *s*troe frauue ar*s*tames
4, 5, 1	Iram nec rixa prouocet	= ka*p*uluht noc *p*aga kakruuazze
6, 2, 1	Tu regnum celorum tenes	= du richi *h*imilo *h*ebis
12, 2, 4	crucis uirtutis redditur	= *ch*ruzes *ch*refti harcheban ist
13, 3, 4	christi uirtute dirigant	= *ch*ristes *ch*refti rihten
14, 1, 2	diem fecisti, domine	= *t*ak *t*ati *t*ruhtin
18, 2, 2	tundimus casta pectora	= *p*liuames cadigano *p*rusti

Die *MbH* verwenden auch die *figura etymologica* wesentlich häufiger als ihr lateinisches Vorbild:

1, 12, 3	solue uincla peccatorum	= int*p*int *p*endir suntono
8, 2, 1–2	Per quem creator omnium diem noctemque condidit	= duruh den *s*ceffento allero tak naht ioh *s*caffota
19, 9, 2	sol mundo nitet radio	= sunna reinemu *s*cinit *s*cimin
19, 9, 4	uisu cernunt corporeo	= ka*s*iune ka*s*ehant lichanaftemu
21, 6, 3	tyrannum trudens uinculo	= des palouues uuarc ka*p*intanti *p*ante

und weitere Beispiele: 22, 8, 2–3; 24, 4, 3–4; 24, 6, 3–4; 25, 7, 1–2. Weiter findet man in den *MbH* gelegentliche Stabstilisierungen in mehreren Versen, oft sogar in der ganzen Strophe, wodurch „sich unverkennbar eine Stilisierung in Richtung stabende Langzeile ergibt:

1, 9, 1–2	Stulte uero remanent que extinctas habent lampadas	= tulisco auur pi*l*ibant deo ar*l*asctiu eigun *l*eotkar
8, 4, 1–2	Christe, precamur, annue orantibus seruis tuis	= christ *p*ittames *p*auchini *p*etontem scalchum dinem
20, 7, 3–4	moreatur uita omnium resurgat uita omnium	= ar*s*terpe lip allero ar*s*tante lip allero

und viele weitere Beispiele von zwei so verbundenen Versen; ferner die Strophen:

17, 2, 1–4 Ut ille sit laudabilis = daz er si *l*obafter
in uniuerso populo in allemu *l*iute
ipse celorum dominus er selbo *h*imilo truhtin
qui sedet in altissimis der sizit in *h*ohinium

19, 1, 1–4 Aurora lucis rutilat, = tagarod *l*eohtes *l*ohazit
celum laudibus intonat, himil *l*opum donarot
mundus exultans iubilat, *uu*eralt feginontiu *uu*atarit
gemens infernus ululat suftonti pech *uu*afit

20, 1, 1–4 Hic est dies uerus dei = deser ist tak *uu*arer cotes
sanctus serenus lumine, *uu*iher heitarer leohte
quo diluit sanguis sacer demu *uu*asc pluat *uu*ihaz
probrosa mundi crimina ituuizlicho unchusko *uu*eralti
firino

21, 5, 1–4 O uere digna hostia, = *uu*ola *u*aro *uu*irdih zebar
per quam fracta sunt duruch dea ar*p*rochan sint
tarthara, *p*aech
redempta plebs archaufit *l*iut caelilentot
captiuata,
reddita uite premis argepan *l*ipes *l*ona

25a, 1, 1–4 Te decet laus, te decet thir krisit *l*op thir krisit
ymnus, *l*opsanc
tibi gloria deo patri thir tiurida cote fatere
et filio cum sancto spiritu inti sune mit *uu*ihemo
atume
in secula seculorum. amen. in *uu*eralti *uu*eralteo *uu*ar."
(Sonderegger Seite 107)

2) Die *Murbacher Hymnen* zeigen auch Nachklänge eines altgermanisch-dichterischen Wortschatzes, wie wir aus der Verwendung der folgenden Wörter ersehen können: ortfrumo = Urhbeer, Schöpfer, *auctor* 5,1,1; 21,7,1. trōr m. = aus der Wunde fließendes Blut, *cruor* 21,2,3. uuarc = *tyrannus* 21,6,3. sedal m., sedalcanc m. = Untergang (der Sonne) 14,2,1–2; 18,1,3. Aus der frühen deutschen Rechtssprache stammen: hantheizza = *uotum* 3,3,1; 23,3,4. notnunfti = *fraudis* 3,5,4. frisginc = *uictima* 7,10,2. kaganlon = *uicem* 8,5,3. urchauffe = *redemptione* 10,3,2 usw.

3) Die althochdeutsche Übersetzung der *MbH* verwendet über den

lateinischen Grundtext hinaus sehr häufig eine variierende Synonymik zur dichterischen Gestaltung des Textes: z.B. lat. *lampadas* — 1,8,3 liot faz; 1,9,2 leotkar. lat. *conditor* — 1,7,4 felaho, scheffo; 4,1,1 sceffento; 11,3,3 sceffant; 25,1,1 felahanto. lat. *uictor* — 19,3,4 sigouualto; 21,6,2 sigesnemo. lat. *chorus* — 26,4,1 cart; 25,3,3 samanunga; 7,5,3 zilsanc; 23,2,1 cartsanc. lat. *hymnus* — (öfters) lop; 25a, 1,1 lopsanc.[36c]

4) Die *MbH* gleichen sich in der ahd. Übertragung in ihrer Rhythmik oft an die lateinische Vierhebigkeit der Vorlage an.

Aus diesen Tatsachen schließt Sonderegger, daß die *MbH* in ihrer Übersetzung sehr eigenständig sind und als Sonderfall einer dichterischen Interlinearversion zu betrachten sind, der es stellenweise gelingt, eine erstaunliche Sprachgewalt zu entwickeln. Am Beispiel von *MbH* 6,1–2 und 19,1 zeigt Sonderegger schließlich, „wie selbst bei einfacher Übersetzungsstruktur ... schon früh zu Beginn des 9. Jahrhunderts durch Wortwahl, Stabstilisierung und Rhythmus eine beachtliche Eigenständigkeit ahd. Stils erreicht werden kann, selbst im Rahmen der Interlinearversion." (Seite 110)

Es blieb den Hymnologen vorbehalten, sich mit der Zugehörigkeit und Herkunft der in den *MbH* vertretenen Hymnengruppe zu beschäftigen. Schon Blume hat Sievers vorgeworfen, daß er das Hymnar isoliert betrachtet und behandelt hätte. Denn Sievers versuchte nicht, die *MbH* zu den anderen Hymnaren der gleichen Zeitepoche in Beziehung zu bringen oder sie einer bestimmten Gruppe von Hymnaren zuzuordnen;[37] ihm ging es vor allem um den althochdeutschen Text. Es ist daher besonders das Verdienst des Hymnologen Clemens Blume, als erster die Bedeutung der in der Junius HS Nr. 25 enthaltenen Hymnen erkannt zu haben. Er verglich die *MbH* mit anderen zeitgenössischen Hymnaren und grenzte so den „ancien cycle bénédictine de l'Office divin" gegenüber dem irländischen Kursus ab.[38]

36c. Siehe Stefan Sonderegger, „Frühe Erscheinungsformen dichterischer Sprache im Althochdeutschen," *Typologia Litterarum. Festschrift für Max Wehrli*, Zürich 1969, bes. S. 70.

37. Vgl. Clemens Blume, *Der Cursus Benedicti Nursini und die liturgischen Hymnen des 6.–9. Jahrhunderts*, Leipzig 1908, S. 56.

38. Cyrille Vogel, „L'hymnaire de Murbach," S. 1. Er bezeichnet den Zyklus auch als „l'antique *cursus* occidental." Siehe auch P. A. Becker, „Vom christlichen Hymnus zum Minnesang," *Historisches Jahrbuch* 52 (1932), S. 14, Anmerkung 17.

Bereits im apostolischen Zeitalter wurde der christliche Hymnengesang zur Andacht verwendet. Als sein Vorbild darf der Vortrag der alttestamentlichen Psalmen bezeichnet werden, wie er in der jüdischen Kirche gepflegt wurde. Im Laufe des dritten und vierten Jahrhunderts entwickelte sich dann in der abendländischen Kirche ein eigener lateinischer liturgischer Stil, doch sind die frühen Hymnen dieser Zeit frei ersonnene religiöse Dichtungen in den metrischen Formen der weltlichen Poesie. Sowohl der Psalmengesang als auch der strophische Hymnengesang wurden vorerst vor allem von den häretischen Gruppen der Kirche verwendet. Erst der Gallier Hilarius von Poitiers (+367) führte die Hymnendichtung in die legitime westliche Kirche ein, doch haben seine Hymnen keinen dauernden Platz in der kirchlichen Liturgie gefunden.[39]

Der eigentliche Vater des abendländischen strophischen Kirchenliedes ist der heilige Ambrosius, Bischof von Mailand (ca. 334–397).[40] Als auf den Befehl der Kaiserin Justina zu Ostern 386 die Basilica Portiana, eine der Mailänder Kirchen dem arianischen Bischof Auxentius übergeben werden sollte, versammelte Ambrosius seine Gemeinde um sich und verbrachte die Nacht betend und singend in der Kirche, um die Übergabe zu verhindern. Ambrosius lehrte bei dieser Gelegenheit seine Gläubigen selbstgedichtete Hymnen und führte den Vigiliengottesdienst und den antiphonischen Vortrag der Psalmen ein, „ne populus maeroris taedio contabesceret." Die Wirkung scheint nach den eigenen Worten des Bischofs großartig gewesen zu sein. Obwohl die Hymnen noch längere Zeit nicht der offiziellen Liturgie angehörten, wurden sie in der Folgezeit rasch weit verbreitet. „Bei vier Hymnen ist uns die Verfasserschaft [von Ambrosius] durch Augustin bezeugt; weitere zehn können mit größter Wahrscheinlichkeit als handschriftlicher Grundbestand der

---

39. Sein *Liber hymnorum* ist leider verlorengegangen und nur Fragmente sind erhalten. Aus diesen geht hervor, daß die Hymnen des Hilarius vor allem Lehr- und Streitgedichte waren, die auf Bekenntnis und Propaganda hinzielten. Ihre poetische Form war aus der weltlichen Kunstpoesie entlehnt. Siehe hierzu und zum folgenden auch F. J. E. Raby, *A History of Christian-Latin Poetry*, Oxford ²1957, S. 28ff.

40. Aurelius Ambrosius, Bischof von Mailand, Doktor der westlichen Kirche, wurde in Trier als Sohn einer römischen Senatorenfamilie geboren. Sein Vater war Präfekt der Gallia Narbonensis, und als er starb, kehrte die Familie nach Rom zurück. Dort erhielt Ambrosius seine Ausbildung. 373 ernannte man ihn zum Statthalter von Oberitalien, und schon am 7. Dezember 374 wurde er zum Bischof von Mailand ausgerufen. Ambrosius war ein erklärter Gegner der Arianer.

Einführung

älteren mailändischen liturgischen Überlieferung für Ambrosius in Anspruch genommen werden."[41] Alle vierzehn Hymnen haben dieselbe metrische Grundform: jede zählt acht Strophen von je vier Zeilen; jede Zeile ist metrisch nach antikem Vorbild, d.h. nach Kürze und Länge der Silben aufgebaut,[42] und zwar in jambischen Dimetern. Das metrische Schema der ambrosianischen achtsilbigen (vierhebigen) Jambenzeilen ist daher wie folgt: — ́ — ́ — ́ — ́ Aetérne rérum cónditór.

Es ist hier nicht unsere Aufgabe, die Geschichte der abendländischen Hymnendichtung ausführlich darzustellen.[43] In der Folgezeit hat die Hymnodie besonders durch die Ausbreitung der monastischen Gemeinschaften und die Festsetzung und Regelung der Tagzeitenordnung festen Fuß gefaßt und großen Aufschwung erfahren. In den Klöstern wurden die Stundengebete, die bis dahin privat verrichtet worden waren, zu einer gemeinschaftlichen Verpflichtung der täglichen Kultverrichtungen. Der Hymnengesang wurde jetzt nicht nur zum Ausbau des Offiziums mit seinem *Cursus nocturnus* und *diurnus*, sondern vielleicht auch zur Ausschmückung des Gottesdienstes und der Andachten in der Weltkirche verwendet. Dabei bildeten die ambrosianischen Hymnen den Ausgangspunkt zu der nun beginnenden anonymen Kollektivarbeit auf dem Gebiet der Hymnendichtung.

Um 530 hat der heilige Benedikt von Nursia in seiner Regel den Hymnen ihren geordneten Platz in den Nacht- und Tagesoffizien zugewiesen. Allerdings gab es zu seiner Zeit nur wenige bekannte und liturgisch gebräuchliche Hymnen. „Bei der Vigil läßt Benedikt den Hymnus gleich nach der Einleitung und Invitatorium, aber vor dem Pensum der Psalmodien und Lektionen singen, bei der Matutin vor den Schlußgesängen und -gebeten; bei den kleineren Horen wieder am Anfang, bei Vesper und Complet wieder vor dem Schluß."[44] Doch enthält die Benediktinerregel keine genauen Angaben über die

---

41. Vgl. P. A. Becker, „Vom christlichen Hymnus zum Minnesang," S. 8. Von den siebenundzwanzig Murbacher Hymnen gehen vier auf Ambrosius selbst zurück: Nr. 3 *Splendor paternę glorię*, Nr. 20 *Hic est dies verus dei*, Nr. 22 *Aeterna Christi munera* (nach dem Zeugnis Bedas und Maximus' von Turin von Ambrosius selbst gedichtet) und Nr. 25 *Aeterne rerum conditor*. Die übrigen Hymnen in der Junius HS 25 sind von unbekannten Verfassern.
42. In der Folgezeit wurden die Zeilen rhythmisch, d.h. nach der Betonung in der Prosa aufgebaut, wodurch steigende Achtsilbler entstanden.
43. Vgl. zu diesem Zwecke die angefügte Bibliographie.
44. P. A. Becker, „Vom christlichen Hymnus zum Minnesang," S. 14.

einzelnen Hymnen, die gesungen werden sollen, denn es scheint, daß die das Offizium betreffenden Teile der Regel (Kapitel 8–19) die darin vorgeschriebenen Hymnen als bekannt voraussetzen.[45] Sie werden daher nur als *Ambrosianum, hymnus eiusdem horae, uniuscuiusque horae, hymni earundem horarum* bezeichnet. Die Frage, ob es sich bei diesen Bezeichnungen um Synonyme handelt, oder ob darunter die Hymnen anderer von den eigentlichen ambrosianischen Hymnen unterschieden werden sollen, ist von der Forschung verschiedentlich erörtert worden.[46]

Eine deutlichere Aufklärung über die in den frühen gallikanischen Klöstern der Zeit verwendeten Hymnen erhalten wir aus den Regeln von zwei Zeitgenossen Benedikts, den Bischöfen Caesarius und Aurelianus von Arles. Caesarius (+542) war von 489 bis 498 Mönch in dem berühmten südgallischen Kloster von Lérins, aus dem im fünften und sechsten Jahrhundert viele Äbte und Bischöfe Galliens und Norditaliens hervorgegangen sind. In seiner um 500 verfaßten Regel für die Mönche seines Klosters in Arles, die nach dem Vorbild der Regel des Benedikt von Nursia abgefaßt ist, werden die Hymnen nicht erwähnt; anders dagegen in seiner zweiten Regel, die er 534 für seine Schwester Caecilia und die Nonnen ihres Klosters in Arles aufschrieb und die mit der ersten sonst fast wortwörtlich übereinstimmt.[47] In dieser Regel finden wir den Anfang der Hymnen — allerdings nicht aller — verzeichnet, die verwendet werden sollen. In der Einleitung beruft sich Caesarius auf die Verwendung der Hymnen im Kloster Lérins, wo man in Nachahmung Benedikts die neu festgelegten Stundengebete mit Hilfe von Hymnen ausschmückte. Man hat daraus geschlossen, daß wahrscheinlich auch andere Bischöfe und Äbte, die aus Lérins hervorgegangen sind, die in diesem Kloster gebräuchlichen Hymnen in ihre neuen Wirkungsstätten verpflanzt haben.[48] Aus diesem Grunde geben die bei Caesarius für Arles aufgezählten Hymnen ein mehr oder weniger verläßliches Bild über den Gebrauch der Hymnen zu dieser Zeit. Dieses Bild wird durch die

---

45. Namentlich genannt werden nur zwei Hymnen, die sich in den *MbH* finden: Nr. 26 *Te decet laus* und Nr. 27 *Te Deum laudamus*.
46. Vgl. dazu z.B. Walther Bulst, „Zu den Murbacher Hymnen," *ZfdA* 80 (1944), S. 158; P. A. Becker, „Vom christlichen Hymnus zum Minnesang," S. 14f.
47. Text bei J. P. Migne, *Patrologia Latina*, 67. Band, S. 1099ff. Siehe auch Clemens Blume, *Der Cursus Benedicti Nursini*, S. 36–39 und Cyrille Vogel, „L'hymnaire de Murbach," S. 10.
48. Clemens Blume, *Der Cursus Benedicti Nursini*, S. 34.

von Aurelianus (+555?) verfaßte Mönchsregel und die Regel für die Jungfrauen vervollständigt. Aurelianus, der Nachfolger von Caesarius in Arles, hat für seine beiden Regeln Caesarius als Vorbild benutzt, doch sind seine Angaben über den Gebrauch der Hymnen etwas ausführlicher.[49]

Natürlich wird sich nie mit Sicherheit feststellen lassen, ob die in den Regeln des Caesarius und Aurelianus angegebenen Hymnen mit dem sogenannten „altbenediktinischen Hymnar" übereinstimmen, das in der Umgebung des heiligen Benedikt verwendet wurde. Wir finden jedoch die bei Caesarius und Aurelianus angeführten Hymnen zum Teil in den vorliegenden *Murbacher Hymnen*. In der später folgenden Aufzählung wird darauf verwiesen werden.

Wir sehen also eine rege Beteiligung Südgalliens seit dem letzten Viertel des sechsten Jahrhunderts an der Vermehrung des Hymnenbestandes. Die erhaltenen Hymnare zeigen uns, „daß die Bewegung in Fluß blieb und daß die Zusammensetzung des im gottesdienstlichen Gebrauch stehenden Hymnenschatzes im Lauf der Zeit allerlei Erweiterungen, Kürzungen und sonstige Umformungen erfuhr, ohne daß der in Lérins und Arles geschaffene Grundstock im wesentlichen geändert oder aufgegeben wurde."[50]

Die letzten Änderungen und Neuerungen, die wir erfassen können und die für die *MbH* von Bedeutung sind, sind uns handschriftlich erst aus dem achten und neunten Jahrhundert erhalten. Es stehen uns eine Anzahl von Handschriften und Fragmenten zur Verfügung, deren Hymnenbestand beweist, daß man mit Recht von einem gallofränkischen — oder wie Wilmart es genannt hat, gallikanischen

---

49. Text bei Blume, *ibid.*, S. 39–44 und bei Cyrille Vogel, „L'hymnaire de Murbach," S. 10. Die Regel des Caesarius enthält insgesamt dreizehn Hymnenanfänge, von denen die folgenden in den *MbH* enthalten sind: Nr. 1 *Mediae noctis tempore*, Nr. 16 *Christe qui lux es et die*, Nr. 25 *Aeterne rerum conditor*. Die Regel des Aurelianus verzeichnet sechzehn Hymnen und wir finden in den *MbH*: Nr. 3 *Splendor paternę glorię* und Nr. 4 *Aeterne lucis conditor*. Beide Regeln nennen gemeinsam: Nr. 5 *Fulgentis auctor aetheris*, Nr. 15 *Deus qui certis legibus*, Nr. 20 *Hic est dies verus dei*, Nr. 24 *Rex aeternę domine*, Nr. 26 *Te decet laus* und Nr. 27 *Te Deum laudamus*. Eine tabellarische Übersicht über die bei Caesarius und Aurelianus vorgeschriebenen Hymnen, die in den vier Haupthandschriften des gallikanischen Hymnars enthalten sind, findet sich bei Cyrille Vogel, „L'hymnaire de Murbach," S. 13–14 und eine vollständige, die auch die Hymnen in den Fragmenten anführt, bei Walther Bulst, *Hymni Latini Antiqvissimi LXXV. Psalmi III*, Heidelberg 1956, S. 205. Siehe auch Dom A. Wilmart, „Le Psautier de la Reine n. XI. Sa provenance et sa date," *Revue Bénédictine* 28 (1911), S. 364.

50. P. A. Becker, „Vom christlichen Hymnus zum Minnesang," S. 17.

(„l'ancien usage gallican")[51] — Hymnar sprechen kann. „Nur handelt es sich nicht um einen fertig gegebenen und gleichbleibenden Bestand, sondern um eine in der Entwicklung begriffene Sammlung, die vor unseren Augen entsteht und einen festen Kern ausbildet, aber sich auch weiterhin durch Zusätze und Abstriche den wechselnden Bedürfnissen anpaßt. Der übersehbare Werdeprozeß dehnt sich vom 6. bis 9. Jahrhundert."[52] Den Grundbestand des gallikanischen Hymnars bilden siebzehn Hymnen, die uns handschriftlich in zwei unterschiedlichen Gruppen überliefert sind: die HS V im Cod. Vatic. Regin. 11 gehörte dem Markgrafen Eberhard von Friaul und wurde von seinem ältesten Sohn Unruoch geerbt, stammt daher nach Beckers Ansicht entweder aus Friaul, Bayern oder vom Kaiserhof selbst,[53] oder nach Bulst aus Nordostfrankreich.[54] Die zweite Gruppe umfaßt drei zusammengehörende Hymnare: die HS P im Cod. Paris. lat. 14088 aus Corbie, die achtzehn Hymnen enthält, von denen alle in der Junius HS 25 enthalten sind,[55] die HS T, stark verstümmelt, im Cod. Turic. Rhen. 36 aus dem Schweizer Kloster Rheinau, die allerdings nur acht, bzw. elf Hymnen enthält,[56] und schließlich die HS O im Cod. Oxon. Bodleian. Junius 25, unsere Murbacher Hymnenhandschrift, die siebenundzwanzig Hymnen enthält.[57] Dazu kommen noch zwei Fragmente, die HS Π im Cod. Paris. lat. 528 aus Saint-Denis und die HS p im Cod. Paris. lat. 13159 aus Saint-Riquier.[58] Alle diese Handschriften stammen aus dem Ende des achten oder Anfang des neunten Jahrhunderts. „Es handelt sich sichtlich um das Hymnar zu einem monastischen Horenzyklus, bei

51. Dom A. Wilmart, „Le Psautier de la Reine," S. 362.
52. P. A. Becker, „Vom christlichen Hymnus zum Minnesang," S. 21-22.
53. *Ibid.*, S. 19.
54. Vgl. Walther Bulst, *Hymni Latini Antiqvissimi*, S. 172-173. Die Handschrift wurde in der zweiten Hälfte des achten Jahrhunderts geschrieben und enthält insgesamt einundzwanzig Hymnen. Darunter sind die *MbH* Nr. 1, 3-8, 11-13, 15, 20, 27. Siehe auch Cyrille Vogel, „L'hymnaire de Murbach," S. 11.
55. *MbH* Nr. 2, 4-15, 17-19, 21, 23. Vgl. Walther Bulst, *Hymni Latini Antiqvissimi*, S. 173 und Cyrille Vogel, „L'hymnaire de Murbach," S. 11-12.
56. *MbH* Nr. 1-4, [5-8], 9, 11, 12. Vgl. Bulst, *ibid.*, S. 175-176 und Vogel, *ibid.*, S. 12.
57. Siehe Bulst, *ibid.*, S. 175. Eine tabellarische Übersicht über die in diesen vier Handschriften enthaltenen Hymnen findet man bei Vogel, *ibid.*, S. 13-14 und bei Bulst, *ibid.*, S. 205.
58. Die HS Π enthält insgesamt vierundzwanzig Hymnen, die alle — außer den letzten drei — in den *MbH* aufscheinen. Das Fragment p enthält nur die *MbH* Nr. 1, 2, 9.

dem jede Gebetszeit nur mit einem einzigen Hymnus versehen war ... Die Zusammengehörigkeit dieses Hymnensatzes wird nicht nur durch das gleichzeitige Auftreten derselben Stücke an verschiedenen Stellen der handschriftlichen Überlieferung bekundet, sondern auch durch gemeinsame Eigentümlichkeiten der Form und des Inhalts."[59]

Im folgenden gebe ich eine Aufzählung der einzelnen lateinischen Hymnen im Murbacher Hymnar und ihre liturgische Bestimmung.[60] Da wie vorher erwähnt nur die erste Hymne in der Junius HS 25 eine liturgische Bezeichnung führt, sind die übrigen Bestimmungen aus den anderen Handschriften entnommen.[61]

A) *Der erste Teil der Handschrift* Ha *(Reichenau)*:

1. *Mediae noctis tempore* (Bulst:... *tempus est)*: *Ad nocturnas die dominica* (für die Nokturn um Mitternacht am Sonntag). Enthalten in den HSS OVIIpT. Vorgeschrieben in der Regel des Caesarius. Werner 105 (15); Blume 3.364; Blume Cursus 109–110; Chevalier Nr. 11420; Walpole 207; Bulst 91.189. Achtsilbige Zeilen. Walpole

---

59. P. A. Becker, „Vom christlichen Hymnus zum Minnesang," S. 20.
60. Man vgl. auch Walther Bulst, „Zu den Murbacher Hymnen," S. 159ff.
61. Nach Walther Bulst, *Hymni Latini Antiqvissimi*, S. 172–177 handelt es sich dabei um die oben erwähnten HSS, die hier noch einmal genau bezeichnet aufgeführt werden sollen: O = *Oxoniensis Bodleianus Junius* 25 (fol. 122b–129b) ‚reichenauisch', (fol. 116a–117b) ‚Murbacher Nachtrag' s.IX in. V = *Vaticanus Reginensis Latinus* XI (fol. 230b–236b) s.VIII 2 ‚Nordostfrankreich'. P = *Parisinus Latinus* 14088 (fol. 26b–28b) s.IX 1 ‚in Corbie geschrieben'. Π = *Parisinus Latinus* 528 (fol. 84a–90a) s.IX in. ‚geschrieben in Saint-Denis; später in Saint-Martial de Limoges'. p = *Parisinus Latinus* 13159 (fol. 168a–b) 795–800 ‚geschrieben für Saint-Riquier', nur ein kleines Fragment. T = *Turicensis Rhenaugiensis* XXXIV (fol. 198a–200b) s.IX in. ‚bodenseeisch, wahrscheinlich reichenauisch', ist ein Fragment. Der lateinische Text der Hymnen ist in den folgenden Ausgaben zu finden: Jakob Werner: *Die ältesten Hymnensammlungen von Rheinau* (*Mittheilungen der antiquarischen Gesellschaft in Zürich*, 23. Band, 3. Heft), Leipzig 1891. („Werner") Clemens Blume: *Die Hymnen des Thesaurus Hymnologicus H. A. Daniels* (*Analecta Hymnica Medii Aevi*, 51. Band), Leipzig 1908. („Blume") Guido Maria Dreves: *Lateinische Hymnendichter des Mittelalters* (*Analecta Hymnica Medii Aevi*, 50. Band), Leipzig 1907. („Dreves") Arthur S. Walpole: *Early Latin Hymns*. Cambridge 1922. („Walpole") U. Chevalier: *Repertorium hymnologicum. Catalogue des chants, hymnes, proses séquences, tropes en usage dans l'Eglise latine depuis les origines jusqu'à nos jours*, 1. Band, Louvain 1892, Nr. 1–9935; 2. Band, Louvain 1897, Nr. 9936–22256; 3. Band, Ergänzungsband, Louvain 1904, Nr. 22257–34827; 4.–5. Band, Ergänzungsband, Louvain 1912, Nr. 34828–42060 und *Addenda et corrigenda*. („Chevalier") Clemens Blume: *Der Cursus Benedicti Nursini*. („Blume Cursus") Walther Bulst: *Hymni Latini Antiqvissimi*. („Bulst") Auf S. 182ff. führt Bulst alle Herausgeber des lateinischen Textes der einzelnen Hymnen an.

hält Niceta, Bischof von Remesiana in Dazien für den Verfasser der Hymne.

2. *Deus qui cęli lumen es: Ad matutinas laudes die dominica* (für die Matutin am Sonntag). Enthalten in den HSS OPΠpT. Blume 8.364; Blume Cursus 114–115; Chevalier Nr. 4491; Walpole 219.221; Bulst 105.192. Besteht nach Walpole eigentlich aus zwei Hymnen: die Strophen 1–6 bilden die erste Hymne. Die ersten fünf Strophen sind an Gott den Vater gerichtet, in der sechsten Strophe wird Christus angerufen. Die Strophen 6–10 stellen eine Paraphrase des *Vaterunsers* dar. Dem Argument Walpoles, daß der Stil der beiden Teile sehr verschieden ist und es sich daher um zwei Hymnen handelt (vgl. S. 222), widerspricht die Tatsache, daß die Strophen in allen HSS immer an die vorhergehenden Verse angeschlossen sind.

3. *Splendor paternę glorię: Ad matutinas laudes feria secunda* (für die Matutin am Montag). Enthalten in den HSS OVΠT. Die Regel des Aurelianus schreibt die Hymne vor. Werner 136 (46); Dreves 11; Walpole 35; Bulst 40.182; Chevalier Nr. 19349. Diese Hymne wird von Fulgentius (468–533) und Augustinus dem Ambrosius zugeschrieben und gilt heute als echt.

4. *Aeterne lucis conditor: Ad matutinas laudes feria tertia* (für die Matutin am Dienstag). Enthalten in den HSS OVPΠT. Die Regel des Aurelianus schreibt die Hymne vor. Blume 10.364; Blume Cursus 116–117; Chevalier Nr. 626; Walpole 226; Bulst 93.190.

5. *Fulgentis auctor aetheris: Ad matutinas laudes feria quarta* (für die Matutin am Mittwoch). Enthalten in den HSS OVPΠ (und wahrscheinlich auch T). Diese Hymne wird in den Regeln des Aurelianus und Caesarius vorgeschrieben. Blume 11; Blume Cursus 117; Chevalier Nr. 6608; Walpole 229; Bulst 94.190.

6. *Deus aeterne luminis* (Bulst: ... *aeterni* ...): *Ad matutinas laudes feria quinta* (für die Matutin am Donnerstag). Enthalten in den HSS OVPΠ (und wahrscheinlich auch T). Blume 12; Walpole 230; Bulst 107.192. Nach Walpole eine nur schwer verständliche Hymne. Die erste und die letzten vier Strophen scheinen an Christus gerichtet, die zweite und der Anfang der dritten Strophe ruft die Dreieinigkeit an. Lange Zeit hielt man die Hymne für eine echt Ambrosianische, doch hat Luigi Biraghi: *Inni sinceri ... di Sant' Ambrogio*, Mailand 1862, Seite 26 diese Ansicht überzeugend widerlegt.

Einführung [xxxi]

7. *Christe cęli domine*: *Ad matutinas laudes feria sexta* (für die Matutin am Freitag). Enthalten in den HSS OVPΠ (und wahrscheinlich auch T). Blume 12; Blume Cursus 118–119; Chevalier Nr. 2969; Walpole 234; Bulst 108.192. Diese Hymne paraphrasiert das *Te Deum*, worauf sie nach Ansicht Walpoles zurückgeht. Der Text hat im Laufe der Überlieferung stark gelitten, hauptsächlich durch falsches Kopieren.

8. *Diei luce reddita*: *Ad matutinas laudes feria septa* (für die Matutin am Samstag). Enthalten in den HSS OVPΠT. Blume 13.364; Blume Cursus 119–120; Chevalier Nr. 4586; Walpole 238; Bulst 109.193.

Hier beginnen die Lieder für die kleineren Horen:

9. *Postmatutinis laudibus* (Bulst: *Post matutinis . . .*): *Ad primam* (für die Prim, d.h. das Morgengebet im katholischen Brevier zur ersten Tagesstunde um 6 Uhr morgens). Enthalten in den HSS OPpΠT. Werner 110 (20); Blume 14.364; Blume Cursus 120–121; Chevalier Nr. 15176 = 15175; Walpole 240; Bulst 110.193. Nach Walpole wurde diese Hymne für den Gebrauch in Klöstern geschrieben.

10. *Dei fide qua uiuimus*: *Ad tertium in quadragesima* (für die Terz, d.h. das zweite Tagesgebet des Breviers zur dritten Tagesstunde um 9 Uhr morgens, während der Fastenzeit). Enthalten in den HSS OPΠ. Werner 110 (20); Blume 64; Chevalier Nr. 4323; Walpole 330; Bulst 113.194.

11. *Certum tenentes ordinem*: *Ad tertiam per annum* (für die Terz im ganzen Jahr, d.h. die dritte Tagesstunde, also um 9 Uhr morgens). Enthalten in den HSS OVPΠT. Werner 134 (44); Blume 15.365; Blume Cursus 121; Chevalier Nr. 2772; Walpole 242; Bulst 110.193.

12. *Dicamus laudes domino*: *Ad sextam* (für die Sext, d.h. das dritte Tagesgebet des Breviers zur sechsten Tagesstunde um 12 Uhr Mittag). Enthalten in den HSS OVPΠT. Blume 16.365; Blume Cursus 122; Chevalier Nr. 4537; Walpole 243; Bulst 111.193.

13. *Perfectum trinum numerum*: *Ad nonam* (für die None oder das vierte Tagesgebet zur neunten Tagesstunde um 3 Uhr nachmittags). Enthalten in den HSS OVPΠ. Werner 112 (22); Blume 16; Blume Cursus 122–123; Chevalier Nr. 14835; Walpole 244; Bulst 111.193. In dieser Hymne finden wir eine starke Betonung der Trinitätslehre. Nach Blume und Walpole hat sie sich lange gehalten und wurde ab dem 10. Jahrhundert für die None zur Fastenzeit verwendet.

14. *Deus qui claro lumine: Ad vesperas die dominica* (zur Vesper, d.h. die abendliche Gebetsstunde um 6 Uhr abends, am Sonntag). Enthalten in den HSS OPII. Blume 20; Blume Cursus 126; Chevalier Nr. 4490; Walpole 254; Bulst 112.194.

15. *Deus qui certis legibus: Ad vesperas* (für die Vesper). Enthalten in den HSS OVPII. Sowohl Caesarius als auch Aurelianus schreiben die Hymne vor. Blume 19; Blume Cursus 125; Chevalier Nr. 4489; Walpole 251; Bulst 97.190.

16. *Christe qui lux es et die: Ad completorium* (für die Komplet, d.h. das Nachtgebet als Schluß der kirchlichen Tageszeiten). Enthalten in den HSS O und II. Caesarius schreibt die Hymne in seiner Regel vor. Werner 95 (5); Blume 21; Blume Cursus 127–129; Chevalier Nr. 2934; Walpole 258; Bulst 98.191. Nach Walpole und Blume ist diese Hymne bereits am Anfang des 6. Jahrhunderts im Gebrauch, wie uns Caesarius bestätigt. Der Text wurde im Laufe der Jahrhunderte öfters geändert, so daß der ursprüngliche Wortlaut unsicher ist. Die Hymne wurde zeitweise im Winter, zeitweise zur Fastenzeit gesungen.

17. *Meridię orandum est: Ad sextam in quadragesima* (für die Sext, d.h. die Mittagsstunde, während der Fastenzeit). Enthalten in den HSS OPII. Werner 111 (21); Blume 65; Chevalier Nr. 11506; Walpole 331; Bulst 113.194. Sievers Seite 45 (Fußnote) behauptet irrtümlicherweise, daß diese Hymne nur in der HS O erhalten ist. Auch Blume meint, daß die Hymne nicht sehr weit verbreitet war. Walpole dagegen weist darauf hin, daß sie auch in ungefähr 20 weiteren HSS aus dem zehnten und elften Jahrhundert vorkommt.

18. *Sic ter quaternis trahitur: Ad vesperas in quadragesima* (für die Vesper zur Fastenzeit). Enthalten in den HSS OPII. Werner 109 (19); Blume 67; Chevalier Nr. 18931; Walpole 335; Bulst 114.194. Walpoles Text beginnt mit einer weiteren Strophe, die in einigen wenigen anderen HSS enthalten ist, da ihm die Zeile *Sic ter quaternis trahitur* als Anfang der Hymne zu abrupt scheint.

19. *Aurora lucis rutilat: Ad matutinas die paschae* (für die Matutin zu Ostern). Enthalten in den HSS OPII. Werner 119 (29); Blume 89; Chevalier Nr. 1645; Walpole 346; Bulst 114.195. Nach Blume findet sich diese Hymne in den ältesten Hymnaren irischer und nichtirischer Herkunft. Die Hymne ist daher sehr alt, stammt aber nicht von Ambrosius, wie man vielfach angenommen hat. Die Hymne wurde bald aufgeteilt: man verwendete Strophe 6–8 für die Terz, Strophe

9–11 für die Sext. Noch im jetzigen römischen Brevier werden Strophe 1–4 als Laudeshymnus für die Osterzeit, Strophe 5–8 für die Vesper und Matutin, Strophe 9–11 für die Laudes zu Ostern verwendet.

20. *Hic est dies verus dei:* Die paschae (für Ostern zu verschiedenen Tageszeiten). Enthalten in den HSS OVΠ. Die Regeln des Caesarius und Aurelianus schreiben die Hymne vor. Werner 122 (32); Dreves 16; Chevalier Nr. 7793; Walpole 77; Bulst 47.184. Nach Hincmar von Reims (9. Jahrhundert) hat Ambrosius diese Hymne selbst geschrieben. Obwohl dieses Zeugnis zeitlich sehr spät liegt, hält man heute die Hymne für echt. Der Stil und Wortschatz, sowie der Inhalt der Hymne ist nach Walpole typisch „ambrosianisch". Die Hymne wurde in frühester Zeit während der ganzen Osterperiode, d.h. der Passion, dem Tod und der Auferstehung Christi verwendet. Der Gedanke der Taufe, die in früher Zeit vor allem zu Ostern stattfand, liegt besonders den beiden ersten Strophen zugrunde.

21. *Ad cenam agni providi:* Ad vesperas die paschae (für die Vesper während Ostern). Enthalten in den HSS OPΠ. Werner 120 (30); Blume 87; Chevalier Nr. 110; Walpole 349; Bulst 116.196. Nach Blume eine sehr alte Hymne, die noch heute, allerdings in sehr veränderter Form fortlebt. Walpole vermutet als Verfasser der Hymne Niceta, den Bischof von Remesiana in Dazien. Die Hymne ist fast durchgehend gereimt.

B) *Hier beginnt der zweite Teil der Handschrift* Hb *(Murbach?)*:

22. *Aeterna Christi munera:* Die s. martyrum (für die Festtage der hl. Märtyrer). Enthalten in den HSS O und Π. Werner 173 (83); Dreves 19; Blume Cursus 94; Chevalier Nr. 600; Walpole 104; Bulst 52.185. Eine der ältesten Märtyrerhymnen, die nach dem Zeugnis von Maximus von Turin und Beda von Ambrosius selbst verfaßt wurde. Walpole bestimmt sie nach Untersuchung des Gedankeninhalts, Wortschatzes und Stiles als echt, Bulst rechnet sie ebenfalls zu den Hymnen des Ambrosius, ohne jedoch absolut sicher zu sein. Die Hymne wurde im Laufe der Zeit stark umgeschrieben und verändert und an den Geburtstagen der hl. Apostel verwendet.

23. *Tempus noctis surgentibus:* Ad nocturnas horas (für die Nokturn um Mitternacht). Enthalten in den HSS OPΠ. (Nach Sievers, dieses Buch, S. 52, Anm., ist diese Hymne nur in der HS O erhalten. Bolognesi, „Note critico-linguistiche sui ,Murbacher Hymnen'," S. 140

behauptet, daß die Hymne nur in der HS O und P überliefert ist, eine Angabe, die ebenfalls unvollständig ist.) Blume 7; Blume Cursus 113; Chevalier Nr. 20328; Walpole 217; Bulst 105.192. Eine sehr schwer verständliche Hymne wegen ungewöhnlichen grammatikalischen Konstruktionen.

24. *Rex aeternę domine* (nicht „O rex" wie Sievers Seite 52, Fußnote für die übrigen HSS angibt): *Ad nocturnas* (für die Nokturn um Mitternacht, nach Thomasius zu Ostern). Enthalten in den HSS O und II. Die Regeln des Caesarius und Aurelianus schreiben die Hymne vor. Werner 122 (32); Blume 5; Blume Cursus 111–113; Chevalier Nr. 17393; Walpole 211; Bulst 92.189. Die Hymne umfaßt das gesamte Erlösungswerk von Jesus Christus. Nach Blume wurden die ersten sieben Strophen ab Beginn des 10. Jahrhunderts umpassenderweise für Ostern verwendet. Nach Walpole erwähnt bereits Beda die Hymne. Walpole sieht auch die Möglichkeit einer Verbindung von ursprünglich zwei Hymnen zu einer einzigen. Die Hymne ist noch heute in gekürzter und abgeänderter Form im römischen Brevier erhalten.

25. *Aeternę rerum conditor*: *Ad nocturnas horas* (für die Nokturn um Mitternacht). Nur in der HS O erhalten. Caesarius verordnet die Hymne in seiner Regel. Werner 132 (42); Dreves 11; Chevalier Nr. 447; Walpole 27; Bulst 39.182. Die Hymne wird von Augustinus ausdrücklich Ambrosius zugeschrieben und gilt heute als echt. Im altspanischen Brevier wurde sie sehr früh am Morgen, *ad pullorum cantum* gesungen.

26. (nach Sievers 25a.) *Te decet laus: Ad matutinas horas die dominica* (für die Matutin am Sonntag). Nur in der HS O erhalten. Sowohl Caesarius als auch Aurelianus schreiben die Hymne vor; auch die Benediktinerregel verordnet sie. Vgl. Chevalier Nr. 20075. Die Hymne besteht nur aus wenigen Worten und wurde aus dem Griechischen übernommen.[62] Nach Sievers und anschließend an ihn Vogel[63] handelt es sich bei dieser einstrophigen Hymne um eine unabhängige Hymne, obwohl sie in der HS vom Text der vorhergehenden Hymne nicht abgetrennt ist. Zwei Gründe sprechen dafür: 1) Die Hymne beginnt in der HS mit einem Großbuchstaben. 2) In der

---

62. Bulst, *ibid.*, S. 7–8.
63. Vgl. Eduard Sievers, dieses Buch, S. 56, Fußnote, und Cyrille Vogel, „L'hymnaire de Murbach," S. 23.

Benediktinerregel (9. Kapitel) steht: *et subsequatur mox ab abbate ymnus Te decet laus*. Den kritischen Text findet man bei Blume.[64]

27. (nach Sievers 26.) *Te Deum laudamus: Ad matutinas horas die dominica* (für die Matutin am Sonntag). In den HSS V und O überliefert (Bulst 206). Von Caesarius, Aurelianus und dem hl. Benedikt in ihren Regeln verordnet. Blume Cursus 44–46, 86; Chevalier Nr. 20086. Bei dieser Hymne handelt es sich um den sogenannten „Ambrosianischen Lobgesang", der vielleicht aus dem Griechischen übernommen wurde. Die Texte der Handschriftenüberlieferung sind sehr verschieden.[65]

Die *MbH* sind also ein Zeuge des gallikanischen Hymnars, das auf dem altbenediktinischen Hymnar fußt und vom sechsten bis neunten Jahrhundert besonders in benediktinischen Kreisen in Verwendung stand. Im neunten Jahrhundert begann sich daneben jedoch schon das sogenannte neubenediktinische Hymnar zu verbreiten, das bereits während der Regierungszeit Ludwigs des Frommen anfängt, das gallikanische zu verdrängen und das schließlich zum gemeinabendländischen Hymnenbuch wird.[66] Nur geschah dies nicht mit einem Male, denn besonders im neunten Jahrhundert ist das gallikanische Hymnar noch wiederholt kopiert worden, wie wir gesehen haben. Und so haben wir in den *Murbacher Hymnen* nicht nur ein bedeutendes Sprachdenkmal aus den Anfängen des deutschen Schrifttums vor uns, sondern auch eine wichtige literarische Sammlung, die das frühe Hymnengut bewahrt und über die Jahrhunderte in unsere Zeit hinüber gerettet hat.

Evelyn Scherabon Firchow
Minneapolis, Minnesota

---

64. Clemens Blume, *Der Cursus Benedicti Nursini*, S. 57.
65. Walther Bulst, *Hymni Latini Antiqvissimi*, S. 8.
66. Im neubenediktinischen Hymnar sind nach dem neunten Jahrhundert nur mehr die Hymnen des Ambrosius und die drei Hymnen, Nr. 13 *Perfectum trinum numerum*, Nr. 16 *Christe qui lux es et die* und Nr. 24 *Rex aeternę domine*, in teilweise abgeänderter Form, in Verwendung. Vgl. Cyrille Vogel, „L'hymnaire de Murbach," S. 15–16.

BIBLIOGRAPHIE ZU DEN MURBACHER HYMNEN

A) Text und Handschrift:

Handschrift: Oxford, Bodleianische Bibliothek, MS. Junius 25, Bl. 116a–117b. 122b–129b.

Baesecke, Georg. *Lichtdrucke nach althochdeutschen Handschriften.* Halle 1926, Tafeln 28, 31, 32, 33. [MS. Junius 25, Bl. 116b. 122b. 123a. 126b.]

Braune, Wilhelm und Ernst A. Ebbinghaus. *Althochdeutsches Lesebuch.* Tübingen 14·1962, S. 30–33, 164.

Daab, Ursula. *Drei Reichenauer Denkmäler der altalemannischen Frühzeit.* (*Altdeutsche Textbibliothek* Nr. 57). Tübingen 1963.
Rezensionen:
Lemmer, Manfred. *Germanistik* 6 (1965), S. 267.
Werlin, Josef. *Leuvense Bijdragen* 52 (1963), *Bijblad*, S. 119–120.

Ebbinghaus, Ernst A. „Addenda to Sievers' Edition of the Murbach Hymns," *MLN* 80 (1965), S. 486.

Eccard, J. G. *Francia Orientalis.* 2. Band. Wirceburgi 1729, S. 948ff.

Fischer, Hanns. *Schrifttafeln zum althochdeutschen Lesebuch.* Tübingen 1966, S. 6 und 9*–10*. [MS. Junius 25, Bl. 122b.]

Gamber, Klaus. *Codices Liturgici Latini Antiquiores* (*Spicilegii Friburgensis Subsidia* 1). Freiburg i.d. Schweiz 1963, S. 45.

Germann, D. „Eduard Sievers' Bericht über seine Handschriftenfunde in der Bodleiana und dem Britischen Museum im Frühjahr 1871," *PBB* 79 (Halle 1957), S. 321–335.

Grimm, Jacobus. *Ad Auspicia Professionis Philosophiae ordinariae in academia georgia augusta rite capienda invitat. Inest hymnorum veteris ecclesiae XXVI. interpretatio theotisca nunc primum edita.* Göttingen 1830.

Hickes, G. *Grammatica franco-theodisca*, Oxonii 1703.

Madan, F., H.H.E. Craster, N. Denholm-Young. *A Summary Catalogue of Western Manuscripts in the Bodleian Library at Oxford.* Band II/2. Oxford 1937, S. 969–971.

Piper, Paul. *Die älteste deutsche Litteratur bis um das Jahr 1050* (*Kürschners Deutsche Nationallitteratur*, 1. Band). Stuttgart [1884?], S. 115–119.

—————. „Die älteste deutsche Litteratur bis um das Jahr 1050,"

Nachträge zur älteren deutschen Litteratur. (Kürschners Deutsche Nationallitteratur, 162. Band). Stuttgart [kein Datum], S. 165–184.

Priebsch, Robert. *Deutsche Handschriften in England.* 1. Band. Erlangen 1896, S. 151.

Sievers, Eduard. *Die Murbacher Hymnen. Nach der Handschrift herausgegeben.* Halle 1874. [Enthält auch MS. Junius 25, einen Teil des Bl. 116^b und 122^b.]
Rezension:
Erdmann, Oskar. *ZfdPhil* 6 (1875), S. 236–242.

—————. „Zu Erdmanns Recension der Ausgabe der Murbacher Hymnen," *ZfdPhil* 6 (1875), S. 375–376.

—————. „Zu den Murbacher Hymnen," *PBB* 16 (1892), S. 560.

Steinmeyer, Elias und Eduard Sievers. *Die althochdeutschen Glossen.* 4. Band. Berlin 1898, S. 588–590.

B) Literaturgeschichten und Lexika:

Baesecke, Georg. „Interlinearversion" in: P. Merker und W. Stammler, *Reallexikon der deutschen Literaturgeschichte.* 2. Band. Berlin 1926–1928, S. 11–12.

Boor, Helmut de. *Die deutsche Literatur von Karl dem Großen bis zum Beginn der höfischen Dichtung.* 1. Band. München [6]1964, S. 23–25, 41, 74–76.

—————. „Von der Karolingischen zur Cluniazensischen Epoche," in: Heinz Otto Burger, *Annalen der deutschen Literatur.* Stuttgart 1952, S. 46.

Bostock, J. Knight. *A Handbook on Old High German Literature.* Oxford 1955, S. 92–96.

Buchberger, Michael. *Lexikon für Theologie und Kirche.* 5. Band. Freiburg [2]1960, Spalte 558 ff.

Ehrismann, Gustav. *Geschichte der deutschen Literatur bis zum Ausgang des Mittelalters. I. Teil: Die althochdeutsche Literatur.* München 1932, S. 223–224, 257, 267–269.

Kelle, Johann. *Geschichte der Deutschen Litteratur von der ältesten Zeit bis zur Mitte des elften Jahrhunderts.* 1. Band. Berlin 1892, S. 98–99.

Koegel, Rudolf. *Geschichte der deutschen Litteratur bis zum Ausgang des Mittelalters.* 1. Band/2. Straßburg 1897, S. 468–471.

Koegel, Rudolf und Wilhelm Bruckner. „Althoch- und altniederdeutsche Literatur" in: H. Paul, *Grundriß der germanischen Philologie*. 2. Band/I. Straßburg ²1901–1909, S. 146–147, 533–534.

Unwerth, Wolf von und Theodor Siebs. *Geschichte der deutschen Literatur bis zur Mitte des elften Jahrhunderts*. Berlin und Leipzig 1920, S. 206–208.

C) *Zu den lateinischen Hymnen:*

Becker, Philipp August. „Vom christlichen Hymnus zum Minnesang," *Historisches Jahrbuch* 52 (1932), S. 1–39, 145–177.

Blume, Clemens. *Der Cursus Benedicti Nursini und die liturgischen Hymnen des 6.–9. Jahrhunderts in ihrer Beziehung zu den Sonntags- und Ferialhymnen unseres Breviers*. Leipzig 1908.

——————. *Die Hymnen des Thesaurus Hymnologicus H. A. Daniels und anderer Hymnen-Ausgaben*. (*Analecta Hymnica Medii Aevi*, 51. Band). Leipzig 1908.

Bulst, Walther. *Hymni Latini Antiqvissimi LXXV. Psalmi III*. Heidelberg 1956.

Chevalier, U. *Repertorium hymnologicum. Catalogue des chants, hymnes, proses séquences, tropes en usage dans l'Eglise latine depuis les origines jusqu'à nos jours*. 5 Bände. Louvain 1892–1912.

Dreves, Guido Maria. *Aurelius Ambrosius, der Vater des Kirchengesanges. Eine hymnologische Studie*. (*Stimmen aus Maria Laach*, 15. Ergänzungsband, 58. Ergänzungsheft). Freiburg i.B. 1893.

——————. *Lateinische Hymnendichter des Mittelalters*. (*Analecta Hymnica Medii Aevi*, 50. Band). Leipzig 1907.

Kayser, Joh[ann]. *Beiträge zur Geschichte und Erklärung der ältesten Kirchenhymnen*. 2 Bände. Paderborn 1881–1886.

Langosch, Karl. *Hymnen und Vagantenlieder: Lateinische Lyrik des Mittelalters mit deutschen Versen*. Berlin ²1958.

Manitius, Max. *Geschichte der christlich-lateinischen Poesie*. Stuttgart 1891.

Raby, F. J. E. *A History of Christian-Latin Poetry in the Middle Ages*. Oxford 1927, ²1953, Nachdruck 1966.

Szövérffy, Josef. *Die Annalen der lateinischen Hymnendichtung*. 2 Bände. Berlin 1964–1965.

Walpole, Arthur S. *Early Latin Hymns, with Introduction and Notes*. Cambridge 1922.

Werner, Jakob. *Die ältesten Hymnensammlungen von Rheinau.* (*Mittheilungen der antiquarischen Gesellschaft in Zürich*, Nr. 23/3). Leipzig 1891.

Wilmart, Dom A. „Le Psautier de la Reine n. XI. Sa provenance et sa date," *Revue Bénédictine* 28 (1911), S. 341–376.

Wolters, Friedrich. *Hymnen und Sequenzen: Übertragungen aus den lateinischen Dichtern der Kirche vom IV. bis XV. Jahrhundert.* Berlin ²1922.

D) Übrige Literatur:

Baesecke, Georg. „Das althochdeutsche Schrifttum von Reichenau," *PBB* 51 (1927), S. 206–222.

——————. *Der deutsche Abrogans und die Herkunft des deutschen Schrifttums.* Halle 1930.

Bartsch, Karl. „Aus alten Handschriftencatalogen," *Germania* 32 (1887), S. 127–128.

Bloch, Hermann. „Ein Karolingischer Bibliothekskatalog aus Kloster Murbach," *Straßburger Festschrift zur 46. Versammlung deutscher Philologen.* Straßburg 1901, S. 257–283.

Bolognesi, Giancarlo. „Note critico-linguistiche sui ‚Murbacher Hymnen,'" *Studi linguistici in onore di Vittore Pisani*, hrsg. von G. Bolognesi *et al.* 1. Band. Brescia 1969, S. 129–160.

Bulst, Walther. „Zu den Murbacher Hymnen," *ZfdA* 80 (1944), S. 157–162.

Daab, Ursula. *Studien zur althochdeutschen Benediktinerregel.* (*Hermea*, Nr. 24). Halle 1929.

——————. „Die Affatimglossen des Glossars Jc und der deutsche Abrogans," *PBB* 82 (Tübingen 1960), S. 275–317.

——————. „Zur Datierung der altalemannischen Psalmenübersetzung," *PBB* 83 (Tübingen 1962), S. 281–301.

Gatrio, A. *Die Abtei Murbach in* [sic] *Elsaß.* 2 Bände. Straßburg 1895.

Guericke, Irma von. *Die Entwicklung des althochdeutschen Participiums unter dem Einflusse des Lateinischen.* (Diss.) Königsberg 1915.

Holtzmann, Adolf. „Althochdeutsche Glossare und Glossen," *Germania* II (1866), S. 30–69.

Kayser, [Johann]. „Die Murbacher Hymnen," *Theologische Quartalsschrift* 64 (1888), S. 179–200.

Kirschstein, Bettina. „Sprachliche Untersuchungen zur Herkunft der althochdeutschen Isidorübersetzung, insbesondere zur ‚Murbacher These'," *PBB* 84 (Tübingen 1962), S. 5–122.

Koegel, Rudolf. „Zu den Murbacher Denkmälern und zum keronischen Glossar," *PBB* 9 (1884), S. 301–360.

Lawson, Richard H. „Preverbal *ke-* in the Earliest Old Alemannic," *JEGP* 69 (1970), S. 568–579.

―――――. „Classes of the Weak Verb in the Earliest Old Alemannic," *Neuphilologische Mitteilungen* 72/2 (1971), S. 339–345.

Nutzhorn, G. „Murbach als Heimat der althochdeutschen Isidorübersetzung und der verwandten Stücke," *ZfdPhil* 44 (1912), S. 265–320, 430–476.

Schindling, B. *Die Murbacher Glossen. Ein Beitrag zur ältesten Sprachgeschichte des Oberrheins.* Straßburg 1908.

Sievers, Eduard. „Neue althochdeutsche Sagverstexte," *PBB* 52 (1928), S. 184 ff.

Socin, Adolf. „Die althochdeutsche Sprache im Elsaß vor Otfrid von Weißenburg. Nach Namen in Urkunden dargestellt," *Straßburger Studien* 1 (1883), S. 101–276.
Ankündigung und Zusammenfassung:
Socin, Adolf. *Jahresberichte* 4 (1882), S. 106–107.

Sonderegger, Stefan. „Frühe Übersetzungsschichten im Althochdeutschen. Ein methodischer Beitrag," *Philologia deutsch. Festschrift zum 70. Geburtstag von Walter Henzen,* hrsg. von Werner Kohlschmidt und Paul Zinsli. Bern 1965, S. 101–114.

―――――. „Frühe Erscheinungsformen dichterischer Sprache im Althochdeutschen," *Typologia Litterarum. Festschrift für Max Wehrli,* hrsg. von Stefan Sonderegger, Alois M. Haas und Harald Burger. Zürich 1969, S. 53–81.

Vogel, Cyrille. „L'hymnaire de Murbach contenu dans le manuscrit Junius 25," *Archive de l'Eglise d'Alsace* 25/N.S.9 (1958), S. 1–42.

Wilken, E. „Zu den Murbacher Hymnen," *Germania* 20 (1875), S. 81–84.

Nachträge und Berichtigungen zum Text

Nachträge und Berichtigungen zum Text

Im folgenden gebe ich eine Zusammenstellung der Nachträge und Berichtigungen zum vorliegenden Nachdruck der Ausgabe der *Murbacher Hymnen* von Sievers. Da es sich hier um einen photomechanischen Abdruck handelt, konnten die Berichtigungen leider nicht dem Text selbst einverleibt werden. Besonders zu verweisen ist auch auf Sievers' eigene „Nachträge und Berichtigungen" im Anhang dieses Buches auf Seite 106. Angeführt werden hier nur Anmerkungen aus Rezensionen und spätere Ergänzungen, wie folgt:

B = Giancarlo Bolognesi: „Note critico-linguistiche sui ,Murbacher Hymnen,'" *Studi linguistici in onore di Vittore Pisani*, hrsg. von G. Bolognesi *et al.* 1. Band. Brescia 1969, S. 129–160.

D = Ursula Daab: *Drei Reichenauer Denkmäler der altalemannischen Frühzeit.* (*Altdeutsche Textbibliothek* Nr. 57), Tübingen 1963.

E = Oskar Erdmanns Rezension zu den *MbH*, *ZfdPhil* 6 (1875), S. 236–242.

Eb = Ernst A. Ebbinghaus: „Addenda to Sievers' Edition of the Murbach Hymns," *MLN* 80 (1965), S. 486.

G = Jakob Grimms Ausgabe der *MbH*, Göttingen 1830.

P = Paul Piper: *Nachträge zur älteren deutschen Litteratur* (*Kürschners Deutsche Nationallitteratur* 162. Band). Stuttgart [kein Datum], S. 165–184.

S = Eduard Sievers: „Zu den Murbacher Hymnen," *PBB* 16 (1892), S. 560.

S/E = Eduard Sievers: „Zu Erdmanns Recension der Ausgabe der Murbacher Hymnen," *ZfdPhil* 6 (1875), S. 375–376.

V = Cyrille Vogel: „L'hymnaire de Murbach contenu dans le manuscrit Junius 25," *Archive de l'Eglise d'Alsace* 25/N.S.9 (1958), S. 1–42.

W = E. Wilken: „Zu den Murbacher Hymnen," *Germania* 20 (1875), S. 81–84.

Professor E. A. Ebbinghaus lieh mir freundlicherweise seine Photokopie des Junius MS. 25 aus der Bodleianischen Bibliothek in Oxford, England, wofür ich ihm an dieser Stelle herzlich danke. Meine Lesungen und Anmerkungen sind im folgenden durch ⟨ ⟩ gekennzeichnet.

* * * * *

Seite 1 bis 10: Zu der Beschreibung des Junius MS. 25 ist noch hinzuzufügen, bzw. zu berichtigen: Großoktav, 28.5 × 10.3 cm. Das MS. enthält eigentlich 192 Blätter und je eine Pergamentkustode, also insgesamt 194 Blätter. Sievers überging das hintere Blatt, auf dem sich ähnlich wie auf 103ᶜ (*nicht* wie Sievers 103ᵇ) die Eintragung befindet: *Orēt legētes ꝑ dnō bartolomeo de andolo Morbaceñ abbate.* Das MS. besteht ab 183ᵈ *De nominibus qui quodam presagio nomina acceperunt* (vgl. Sievers S. 3) nur aus lateinischen Denkmälern. Zur weiteren Beschreibung des gesamten MS. siehe: Robert Priebsch, *Deutsche Handschriften in England.* 1. Band. Erlangen 1896, S. 151, sowie Elias Steinmeyer und Eduard Sievers, *Die althochdeutschen Glossen.* 4. Band. Berlin 1898, S. 588–590.

Seite 13: Zeile 9 lies „*cit* 23,1,1", das Wort kommt in dieser Schreibung an dieser Stelle nur lx vor (B 139/140). In Zeile 15 ist „*sclahttu* 19,5,2" als Beispiel zu streichen, da im MS. deutlich *sclahtu* steht (B 138).

Seite 16: In Zeile 24 lies *cuninc* (B 146/7).

Seite 17: In Zeile 18 von oben, zur Aufzählung der Beispiele für Wörter, die in den *MbH* ein *c* zwischen *s* und *l* einschieben, lies
sclahtu und dazu kommen noch: 18,4,3 scaf] MS. 15,2,2; 16,4,1 scaf. Anstatt *kasclactot* 21,4,2 lies kascactot] MS. wie schon Sievers, dieses Buch S. 50, Anm. und Text! (B 138) Zu Zeile 4 von unten: lies *argebe* 20,6,4. Zu korrigieren ist auch die Liste, die Sievers am selben Orte für unverschobenes *g* anführt, denn es fehlen noch zwei weitere Beispiele: *giþ* 16,2,4 und *eogalicha* 5,4,1 (B 159).

Seite 18: In Zeile 15 von oben lies *cuninc* (B 146/7).

Seite 22 und 89: unheilara 22,4,4 ist gen. sg. fem. des Adjektivs *unheil* = *insanus.* (E 238; S/E 375 und Sievers auch schon in „Nachträge und Berichtigungen", S. 106).

Seite 22 unten: „Ich halte es sehr wol für möglich, dass der übersetzer in den worten ‚*du der pist scirmo dera selu*' (= *qui es defensor animae*) den *dativ* hat brauchen wollen," obwohl im Lateinischen der vom Nomen unabhängige Genetiv steht. „Dass *dera* bei ihm auch dat. sg. fem. sein kann, folgere ich . . . , da er den instrumentalen und causalen lateinischen ablativ sonst immer durch einfachen dativ widergibt." (E 238)

Seite 23: Lies „dat. sg. *sune* neben *suniu* 19,12,2." (E 238)

Nachträge und Berichtigungen zum Text [xliii]

Seite 24 oben: Eine Ausnahme der Feminina auf *-î* ist *kamachadî*, von dem 22,8,2 der dat. sg. fem. *kamachadiu* lautet. (E 237)

Seite 24 und 83: Unter den konsonantischen r-Stämmen streiche man *sigufaginont*, das kein substantiviertes Partizipium, sondern ein einfaches Partizipium ist und lat. *triumphans* übersetzt. (E 237)

Seite 26 unten: „Endlich bezweifle ich die von Grimm und Sievers für *arloste* 10,3,4 angenommene schwächung der endung des schwachen präteritums in *-te* statt *-ta*." (E 238)

Seite 29: Zu den lateinischen Anmerkungen: 1,4,4 sanguinis] pluates steht im MS. in der nächsten Zeile. (D 30)
Zu den deutschen Anmerkungen: 1,2,2 duruh nohtiu] MS.; 1,3,3 anaprahta] MS.; 1,3,4 erist poraniu] MS. (D 30). V 25/6 liest 1,4,3 fälschlich *sclalchand*] MS. anstelle von *sclal chan* (B 154/5).

Seite 30: Zu den lateinischen Anmerkungen: 1,8,4 gaidio] MS. (D 31) Zu den deutschen Anmerkungen: lies „1,7,2 euan:gelisceru, ein *l* und *g* über dem n:ge ausradiert" (P 166, Eb); 1,8,3 liot faz] MS. (D 31)

Seite 31: Zu den deutschen Anmerkungen: 1,12,1 char:chari] MS. P 167 liest hinter dem ersten ‚r' Rasur eines hohen Striches, Eb liest ‚i' = char[i]chari. ⟨Piper scheint recht zu haben; es handelt sich anscheinend um einen irrtümlichen hohen Strich für verfrühtes ‚h'.⟩ 1,13,4 samansingan] MS. (D 33)

Seite 32: Zum lateinischen Text: 2,7,1 steht *contenis* statt *contines* übersetzt mit ahd. *inthebis*. „Questo si spiega facilmente con la confusione, piuttosto frequente, delle desinenze *-is/-es*." (B 158)
Zu den deutschen Anmerkungen: 2,10,3 unzan] MS. (P 168, Eb, aber auch schon in Fußnote in Sievers' Text)

Seite 34 und 91: Zum lateinischen Text: Zu 4,3,2 siehe jetzt B 155/6, wo festgestellt wird, daß Sievers' Lesart *tuos* falsch ist: „L'aggetivo possessivo *tuos* in questo contesto deve essere senza dubbio riferito al sostantivo *grates*. Stupisce quindi di trovare la forma maschile dal momento che *grates* è sempre regolarmente documentato in tutta la latinità come un sostantivo di genere femminile. . . . Anche nella stessa innologia religiosa latina il sostantivo *grates* è ben documentato nella forma femminile. . . . Ancora una volta la collazione del ms. Junius 25 ci conferma che *tuos* nel contesto citato dei

Murbacher Hymnen (IV,3,2) è certamente imputabile ad un errore di lettura del manoscritto che ha chiaramente la forma femminile *tuas*. Tutte le altre edizioni del testo latino di questo inno hanno sempre, del resto, l'aggetivo possessivo nella forma femminile." Bolognesi erklärt die falsche Lesart Sievers' daher, daß Sievers offensichtlich die entsprechende ahd. Glosse *dine* (= Akk. Pl. Masc.) im Text mit der lateinischen Form *tuos* gleichsetzte. „Il diverso genere della glossa germanica rispetto al corrispondente termine latino è però dovuto al fatto che *dine* è esattamente concordato con il sostantivo *dancha*, che è di genere maschile, mentre nel testo latino *tuas* è riferito al sostantivo *grates* di genere femminile." (B 156) Zum deutschen Text: 4,4,3: Nach E 237 ist Grimms Konjektur *uueralti* (gen. sg. fem.) richtig, da die Form *uueralta* (nom. pl. masc.) zu ungewöhnlich ist. In Sievers' Glossar Seite 91 wird das Wort jedoch als Gen. Sg. Fem. aufgeführt ⟨Im MS. steht ganz deutlich *uueralta*. Handelt es sich daher hier um einen Schreibfehler?⟩

Seite 36: Zu den lateinischen Anmerkungen: Nach W 82, Anm. 1 hätte zu 6,6,1 „bemerkt werden mögen, daß die zu *helfant* genauer stimmende Lesung *adiutor* bei Daniel I, 68 sich vorfindet."

Seite 37: 7,2,2 kihaltes cifti] MS. (Eb) Nach P 171 ist ‚c' aus ‚g' radiert und vor dem ‚t' in *cifti* ist noch ein ‚t' radiert. Siehe jetzt auch B 157: „Nel manoscritto si può chiaramente notare che *g*- di *gifti* risulta dalla correzione di un precedente *c*-."

Seite 39: „Bei 8,3,3 ist weder der lateinische noch der deutsche Text gesichert, letzterer führt auf *nox nec succedens ortui*." (W 82, Anm. 1) ⟨Sowohl der lateinische als auch der deutsche Wortlaut in Sievers' Text stimmt mit dem MS. überein.⟩ 8,5,2 ist nach W 82, Anm. 3 „vielleicht doch apanstôêm zu bessern."
Zu den deutschen Anmerkungen: 8,6,1 fona:] MS., der ausradierte Buchstabe ist ‚f' nicht ‚h'. (Eb)

Seite 40: Zu den lateinischen Anmerkungen: 9,3,4 animos ⎤ muat ⎦ MS. steht unter *tegat* zwischen den Zeilen. (D 47)
Zu den deutschen Anmerkungen: 9,4,4 *dera* auf Rasur, d⟨t korrigiert im MS. (P 173, Eb)

Seite 41: 10,2,4 reduxit] MS., auch bei Dreves. (D 48) 11,1,4 cref::] MS., die beiden letzten Buchstaben sind nicht mehr lesbar. (D 49)

Nachtäge und Berichtigungen zum Text [xlv]

Seite 42: 11,3,3 himilesges] MS., ‚sg' verwischt (D 49), ⟨aber deutlich lesbar.⟩ 11,3,4 ętīne] MS., ⟨nach D 49 von Sievers zu *ęterne* verbessert, wobei Daab jedoch die deutlich erkennbare Abkürzung über dem ‚ęī' übersehen hat, die für ‚- er-' steht. Vgl. auch Manfred Lemmer in *Germanistik* 6 (1965), Seite 267.⟩ 11,3,4 *lone* hat über dem ‚o' die Oberlänge eines Buchstabens (1 ?). (D 49) Zu 12,1,3 *kiuualdaniu* sagt Sievers (dieses Buch S. 42, Anm.): „*Ein starkes verbum uualdan volvere ist zwar sonst nirgends belegt, doch wage ich nicht mit J. Grimm* kiuualdaniu *mit beziehung auf* 14,1,4 *in* kiuuollaniu *zu verändern; näher läge noch* kiuualzaniu." Dazu jetzt B 130: „A mio avviso la soluzione del problema è di ordine puramente grafico. La retta interpretazione della forma *kiuualdaniu* è stata cioè ostacolata dalla grafia *-uu-* che gli studiosi hanno inteso come il segno che indica la semivocale *w*, rappresentante un'originaria *u̯ indeuropea. Pensiamo invece che nella forma *kiuualdaniu* si debba scorgere il participio passato del verbo *faldan*, corrispondente a got. *falþan* (documentato solo nella III.pers.sing.pret. *faífalþ* L.4,20), aingl. *fealdan* (ingl. *fold*), ecc." Siehe die ausführliche Beweisführung B 129–135. Abschließend stellt Bolognesi nochmals fest: „... la ben accertata grafia *uu/vv* anche per *f-* permette di interpretare la forma *kiuualdaniu* dei *Murbacher Hymnen* come participio passato del verbo *faldan* la cui correspondenzia semantica con il verbo latino *uoluo* risulta tanto evidente dalla documentazione che abbiamo fornito, da far ritenere errate, o comunque non necessarie, le diverse ipotesi formulate al riguardo da altri studiosi." (B 134/5)

Seite 44: 15,2,1 dih deranaht untar egis X = lihera (am Rand mit Verweisungszeichen nach ‚egis'), ⟨wie schon in Fußnote in Sievers' Text⟩] MS. inter ⌉untar⌉ MS. (P 175, Eb, letzteres nicht im Sieverschen Text). 15,5,4 „entspricht dem deutschen Texte und wie mir scheint auch dem Sinne besser die von Grimm gegebene Fassung des lateinischen Textes *vigilve sensus somniet*, die auch bei Daniel I, 42 als Variante steht." (W 81, Anm. 1). 16,2,1 t::tin] MS, ti⟨tt korrigiert. (Eb)

Seite 46: 18,3,1 ... agini] MS. am ⟨inneren⟩ Rande; W 82, Anm. 4 konjiziert *heilagini*. 18,4,2 kadenne] MS. (Eb, jedoch schon von Sievers in S berichtigt, auch bei P 177 richtige Lesung). 19,1,3 uuataritt] MS. (Eb)

Seite 47: 19,3,3 E 237 glaubt, Grimms Konjektur *sigufaginônti* (= Partizipium) sei richtig. ⟨Vgl. jedoch Sievers' Fußnote.⟩

Seite 49: 20,7,2 rih] MS. (S, auch P 179)

Seite 50: Zu den deutschen Anmerkungen: 21,4,4 lihcamo] MS. (S; P 179 hat fälschlich *lichamo.*) ⟨Nach *lihcamo* Rasur.⟩ Zum lateinischen Text: 22,2,2 *triumphales* wurde als Gen.Sg. verstanden und auf das vorhergehende *belli* bezogen. Wie B 158 zeigt, hätte es aber auch mit dem Substantiv *duces* zusammengezogen und dementsprechend ins Althochdeutsche übersetzt werden können. „Questo si spiega facilmente con la confusione, piuttosto frequente, delle desinenze *-is/-es.*" (B 158)

Seite 51 und 82: 22,3,1 *egisin kirichante:* E 237 hält *kirichante* für passivisch, doch S/E 376 weist darauf hin, daß das Wort ursprünglich lateinisch *victores* übersetzte, welches dann in das richtige *victo* geändert wurde. Sievers führt daher im Glossar Seite 82 *kirichante* richtig als part. nom. pl. masc. an.

Seite 51: 22,7,4 mendi] MS., „doubtless" (Eb), nicht *menidi*, wie Sievers las. „Ebenso setzt Sievers das particip an 22,7,4 *himil erfullit mendi = caelum repletur gaudio*, wo ich einfach umsetzung der construction ins activum annehmen möchte: *den himmel erfüllt freude* oder auch: *erfüllt er (sun v. 3) mit freude.*" (E 242) Dazu Ursula Daab, *Untersuchungen zur Benediktinerregel*, Seite 36: „Wenn man in der Übersetzung... *caelu[m] repletur gaudio himil erfullit mendî* das deutsche Verbum wie Sievers [im Index] für eine Aktivform halten wollte, müßte man dem sonst guten Verständnis des Hymnenübersetzers für den lateinischen Text einen Fehler zutrauen. Die Form läßt sich leicht erklären als Partizipium Praeteritum, dem das Verbum subst. fehlt." 22,8,2 urchundono] MS. (S) Zum lateinischen Text: 22,4,4 steht *tortores* anstatt *tortoris*, „che con l'aggettivo seguente *insani* è il genitivo dipendente da *manus*. In questo caso però il traduttore ha interpretato *tortores insani* come un nominativo plurale, è lo ha conseguentemente reso con ‚uuizzinarra unheilara henti.'" (B 158)

Seite 52: 23,1,1 cit cit] MS., das zweite ‚cit' ist „von jüngerer Hand" (P 181), „verblaßt" (Eb). Nach B 139/140 kommt *cit* nur *einmal* vor. 23,1,3 c::te] MS. Hier „ist wohl auch *heilante* aus c... te zu machen." (W 83, Anm. 7) (?) Bei G 63 steht an dieser Stelle die Konjektur *c[o]te* an Stelle von Sievers' *c[hris]te*. 23,2,3 $\left.\begin{array}{l}\text{erdu}\\\text{genua}\end{array}\right]$ MS. chniu nidar spreitemes strechemes] MS. (Eb) E 236/7: „Die umfangreichste abweichung vom Grimmschen texte zeigt die stelle 23,2,3. Bei Grimm stehn nach Junius abschrift als übersetzung von *genua prosternimus* die worte: *chniu nidar spreitemes [vel erdu strechemes]*, wobei erstens das *vel* der sonstigen sitte des übersetzers widerstreitet, der oft ... zwei deutsche worte zur auswahl setzt, aber stets ohne besondere bezeichnung oder verbindung, und zweitens *erdu* als dativ von *erda* was wegen der selbständigkeit der construction auffallend erscheinen muß. Bei Sievers nun steht das *vel* im lateinischen texte: *vel genua prosternimus* und der deutsche heißt: *erdu chniu nidar spreitemes*, wobei *erdu* als übersetzung von *vel* gilt ..., und einfach wort für wort der übersetzung zum originale stimt. Doch würde man allerdings eine auskunft darüber wünschen, ob denn die von Grimm nach Junius gegebenen worte wirklich nur auf conjectur beruhn (denn ein einfaches versehn kann sie nicht veranlaßt haben), oder ob die handschrift irgendwelche veranlassung dazu bot. Sievers gibt seine lesart ohne jede kritische bemerkung." Dazu Sievers' Antwort, S/E 375/6: „Rücksichtlich der ... besprochenen stelle 23,2,3 habe ich nur zu sagen, daß hier wie überall meine ausgabe einfach den text der handschrift widergibt; ein zweifel über die lesung kann fast nie eintreten, da mit ausnahme der ausdrücklich bezeichneten stellen buchstabe für buchstabe deutlich lesbar ist. Wie das beigegebene facsimile zeigt, ist die handschrift so geschrieben, daß je zwei verszeilen eine zeile füllen; so erklärt sich vielleicht daß in Junius abschrift, die dem texte Grimms zugrunde liegt, das in der handschrift eine neue zeile beginnende † in den übergeschriebenen deutschen text geraten ist." Vgl. dazu jetzt auch B 152/3. Zu der Anmerkung zu 23,4,4, wo Sievers „*zu* heri *hostem vgl.* altfrz. oz *heer*" anführt, bemerkt E 237: „23,4,4 schreibt Sievers nicht wie Grimm ein compositum *herifiant*, sondern beide worte getrent als doppelglossierung des lat. *hostem*. Als masc. ist das wort belegt Otfrid IV,4,38 *heri ouh redihaftêr*; für die bedeutungsentwicklung ist freilich der umgekehrte fall im altfranzösischen eine schwache stütze." Dazu Sievers in S/E 376: „Die verweisung auf altfranz. *oz* aus *hostis* [habe] ich nicht beigefügt, weil ich geglaubt hätte daß *heri* jemals im deutschen *feind* bedeutet habe, sondern weil zu vermuten stand, daß dem

deutschen übersetzer beide bedeutungen von *hostis,* die ursprüngliche lateinische und die spätere romanische, bekant waren."
24,1,1 cuninc] MS. (S und D 67). 24,1,4 filius, u⟨a korrigiert (D 67). 24,2,2 homnē] MS. (D 67). ⟨Ich lese mit Sievers ‚hominē'.⟩

Seite 53: 24,6,3 pihabent] MS. „Trattandosi di un participio passato, la forma deve essere evidentemente corretta in *pihabet,* come ha fatto giustamente l'editore senza però far cenno di questa sua correzione del manoscritto." (B 159/160) Sievers' Anmerkung zu 24,7,4 „precium aus t corrigiert" wird von D 68 verbessert: „vgl. aber Lichtdrucke 28,14: Ligatur *ec.*"

Seite 54: 24,14,4 und Anm. stantant^s] MS. (S). ⟨Ich lese azstantant^s] MS.⟩ Dazu jetzt B 144: „Il manoscritto infatti non ha *standanter,* ma senza possibilità di dubbio presenta molto chiaramente la forma *stantant^s,* abbreviazione di *stantanter*" (mit dem Verweis auf Sievers' eigene Verbesserung der Stelle in S 560). Zu den Folgen dieser Verlesung in der späteren wissenschaftlichen Literatur vgl. B 141–146!

Zum lateinischen Text: 24,11,4 steht *donaris* anstatt *donares*: „Questo si spiega facilmente con la confusione, piuttosto frequente, delle desinenze *-is/-es.* . . . Il traduttore ha comunque ben interpretato la forma verbale redendola esattamente con l'ottativo *cabis.*" (B 158)

Seite 56: 25,8,4 et ora soluamus tibi ⎤ inti munda keltem thir ⎦ intistunta] MS., *intistunta* ist zusammengeschrieben vom Glossator und steht am rechten Rande. Eb liest *inti stunta*: „Several explanations of the marginal gloss *inti stunta* may be possible, but none of them can be proved with absolute certainty. To me it seems most likely that the scribe took & *ora* for & *hora.* The spelling *ora* for *hora* is well known; *h* is frequently added or omitted in medieval MSS. (cp. in our MS. fol. 126^v, 7 *Qui ductus ora ĭtia: der kaleitĭ stunta drittun*). The scribe then added the ‚translation' on his own account. It may be of some interest that the late Elisabeth Karg-Gasterstädt shared my opinion." P 183 hat *intistunto* im Text und die Anmerkung „rechts am Rande von alter Hand."

Seite 58: „26,14 war wohl in beiden Fällen die Lücke der HS durch *kina* auszufüllen, da der Umstand, daß bei *kinâdên* der Genetiv bisher nicht sicher belegt scheint, wohl nur zufällig ist, für *kinâdên* c. Gen. gibt Graff II,1030 Beispiele." (W 81/82, Anm. 1)

Nachträge und Berichtigengen zum Text [xlix]

Seite 71: Zu *clîz*: 3,2,2 *clîzze* = *nitore*. (W 82, Anm. 2)

Seite 75: Zu fora chunden lies „fora cundenti 18,1,3". Zu chuninc lies „cuninc 24,1,1". (B 146/7)

Seite 79: Zu *ka-machadî*: 22,8,2 *kamachadiu* könnte vielleicht „als instrumentalis des st. ntr. *kamachadi* aufgefaßt werden ... ; die bedeutung des sociativen instrumentalis würde an der stelle sehr gut passen." (E 237)

Seite 81: Zu *ka-rasên*: bei G 57 steht die folgende lexikalische Erörterung, auf die E 238 verweist: „*karasên* delinquere, hpl., convenit cum boreali *rasa*, *hrasa* cespitare, deliquere, ac differre videtur a *râsên* vel *râsôn* furere, insanire, cujus prior syllaba producitur, alteram certius definire non audeo."

Seite 85: Zu slahta lies „ds. sclahtu 19,5,2" (B 137). Zu slahtôn lies „kascactot 21,4,2" (B 138 und Sievers, dieses Buch S. 50, Anm. und Text).

Seite 86: Zu *stobarôn*: bei G 57 steht die folgende lexikalische Erörterung (vgl. E 238): „Versus mendosus est forma conjunctivi modi *stobarôên* satis prodit interpretem textum minus recte intellexisse, sive stupent pro stupeant, stupescant ceperit, sive obstupent retulerit ad verbum obstupare, quod scriptoribus medii aevi idem est ac stupa obstruere, sensu a loco nostro vel alienissimo. Explicende viam certam inire non possum, cum neque mihi constet de significatione verbi *stobarôn* nusquam alibi occurrentis; aliquid tamen juvat comparare hodiernum *stöbern*, quod de feris usurpamus e latebra ejiciendis vel excitandis, ita ut *stobarôn* sit excitari aut pavore percelli, affine latino *stupere*."

Seite 89: Zu *un-holdâ*: bei G 65 steht folgendes (vgl. E 238): „Ita quoque Ulphilas δαιμόνιον *unhulpo*, rarius *unhulpa*, gothice solet vertere, hominesque nostrates nomina *hexe* et *unholde* magis ad mulieres referunt quam ad mares."

Seite 93: Zu *ka-uuirih*: „Bezüglich des zweifelhaften *kawirih* 22,1,2, das Grimm zu ändern versuchte, mag an das gleich lautende Nom. propr. erinnert werden, das Graff wohl mit Recht unter *gawi* gestellt hat: *gawirîh* also = *terrae regnum*, *rex*, dann nur soviel als *regnum* oder *triumphus*." (W 82, Anm. 4)

Seite 94: Zu *zît* lies „cit 23,1,1". Das Wort kommt in dieser Schreibung an dieser Stelle nur 1x vor (B 139/140).

Herr Professor Emeritus Dr. Taylor Starck (Cambridge, Massachusetts) hat freundlicherweise sein eigenes Exemplar des vorliegenden Buches für den photographischen Nachdruck zur Verfügung gestellt. Ich möchte ihm an dieser Stelle in meinem sowie auch im Namen des Verlages für seine Bereitwilligkeit herzlichst danken.

Evelyn Scherabon Firchow

DIE MURBACHER HYMNEN.

NACH DER HANDSCHRIFT HERAUSGEGEBEN

VON

EDUARD SIEVERS.

MIT ZWEI LITHOGRAPHISCHEN FACSIMILES.

HALLE,
VERLAG DER BUCHHANDLUNG DES WAISENHAUSES.
1874.

Vorwort.

Ausser dem was in der einleitung dargelegt worden ist, habe ich wenig über diese neue ausgabe der Murbacher hymnen zu bemerken. Die durch die benutzung des originales gewonnene ausbeute ist nicht unbeträchtlich. Eine menge falscher lesarten ist berichtigt worden und ebenso eine reihe von ergänzungen des Franz Junius ausgeschieden, die aus dessen abschrift in J. Grimm's ausgabe als teile des originales übergegangen waren. Derartige ergänzungen sind im texte in [—] gesetzt; da über sie meist keinerlei zweifel herrschen konnte, so ist nicht ausdrücklich angegeben, wo ich mit Junius übereinstimme oder von ihm abweiche. Sie betreffen übrigens hauptsächlich nur solche fälle, wo das deutsche wort nur durch eine endung oder dergleichen angedeutet war. Hier genügte die einfache bezeichnung der lücken im texte. Bei unabsichtlichen auslassungen einzelner buchstaben ist dagegen die lesart der handschrift auch noch ausdrücklich in den varianten aufgeführt. Abkürzungen sind mit cursivschrift aufgelöst. Im deutschen index ist alles cursiv gesetzt, was nicht in der handschrift ausgeschrieben dasteht, d. h. also sowol ergänzungen als auflösungen von abkürzungen. Ueber correcturen, die übrigens alle von erster hand herrühren, u. dgl. ist in den anmerkungen unter dem texte das nötige beigebracht. Wo in einem in den letzteren besprochenen textworte cursive buchstaben sich finden, beziehen sich die betreffenden angaben allemal nur auf diese, nicht auf das ganze wort.

Nach J. Grimm's vorgange habe ich den deutschen text der klareren übersicht wegen vom lateinischen getrennt; auch habe ich mich, vielleicht all zu ängstlich, an seine zählung gehalten und daher den in wirklichkeit sechsundzwanzigsten hymnus mit XXV* bezeichnet.

Die grammatische einleitung und die indices werden den lesern der hymnen hoffentlich nicht unwillkommene beigaben sein, ebenso wie die beiden facsimiles, welche wol zur veranschaulichung der einrichtung der handschrift dienen können; die charakteristische schönheit der schrift hat freilich durch die doppelte übertragung, durch meine in derartigen arbeiten wenig geübte hand und durch den lithographen, manches einbüssen müssen.

Jena, 16. october 1873.

Eduard Sievers.

Inhalt.

	Seite
I. **Einleitung**	1—26
1. Handschrift und ausgaben	1
2. Lautlehre	11
A. Vocale	11
B. Consonanten	13
1. Dentale	13
2. Labiale	15
3. Gutturale	16
4. Nasale	19
5. Die alten spiranten	20
3. Flexion	22
A. Substantiva	22
B. Adjectiva und participia	24
C. Verba	25
II. **Hymnen**	27—58
Ad cenam agni providi XXI	49
Aeterna Christi munera XXII	50
Aeterne lucis conditor IV	34
Aeterne rerum conditor XXV	55
Aurora lucis rutilat XIX	46
Certum tenentes ordinem XI	41
Christe qui lux es et die XVI , ...	44
Christe [rex] celi domine VII	37
Dei fide qua uiuimus X	41
Deus aeterne luminis VI	36
Deus qui caeli lumen es II	31
Deus qui certis legibus XV	43
Deus qui claro lumine XIV	43

		Seite
Dicamus laudes domino XII		42
Diei luce reddita VIII		38
Fulgentis auctor aetheris V		35
Hic est dies uerus dei XX		48
Mediae noctis tempore I		29
Meridie orandum est XVII		45
Perfectum trinum numerum XIII		42
Postmatutinis laudibus IX		40
Rex aeterne domine XXIV		52
Sic ter quaternis trahitur XVIII		46
Splendor paternae gloriae III		33
Te decet laus XXV[a]		56
Te deum laudamus XXVI		56
Tempus noctis surgentibus XXIII		52

III. **Indices** . . . . 59—106
    1. Deutsch-lateinischer index 61
    2. Lateinisch-deutscher index 95

Einleitung.

Die originalhandschrift der alten interlinearversion der 26 oder vielmehr 27 lateinischen hymnen, die zuerst im jahre 1830 durch Jacob Grimm herausgegeben wurden und die jetzt zum ersten male vollständig aus der handschrift unmittelbar publiciert werden, befindet sich als no. 25 der handschriften des Franz Junius in der Bodleiana zu Oxford. Sie enthält im ganzen 193 blätter in gross octav und besteht aus verschiedenen nicht gleichzeitigen und erst durch den buchbinder vereinigten stücken, deren keines aber jünger als aus dem IX. jahrhundert zu sein scheint. Der jetzige braune ledereinband scheint aus der zeit zu stammen, wo die handschrift noch in Junius' besitz war; wenigstens findet sich derselbe einband, den ich sonst nicht als bibliothekseinband in der Bodleiana getroffen habe, noch bei mehreren andern der Junius'schen handschriften wieder. Der inhalt der hs. ist folgender:

I. bl. 1, vorgebunden, enthält lateinische hymnen mit neumierung, XII. jahrh.

II. bl. 2^a—59^b die kosmographie des Aethicus auf sehr starkem weissem pergament von zwei abwechselnden händen zu ende des VIII. jahrhunderts sehr schön und sorgfältig geschrieben (noch unbenutzt).

III. bl. 60^b—86^a Alcuins rhetorik, Isidors epistola ad Massonem episcopum und Alcuins dialektik, auf dünnem unschönem pergament, IX. jahrh. Von jüngerer hand sind auf der ursprünglich freigelassenen vorderseite von bl. 60 verschiedene griechisch-lateinische und bloss lateinische glossen aufgezeichnet. Eine andre hand hat bl. 86$^{a\,b}$ die epistola Hieronymi ad Dardanum de generibus musicorum eingetragen.

IV. bl. 87^b—107^b das glossar Jun. B, auf starkem pergament, zweispaltig, mit vorzüglich schwarzer tinte von zwei schreibern im anfang des IX. jahrh. geschrieben. Eine dritte nicht viel jüngere hand hat nachträglich verschiedene glossen zu Gregors dialogen hinzugefügt. Diess stück besteht aus 2 quaternionen, in deren erstem bl. 5, einen teil der mit C beginnenden glossen enthaltend, fehlt; dann folgen 2 einzelne und 2 doppelblätter. Auf bl. 87ª ist von einer hand des X. jahrh. ein lateinischer hymnus eingetragen.

V. bl. 108—115 ein quaternio desselben pergaments, nur etwa $1/_2$ zoll breiter; bl. 108ª—111[b] Expositio in fide catholica nach dem Symbolum Athanasianum, anfang 'Quicunque vult ... Fides dicitur credulitas' usw. Bl. 112ª—114ª von andrer hand 'Incipit fides catholica Hieronimi'; bl. 114[b] von derselben hand 'Expositio super oratione domini', anfang 'Pater noster ... haec uox libertatis est. Patrem inuocamus' usw.; bl. 115 von derselben hand eine zweite erklärung des paternosters ohne überschrift, anfang 'Pater noster ... Patrem dicendo filios confitemur' usw.

VI. bl. 116—121 sechs blätter desselben pergaments, enthaltend von gleichzeitiger hand die hymnen XXII—XXVI und das glossar Jun. C, letzteres vierspaltig, das deutsche über dem lateinischen wie bei den hymnen. In der mitte der lage fehlt ein doppelblatt, daher die grosse lücke des glossars zwischen D und M.

VII. bl. 122—129 ein quaternio desselben pergaments, darauf von bl. 122[b]—129[b] die hymnen I—XXI von einer etwas altertümlicher aussehenden hand, mindestens ebenfalls aus dem anfang des IX. jahrh. Am schlusse scheint nichts zu fehlen, obgleich hymnus XXI genau mit der seite abschliesst, und diese letzte seite ziemlich arg beschmutzt und befleckt ist, was darauf schliessen lässt, dass sie einst den schluss eines bandes oder heftes bildete. Jedesfalls aber war diese lage ursprünglich zum anfange eines bandes bestimmt, denn die erste seite war wie so oft zum schutze leer gelassen. Aber sehr frühe sind die stücke VI und VII und zwar in ihrer jetzigen reihenfolge vereinigt worden, denn dieselbe hand, welche das stück VI schrieb, hat auf dieser freigelassenen ersten seite des stückes VII, und als dort der raum zu ende gieng rückgreifend auf den rändern der schon beschriebenen rückseite von bl. 121, des letzten des stückes VI, die glossen zur Benedictinerregel eingetragen, die alphabetisch umgeordnet als Appendix glossarii C bei Nyerup aufgeführt sind.

VIII. bl. 130—133, vier blätter dünnes, unschönes pergament mit verschiedenen grammaticalischen excerpten; anfang 'Uidentur uerba et forme gerendi perfecto in passiuum uersa per qualitatem' usw. Der grösste teil von bl. 133ᵃ und ganz 133ᵇ sind leer.

IX. bl. 134—151 der anfang von Isidors etymologien, auf der zweiten zeile von bl. 151ᵇ mit den worten 'eadem lectori' (Isid. etym. II, 2) abbrechend; die drei letzten blätter von andrer hand auf andrem pergament.

X. bl. 152—157, sechs blätter wieder andern pergamentes und von andrer hand beschrieben mit auszügen aus Donat; anfang 'De octo partibus. Donatus dicit. Partes orationis sunt VIII' usw. Auf bl. 157ᵇ noch 20 hexameter 'Incipiunt uersus de Christo', zweispaltig, und einige in fortlaufenden zeilen geschriebene, nicht ganz lesbare hexameter 'De dodagrico'.

XI. bl. 158—193, bestehend aus 1 quaternio, 1 doppelblatt zweimal 2 doppelblättern, 1 ternio, 1 quaternio und 2 doppelblättern aber verbunden; sehr starkes pergament, alles von éiner hand aus dem anfang des IX. jahrh., zweispaltig, die tinte etwas blasser. Dieses stück enthält zunächst auf bl. 158ᵃ—183ᵇ das glossar Jun. A; dann folgt noch bl. 183ᵇ De nominibus qui quodam presagio nomina acceperunt; bl. 184ᵃ De patriarchis, De prophetis, De apostolis; bl. 184ᵇ De martyribus; bl. 185ᵃ De clericis; bl. 187ᵇ De monachis; bl. 189ᵃ De oratione dominica, anfang 'Dominus et saluator noster discipulis suis petentibus quemadmodum orare deberent' usw.; bl. 190ᵃ Item de oratione eadem, anfang 'Pater noster ... Ut filius esse merearis ecclesiae. Caelum est ubi culpa cessauit' usw.; bl. 191ᵃ ohne überschrift eine abermalige paternosterauslegung, anfang 'Pater noster ... Patrem inuocamus deum in caelis quia nos omnes ab uno deo omnipotente creati sumus' usw.; endlich bl. 192ᵃ Expositio de fide catholica, anfang 'Auscultate expositionem de fide catholica, quam si quis igne non habuerit regnum dei non possidebit' usw.

Ueber die entstehung und die geschichte unsrer handschrift lässt sich nicht viel ermitteln. Um die mitte des XV. jahrh. befand sich die hs. in dem im jahre 726 durch den heiligen Pirmin von Reichenau aus gestifteten kloster Murbach im südlichen Elsass.[1] Diess ergibt sich aus den auf bl. 103[b] zu schluss des buchstaben R des glossars Jun. B eingeschriebenen worten 'Legentes ī hoc Libro orēt ₌p Reuerēdo dnō bartholomeo de Andolo cui' īdustria pene dilapss' renouat' est Anno M CCCC LXI', die zugleich wol die vermutung erlauben, dass die hs. schon damals ihre jetzige zusammensetzung hatte. Ob aber die hs. in Murbach selbst geschrieben oder ob sie anderswoher, etwa von Reichenau, dahin übergeführt worden ist, das wird sich schwerlich je entscheiden lassen. Auf Reichenau aber als entstehungsort der hymnen sowol wie der verschiedenen glossensammlungen weisen deutliche spuren hin. Denn abgesehen davon, dass Reichenau wie bekannt überhaupt eine sehr reiche glossenliteratur entwickelt hat, ist namentlich von A. Holtzmann (Germ. XI, 30 f.) speciell darauf hingewiesen, dass die glossare Jun. A und B in älteren Reichenauer hss. ihre 'vorlage' haben. Und andrerseits ist längst mit recht erkannt worden, dass die 'carmina theodisca' des bekannten Reichenauer handschriftenverzeichnisses[2] nicht wol etwas andres sein können als abschriften eben unsrer hymnen oder doch mindestens ähnlicher arbeiten.

Die zeit der anfertigung der interlinearversion der hymnen lässt sich ebenwol nicht genau bestimmen. Wir wissen nur aus dem eben genannten verzeichnis (Neugart p. 539), dass schon im jahre 821 'carmina theodisce' vorhanden waren; und in den anfang des IX. jahrh. verweisen unsre Murbacher abschrift sowohl der charakter der schriftzüge als sprachliche gründe (vgl. namentlich das unten über das *m* der flexion gesagte und Müllenhoff, Denkmäler[2] p. XV). Deswegen aber

---

1) Rettberg, Kirchengesch. Deutschl. II, 88 f.
2) Neugart, Episc. Constant. p. 539: De carminibus Theodiscae uol. 1; p. 550: In XXI. libello continentur XII carmina Theodiscae linguae formata. In XXII. libello habentur ... carmina diuersa ad docendum Theodiscam linguam. Nach Pertz Archiv VII, 1018 werden die carmina theodiscae auch in einem zu Genf vorhandenen Murbacher verzeichnis aufgeführt, das aber nach Archiv VIII, 257 wol nur eine copie des Reichenauer catalogs ist (doch vgl. Holtzmann Germ. I, 473). Ich bin vergeblich bemüht gewesen mir genauere auskunft über diess fragliche verzeichnis zu verschaffen. Nach einer brieflichen mitteilung des oberbibliothekars herrn Gas in Genf entspricht die im archiv gegebne signatur des vergeblich gesuchten manuscripts gar nicht der gewöhnlichen bezeichnungsweise des (übrigens unvollständigen) handschriftencatalogs. Möglich wäre dass eine verwechselung mit einer andern bibliothek vorliegt.

kann die übersetzungstätigkeit selbst in eine bei weitem frühere zeit fallen; und es wäre verkehrt die Murbacher hs. etwa als directe abschrift jenes vor 821 vorhandenen exemplars der 'carmina theodisce' zu betrachten, vorausgesetzt dass diese eben wirklich ein exemplar unserer hymnenübersetzung waren; und ebenso ungerechtfertigt wäre es, ohne weiteres in diesem exemplar gar die originalniederschrift jener übersetzung zu suchen. Denn ich finde überhaupt dass man — und noch bis auf die neueste zeit — viel zu sehr geneigt gewesen ist, in den uns gerade überlieferten, sei es einzigen oder doch ältesten hss. altdeutscher denkmäler originalniederschriften zu vermuten und andererseits zwischen den im besten falle erhaltenen zwei oder drei abschriften eines stückes directe beziehungen aufzusuchen; eine neigung, die nicht nur ein falsches bild von der ausdehnung der gelehrten tätigkeit jener zeiten gibt, sondern namentlich auch zu unrichtigen auffassungen der chronologischen verhältnisse geführt hat.

Ich will hier kurz zwei derartige naheliegende und schlagende beispiele anführen; obschon sie nicht eigentlich hierher gehören, so werden sie doch auch für die beurteilung unserer hymnenübersetzung nicht unwichtig sein.

Holtzmann hat in der Germania XI, 68 die behauptung aufgestellt, dass die allerdings, wie mir autopsie bestätigt hat, noch in das VIII. jahrhundert fallende Reichenauer niederschrift des glossars Rb. im cod. Reich. 99 'von der hand des verfassers geschrieben' sei, was sich aus allerhand kleinigkeiten ergeben soll. Unter dem verfasser, d. h. demjenigen, der sich die lateinischen worte aus einem texte auszog (die deutsche glossierung rührt bekanntlich von einer andern hand her) wird dann einer der ersten äbte von Reichenau vermutet, da nur 'jemand, der viel pergament verschwenden konnte', mit so 'ungewöhnlicher raumverschwendung' habe schreiben können. Dabei hat aber Holtzmann gänzlich übersehen, dass erstens der lateinische text nicht von einer, sondern von drei händen herrührt, und zweitens, was viel wichtiger ist, dass der deutsche glossator im lateinischen text eine reihe von zusätzen gemacht hat, die sich in den betreffenden texten finden und die er also aus einer vorlage abgeschrieben haben muss; von ihm rühren z. b. folgende (hier in klammern gesetzte) bedeutendere zusätze her: *quem ab status (sui)* Diut. I, 503[a]; *quinariŏs (numerŏs)* 505[b];

(*in*) *dinarium* ib.; *in secretiori parte* (*natium*) 506[a]; *ex accidenti* (*dono*) 515[b]; die überschrift *in regum* 521[b]; (*si*) *contuderis* 524[b]; (*in domo*) *hiemali* 532[b] usw. Es ist also die Reichenauer hs. nicht originalniederschrift, und damit fällt wieder die möglichkeit, die entstehungszeit des glossars genauer zu fixieren.

Der zweite fall betrifft das verhältnis des glossars Jun. B. zu den von Holtzmann in der Germania XI, 30 ff. herausgegebenen und besprochenen Reichenauer glossen Rd und Re. Holtzmann folgert s. 31 aus dem genauen zusammenstimmen beider niederschriften, dass deutlich der Murbacher text unmittelbare abschrift des Reichenauers sei, indem der Murbacher schreiber nach jedem buchstaben von Rd denselben buchstaben aus Re eingetragen habe. Diese annahme hält Holtzmann fest, obschon er selbst bemerkt, dass Jun. B bisweilen bessere lesarten hat als R d e. Ferner wird s. 30 aus verschiedenen gründen behauptet, dass das Reichenauer glossar 'keine abschrift ist, sondern die erste schrift desjenigen, der die glossen eines älteren biblischen glossars nach den buchstaben zu ordnen suchte'. — Beide annahmen sind nicht richtig. Zwar hat Holtzmann im allgemeinen mit recht vermutet, dass die hie und da sich zeigende andre ordnung der glossen bei Jun. dem herausgeber zufalle. In der tat lassen sich fast alle diese abweichungen auf die copie des Franz Junius zurückführen; sie sind aber im ganzen nur unbedeutend, mit éiner ausnahme, der glossen 989—1018 bei Holtzmann, d. h. des buchstaben P des glossars Re. Während sonst gelegentlich einmal eine oder auch mehrere glossen versetzt sind, ist diess stück in auffälligster weise durcheinander gewürfelt. Sobald man aber etwas näher zusieht, erklärt sich diess rätsel sehr leicht und einfach. Die Reichenauer hs. von Re (einspaltig) ist nicht original; dieses war vielmehr dreispaltig geschrieben in folgender weise:

parsimonia	placitum	
presumens	profugus	passim
punirent	precipitium	pactio
pignus predia	palmis	procax
patronos	palpitat	
preditus	priuilegia	proceres
perpetrat	presagum	
prouectus	pernicies	

presto est	peruicax	pertinax
principantur	pepigit	
palmam	preuius	propagatum
	poplites	

Der Reichenauer schreiber las die einzelnen columnen von oben nach unten, der Murbacher schrieb zeilenweise von links nach rechts ab. Die lücken in der dritten columne dürfen nicht irren; ganz ähnlich ist z. b. der Appendix glossarii C im Murbacher codex geschrieben. Die glossen Jun. B. sind also nicht direkt aus Rd und Re abgeschrieben, sondern haben neben ihnen selbständigen wert. Ferner ist also wenigstens Re nicht originalniederschrift, und danach wird man wol berechtigt sein auch das von derselben hand geschriebene glossar Rd für eine blosse copie zu halten. Erwiesen wird diess, was ich hier nicht weiter ausführen kann, zum überfluss durch eine genauere vergleichung mit dem glossar Jun. B (es tritt z. b. nicht selten der fall ein, dass beide glossare eine falsche lesung ihrer vorlage erst herübernehmen, dann aber diese mit erster hand, aber in verschiedener weise corrigieren).

Doch ich kehre zur spätern geschichte der Murbacher hs. zurück. Von Murbach aus gelangte sie in den besitz des Marcus Zuerius Boxhorn, der auch auf der ersten seite der hs. seinen namen eingetragen hat. Dieser veröffentlichte im jahre 1652 in seiner Historia universalis s. 451 ff. das glossar Jun. A alphabetisch geordnet und einen teil von Jun. B. Hiernach sind dieselben stücke, aber diessmal nach den deutschen worten alphabetisch geordnet, in Schilter's Thesaurus III, 903 — 907 wiederholt worden. Nach Boxhorn besass Isaac Vossius die handschrift, und damals schrieb Franz Junius sich aus ihr die glossen und hymnen ab.[1] Zahlreiche citate sind aus diesen abschriften in Junius' schriften, namentlich sein gotisches glossar und seinen commentar zum Willeram übergegangen.[2] Beide befinden sich noch unter

---

[1] Franc. Junii Glossarium Gothicum, Dordrecht 1665 (neue titelausg. Amstelaedami 1684) praef. vorletzte und letzte seite: gl. A. nunc primùm ex bibliothecâ propinqui mei Vossii prodit. gl. B. similiter ex eadem bibliothecâ in lucem protrahitur. gl. C cum appendice eiusdem bibliothecæ exigua pars est. Hymni aliquot Francicè interlineati. Hos ... descripsimus ex membranis Vossianis.

[2] Vgl. anm. 1; F. Junii Observationes in Willerami abbatis francicam paraphrasin cantici canticorum. Amstelodami 1655.

Junius' nachlass in der Bodleiana, die hymnen als no. 74, die glossen als no. 117. Eine zweite abschrift der hymnen, die im verzeichnis der Junius'schen hss. (in Tanner's Catalogus librorum Mss. Angliae et Hiberniae, Oxonii 1697, I, 249 ff.) unter no. 110 fälschlich als 'in lingua frisica' (statt 'francica') bezeichnet sind, ist vor langer zeit bereits 'gestohlen als Dr. Owen bibliothecar war'. — Späterhin scheint Isaac Vossius die originalhandschrift nebst mehreren andern gleichfalls deutschen hss. (z. b. Jun. 83, das glossar D enthaltend) an Junius geschenkt zu haben. Diess wird zwar, soviel ich sehe, nirgends ausdrücklich bemerkt, doch hätten die hss. kaum auf eine andere weise aus Vossius' bibliothek entfernt werden können, dessen sonstiger literarischer nachlass ja bekanntlich sich in Leyden befindet.

Nach Junius' tode (19. nov. 1677) wanderte auch der Murbacher codex mit in die Bodleiana, wo er sich noch jetzt befindet. Der oben angeführte Tanner'sche catalog gibt auf s. 251ᵃ zum ersten mal ein ausführliches inhaltsverzeichnis der ganzen handschrift. Genauer verzeichnete dann Wanley im Librorum veterum septentrionalium qui in Angliae bibliothecis extant Catalogus, Oxonii 1705, 322 f. die deutschen stücke der hs., mit anführungen der hymnenanfänge und mitteilung einiger glossen. Schon hier ist richtig der hymnus XXVᵃ als selbständiger hymnus aufgeführt. Der erste abdruck einiger vollständigen hymnen findet sich in Georg Hickes' Grammatica franco-theotisca, Oxonii 1703; es sind no. I, s. 110 f., IV, s. 111, V, s. 100, XXVI, s. 64 f. Von diesen sind dann durch J. G. Eccard in der Francia orientalis, Wirceburgi 1729, II, 948 ff. die drei ersten wiederholt worden;[1] der XXVI. hymnus soll

---

[1] Dass Eccard dem Hickes nachgedruckt hat, zeigt die völlige übereinstimmung in allen lesefehlern usw., obschon Eccard tut als habe er die hymnen direct aus der hs. entnommmen (was auch J. Grimm anfangs getäuscht hatte, s. gramm. I¹, LIII). Sonderbarer weise scheint aber Eccard gar nicht einmal selbst den abdruck bei Hickes angesehen zu haben; denn ihm fehlt im hymnus I die 6. strophe des lateinischen textes, und er setzt dazu die anmerkung 'Librarius negligentia Stropham latinam sequentem huic Francicae versioni apposuerat in codice Msto, atque ita omissa illa Stropha, quae Francice interpretata est, sequentem duplicaverat. Cum itaque nobis iam Hymnus hic latinus non sit ad manus vacuum spatium relinquere malumus quam nostram interpretationem addere'. Ein solches überspringen einer strophe war aber nur möglich, wenn, wie es bei Hickes der fall ist, deutsch und lateinisch neben einander in getrennten columnen gedruckt waren, nicht aber bei der zwischenzeiligen glossierung der hs. selbst.

von demselben nach einer angabe J. Grimms (Hymn. 4 anm.) besonders, Helmstädt 1713 (oder 1714 nach gramm. I¹, LIII) herausgegeben sein; ich habe aber diesen abdruck nirgends zu gesicht bekommen können. Schon vorher aber hatte sich im jahre 1694 Joh. Frid. Rostgaard eine vollständige abschrift der Junius'schen glossencopie (ms. Jun. 117) angefertigt, die nachher in die königliche bibliothek zu Kopenhagen übergieng. Nach einer abermaligen copie der Rostgaard'schen abschrift wurden dann endlich die glossen in den durch Nyerup besorgten Symbolae ad Literaturam Teutonicam antiquiorem, Havniae 1787 gedruckt, in einer weise freilich, die den heutigen ansprüchen in keiner weise mehr genügt.

Länger dauerte es, bis die hymnen vollständig veröffentlicht wurden. Dazu hat wol wesentlich der umstand beigetragen, dass die hs. selbst lange für verschollen galt. In der ersten ausgabe der grammatik I, LIII kennt J. Grimm trotz Tanner's und Wanley's catalog nur Junius' copie der hymnen, und in der zweiten auflage (1822) I, XVI bedauert er ausdrücklich den verlust der pergamenths. und der Junius'schen copie, die laut eingezogener erkundigungen schon vor 60 jahren gestohlen sein solle. Offenbar bezieht sich die letztere notiz auf die hs. Jun. 110, vgl. oben s. 8. Hoffmann lässt darnach (Ahd. glossen, 1826, s. IX) ungenau die pergamenths. selbst gestohlen sein. Gleichzeitig aber brachte J. Grimm gramm. II, X die nachricht, dass in Oxford sich des Junius alte handschrift der hymnen ... nebst dem codex der glossen wiedergefunden habe. Auch diese nachricht kann nicht genau gewesen sein, sie muss sich vielmehr auf die auffindung der Junius'schen abschriften 74 und 117 bezogen haben, wie schon daraus hervorgeht, dass hymnencodex und glossencodex als zwei verschiedene handschriften betrachtet werden. Und die abschrift, die J. Grimm endlich durch vermittelung von G. H. Pertz, der selbst 1826 in Oxford war (s. Archiv VII, 17 f.), erlangte, gieng ebenfalls nicht auf das original, sondern auf die copie Jun. 74 zurück. Nach dieser abschrift ist denn die erste vollständige ausgabe der hymnen bearbeitet, die J. Grimm 1830 zum antritt seiner Göttinger professur herausgab (Ad auspicia professionis philosophiae ordinariae in academia Georgia Augusta rite capienda invitat Jacobus Grimm. Inest Hymnorum veteris ecclesiae XXVI. interpretatio theotisca nunc primum edita, Gottingae 1830). —

Seitdem hat niemand den hymnen besondere aufmerksamkeit geschenkt; noch immer war J. Grimms ausgabe die einzige, obschon vorauszusehen war, dass bei der unzuverlässigen grundlage, nach der dieser arbeiten musste, der text an vielen stellen der verbesserung bedürftig sein würde. Dass trotzdem bisher noch niemand, soweit öffentlich bekannt geworden ist, es versucht hat eine genaue abschrift des originals zu erlangen, mag wol mit dadurch verschuldet sein, dass trotz Grimm's versicherung von dem vorhandensein des originals in Oxford und trotz der ausdrücklichen hinweisung von Holtzmann Germ. XI, 30 f., und trotzdem, dass inzwischen J. B. Pitra im Spicilegium Solesmense, Paris 1852, I, 259 ff. aus derselben originalhs., freilich unter der falschen signatur Jun. XXII (statt XXV), einige glossen abgedruckt hatte (wiederholt danach von K. Bartsch Germ. VII, 239 f.), sich doch das gerücht vom verlust der hs. noch erhalten hatte.[1]

Ich selbst nun ward bereits zu anfang des jahres 1870 durch herrn prof. Zarncke, dem inzwischen Max Müller das vorhandensein des originals ausdrücklich bestätigt hatte, zur vorbereitung einer neuen ausgabe der Murbacher denkmäler angeregt, und später ward ich durch eine unterstützung, die mir das königlich sächsische ministerium des cultus in liberalster weise zu teil werden liess, in den stand gesetzt, im november 1870 vollständige abschrift aller deutschen bestandteile der hs. zu nehmen.

Es war ursprünglich meine absicht gewesen, mit den hymnen zugleich die glossen zu bearbeiten; doch sind diese nunmehr für das von E. Steinmeyer unter meiner mitwirkung zu bearbeitende corpus sämmtlicher ahd. glossen zurückgelegt worden.

Soviel zur geschichte dieser ausgabe. Ich lasse nun noch zur leichteren orientierung eine gedrängte übersicht der laut- und flexionslehre unseres denkmals folgen.

---

1) Auch K. Pertz, De cosmographia Ethici, Berolini 1853 kennt die hs. nur aus Tanner's catalog und hat die hs. selbst, die er fälschlich als Jun. 35 bezeichnet, während seines aufenthalts in Oxford nicht eingesehen.

I. Lautlehre.
A. Vocale.

Quantitätsbezeichnung findet sich in der hs. nicht, weder durch setzung von quantitätszeichen noch durch doppelschreibung; diess letztere ist besonders wegen der conjunctivformen der verba auf *-én* zu beachten.

Bei dem *a* der stammsilben ist der umlaut schon ziemlich stark eingedrungen: im ganzen fand ich etwa 84 umgelautete *e* neben 24 unumgelauteten. Ein unterschied in der häufigkeit des vorkommens des einen oder des anderen lautes bedingt durch den folgenden consonanten zeigt sich im allgemeinen nicht, nur *ht* hindert stets, 7 mal, den eintritt des umlauts, vgl. *maht* und *mahtig* etc. im index. Ausserdem finden sich unumgelautete *a* vor *ch*, *g*, *ll*, *lch*, *lt*, *rch*, *ng*, *nt*, *nst*, *ft*, aber meist von umgelautetem *e* begleitet; vgl. *kimachida*, *sigufaginont* neben *feginot* etc.; *falli* neben *hella*, *scalchilun*, *kiutualtida*, *starchisto*, *zuakangi*, *angil* neben *henge*, *ufhengida*, *engil*; *pantirun* neben *pentir*, *enti*, *henti* etc., *abanstig* neben *ensti*; *frumiscafti* neben *chrefti* etc. Auch andre consonanthäufungen bieten dem umlaut kein hinderniss dar, wie *nch*, *nd*, *ntr*, *rp*, *rt*, *st*, *fs*, vgl. z. b. *denchem*, *mendi*, *hentriskes*, *derpaz*, *uerti*, *pleste*, *festemu*, *refsit* usw. Auch vor *u(w)* herscht schwanken, wir finden *urgauuida* 25, 1, 4, *kauimizze* 19, 6, 3 neben *geuimezze* 19, 8, 2.

Das *a* der ableitungs- und flexionssilben ist im ganzen wol erhalten; rücksichtlich der letztern ist unten der abschnitt über die flexion zu vergleichen. Selbständige schwächungen wie *uber* 6, 3, 2, *darc* 1, 4, 2, *arloste* 10, 3, 4 sind selten. Am leichtesten unterliegt das *a* noch der assimilation an *i*, vgl. *anasidili* 6, 6, 3, *pauchini* 8, 4, 1, *heitiristin* 12, 3, 1, *pilidi* 24, 3, 3, *magidi* 24, 5, 1, denen sich *furihtanti* 1, 4, 4 und *fuarinti* 4, 3, 4 zunächst anreihen; auch für assimilation an folgendes *e*, *o*, *u* finden sich beispiele: *manege* 24, 8, 3, *lougenente* 25, 5, 4; *oponontiges* 6, 5, 2; *kapuluht* 4, 5, 1 etc. neben *perahtemu*, *uucrahc* etc.; ähnlich wie mit dem letzten beispiel verhält es sich mit *simbulum*, und mit *duruh*, das 16 mal in A steht neben dem 7 mal in B stehenden *thurah* (*thuruh*, das wol noch an das gewis in der vorlage durchstehnde *duruh* erinnert, kommt in B nur 24, 5, 3; 9, 2 vor). — Vor *w* findet sich *zesauun* neben *palouues*, *zesuuun*

Einleitung.

und *zesuun*. Zwischen cons. + *r* oder *l* wird das *a* gern ganz ausgestossen, z. b. in *finstri*, *conaltre*, *neonaltre*, *lutri*, *uuochru*, *deodrafte*, *simblum*, *simblig* u. s. w. neben formen wie *heitaremu*, *suntaron*, *uuatarit*, *sleffari* u. s. w.

Besonders zu beachten ist die partikel *ka*, da bei dieser hauptsächlich die beiden schreiber auseinandergehen, wie die folgende tabelle zeigt:

	ka	*ca*	*ki*	*ke*
A	118	12	7	—
B	9	2	26	14

wobei noch zu bedenken ist, dass B nur $1/5$ des umfangs von A hat. Ausser den hier gegebenen formen finden sich noch 3 *ga* 7, 10, 1. 8, 10, 1. 22, 5, 3, 2 *gi* 16, 6, 1. 26, 5, 3 (vgl. s. 17), 2 *cha* 10, 4, 3. 19, 11, 7 (vgl. s. 18) und endlich 1 blosses *k* in *k-risit* 25[a], 1, 1.

Für *ë* sind nur die ungewöhnlicheren schreibungen *egypte* 1, 3, 3, *peçh* 19, 1, 4 und *pacch* 21, 5, 2 zu bemerken, ferner der mangel der brechung in *kauimizze* 19, 6, 3 neben -*mezze* 19, 8, 2; desgleichen für *i* nur die schwächung *himilesges* 11, 3, 3 und ein *pa* für *pi* in *unpauollaniu* 8, 3, 3.

u, *o*, die langen vocale und der diphthong *ei* geben zu bemerkungen keinen anlass.

Neben den durchaus gewöhnlichen *au* kommt *ou* vor in *ouh* 1, 2, 1; *louffant* 1, 8, 1; *hohubit-* 7, 11, 3; *oucun* 16, 4, 1; *keloubentero* 22, 6, 2; ferner bemerke man die formen *frouuem*, *froonte* neben *frauuer*, *frauuoem*.

Gotischem *o* entspricht etwa 80 mal *ua*, B hat daneben noch 5 *uo*: *irrituomo*, *kascuofi*, *ungaruorige*, *uuofte*, *uuochru*; ausserdem steht fehlerhaft *uua* in *tuuanne* 2, 8, 2 und *kakruuazze* 4, 5, 1; *katues* 7, 12, 1 aber ist dreisilbig, indem vor dem *e* des conj. der zweite bestandtheil des diphthongs ausfiel.

Neben *ea* in *deam* 1, 4, 2; *peatres* 13, 2, 3 findet sich *pietres* 25, 4, 3 und *anfingi* 27, 6, 3, letzteres vielleicht fehlerhaft überliefert.

Neben *iu* kommt einmal *eu* vor in *reuun* 23, 3, 3. Die gewöhnliche brechung von *iu* ist *eo*, das ich 50 mal zählte einschliesslich 9 *co* = got. *áiv*; daneben 7 *io*, deren eins, *liotfaz* 1, 8, 3, in A, sechs, 22, 4, 2. 24, 13, 2. 25, 2, 3; 3, 3; 4, 2; 8, 1 in B stehen. Diese brechung tritt aber nur vor dentalen und den alten spiranten ein, vor gutturalen und labialen bleibt *iu* bestehen, wie die folgenden belege ausweisen: *piugames* 2, 6, 2 etc.; *triuge* 15, 4, 3 etc.; *siuchem* 25, 6, 2; *diubes* 20, 2, 4 etc.; *sliufen* 4, 4, 2; *tiufer* 15, 5, 1 etc.

B. Consonanten.
1. Dentale.

Gotisches *t* ist überall, mit ausnahme der bekannten fälle wie *hlûtar*, *heitar*, verschoben. Für den anlaut gilt *z*, wie der index aufweist, selten vor *i* auch *c* in *cit* 2, 1, 1 (2);[1] so auch inlautend *hercin* 2, 10, 3, und lateinischem *c* entsprechend *chruci* 20, 3, 1 etc., *crucez* 6, 3, 3. 7, 1, 3 neben *chruzes* 10, 2, 3 etc. Unverschoben ist *t* nur in dem entlehnten *churteru* 20, 3, 2 und selbstverständlich in den verbindungen *ht*, *ft* und *st*. Merkwürdig und mir ebenfalls unerklärlich ist die gemination eines solchen *t* nach *h* und *f*, die in einer reihe von denkmälern wiederkehrt und sich in den hymnen durch *sclahttu* 19, 5, 2, *t(ruh)ttin* 16, 2, 1. 19, 6, 3 belegt findet. Aus andern denkmälern kann ich zu den von Scherer zur Reichenauer beichte, Denkm.[2] LXXV, 1 gegebnen beispielen (*rehttunga* Is. 20, a, 8; b, 17; *slahttu* Ja. Nyer. 189; *prahttit* Jb. 554; *rehtto* Rb. s. 502^b; vgl. auch Denkm.[2] s. XXII) noch hinzufügen: *rehttunga* K. 110, 10 Hatt.; *rehtteru* ib. 113, 21; *inprehttandi* gl. K. 172, 16; *ahttozo* ib. 215, 12; *kimahtton* Hatt. 1, 226^a, 10; *slihttit* gl. Prud. M[1] (Haupt XVI, 35 ff.) V, 1507; *slihtti* Otfr. V. I, 1, 36, vgl. Kelle II, 528; *Perahttulp*, *Perahttulpa* Haupt XII, 252; sogar *mohtta* Hel. C 2553 und *almehttig* Ruthwellkreuz 1; ferner *durfttigoen* K. 105, 19; *durufttigot* ib. 107, 6; *durufttigontera* ib. 108, 29; *afttrorom* ib. 65, 9; *chereftti* Ps. 139, 3 (denkm. XIII); *oftto* Tat. 84, 4; *sufttota* ib. 86, 1 (s. nachtr.). — Ausfall eines unverschobenen *t* ist zu notieren in *urtruhlicho* 3, 6, 3 (vgl. beispielsweise *forahlihhun* K. 36, 23; *rehlihhiu* 87, 11), das sicher für *urtruhtlicho* steht; denn diess wort hat, wie form und bedeutung zeigen, mit dem von J. Grimm verglichenen ags. *gedreóh*, *gedreóhlice* nichts zu tun, sondern ist von *truht* abzuleiten.

Was das verschobene got. *t* betrifft, so steht für inlautendes (hartes) *z* nach consonanten einfaches *z*, wie in *herza* 16, 4, 2 etc.;

---

1) Diess wort wird besonders gern, z. b. in der Benedictinerregel immer, mit *c* geschrieben; vgl. F. Seiler, Beiträge I, 415.

suarziu 5, 2, 1; *kasuarztem* 14, 4, 1; *uurza* 8, 6, 4 (*hercin* 2, 10, 3 s. oben); nach vocalen gewöhnlich *zz*ȥ; z. b. in *hizzu*, *hizzom*, *sizzis*, *pisizzi*, *pisizzant*, *kasezze*, *kasezzanto*, *luzzilemo*, auch nach tieftoniger oder unbetonter silbe, vgl. *antluzzi* 5, 3, 3 etc.; *kaanazze* 4, 5, 2; doch steht auch einfaches *z* in *fizusheit* 4, 4, 3 etc.; *sizis* 26, 8, 1; *sizit* 17, 2, 4; *lohazit* 19, 1, 1; *einluze* 26, 12, 1. Das verhältnis beider schreibweisen ist wie 11 zu 7, ohne dass sich ein besondrer unterschied zwischen A und B bemerkbar macht.

Ebenso überwiegt bei (weichem) ȥ wie zu erwarten (vgl. W. Braune in den Beiträgen zur geschichte der deutschen sprache und literatur I, 48 ff.) die schreibung *zz* sowol nach kurzen wie nach langen vocalen, wenigstens in A, das nach kurzem vocal 17 *zz*, kein einfaches *z*, nach langem vocal 30 *zz* gegen 3 *z* hat (*uuizaclichiu* 1, 1, 2; *intlazit* 4, 2, 1; *intlaze* 15, 1, 4), während B nach kurzem vocal nur 1 *zz* (*uuizzantheiti* 24, 3, 3) gegen 3 *z* (*kicozan* 22, 5, 2; *mezu* 26, 15, 2; *uuizantheiti* 24, 6, 4), nach langem vocal 4 *zz* (*uuizzum* 22, 3, 2; *uuizzinarra* 22, 4, 4; *reozzante* 24, 12, 2; *luzzentero* 24, 14, 3) gegenüber 6 einfachen *z* bietet (22, 5, 3. 23, 3, 4. 24, 6, 2. 25, 3, 4; 4, 2. 26, 4, 2).

Auslautend steht für ȥ einmal *s* in *kalichas* 24, 2, 4; eine besonders bei dem zweiten schreiber der Benedictinerregel (s. E. Steinmeyer, Haupt XVI, 131 ff.) oft vorkommende schreibung; vgl. *deolihas* Hatt. 60, 10; *kascribanas* 64, 22; *scammas*, *lutras* 71, 13; *einikas* 77, 9; *feistas* 77, 14; *einas* 89, 13; *eiganas* 90, 16; *uuas* 96, 20. 107, 32; *edesuuas* 102, 15. 109, 18. 114, 2; *das* 98, 18. 102, 17. 115, 1; *andras* 100, 8; (*si*)*nas* 113, 14, s. F. Seiler, Beiträge I, 416. Umgekehrt *crucez* 6, 3, 3. 7, 1, 3, vgl. *krucez* Otfr. F. IV, 26, 2.

Ueber das dem got. *d* regelrecht entsprechende *t* ist nichts zu bemerken, als dass in *standanter* 24, 14, 4 einmal die verschiebung unterblieben ist.

Das gotische *þ* vertritt im anlaut in A regelmässig *d*, in B aber *th*, wie ein blick auf den index lehrt. Ausnahmsweise findet sich in A *dhemar* 3, 7, 1; *kadhui* 16, 5, 2 aber ist wol für *kaduhi* verschrieben (obschon der ausfall des *h* keine schwierigkeiten machen würde, s. unten), gehört also nicht hierher. Vereinzelte *d* hat B in *kidcht* 22, 6, 1. 24, 5, 4 (vgl. *kithchtnissi* devotionis Jc. 1018, Nyer. 257; Graff V, 162 f.); *deam* 22, 7, 1. 2. 3; *dera* 23, 1, 4; *dar* 24, 6, 3; *du* 24, 13, 1. —

In- und auslautend steht in beiden *d*, doch auch *feddhàcho* 7, 7, 3 in A, *uuarth* 24, 8, 1; *uuerth* 24, 7, 4; *leithlichetos* 26, 6, 4 in B, endlich wahrscheinlich fehlerhaft *kotcunddemu* 7, 3, 2. Auslautend wird diess *d* nicht verhärtet, vgl. die artikel *aband*, *kapuid*, *kotcund*, *leitid*, *lid*, *quad*, *tagarod*, *tod*.

2. Labiale.

Gotisches *p* ist anlautend zu *f* verschoben in *fade* 5, 1, 4; in jüngern entlehnungen, wie *Paul*, *Peatar*, *pëch*, *porta*, *predigon*, ist anlautendes *p* geblieben; diese sind also mit den got. *b* zusammengefallen. — Im inlaut tritt wenigstens der schreibung nach zu urteilen überal scharfe spirans ein, die nach kurzem vocal meist, 4 mal, in *sleffara*, *sleffari*, *scaffota*, *kascaffotos* durch *ff*, einmal in *kascafoe* 3, 4, 1 durch *f* bezeichnet wird. Nach langem vocal ist 7 mal *ff*, 13 mal *f* geschrieben, vgl. *lauffem* etc., *slaffantero*, *slaffiline*, *urchauffe*, *uuaffan*, *kiuuaffantiu* gegenüber *archaufit*, *chaufo*, *kascuofi*, *slafe*, *slifanne*, *sliufen*, *taufanter*, *taufi*, *tiufer* etc., *uuafanum*, ohne beträchtlichen unterschied zwischen A und B. Auslautend in *scaf*, *slaf*, vor einem consonanten in *slafragan*, *archauftos* etc. einfaches *f*. Inlautendem got. *p* nach *l*, *m*, *r* entspricht ebenfalls nur *f*: *helfa*, *helfan*, *kalimfanti*, *sarfe* etc., *uurfe*. Für inlautend verschärftes *p* steht zwischen vocalen einmaliges *pf* in *scepfant* 24, 1, 2, sechsmaligem *ff* in *scheffo* 1, 7, 4; *sceffento* 4, 1, 1. 8, 2, 1; *sceffant* 11, 3, 3; *chriffe* 16, 3, 2; *staffin* 20, 3, 3 gegenüber; vor consonanten wird auch diess *ff* vereinfacht: *pislifte(n)* 25, 6, 4; 7, 3.

Gotischem *b* entspricht im Anlaut gewöhnlich *p*, ausnahmen sind *kabuntane* 1, 11, 3; *kabeote* 17, 1, 3; *unbilibanlicheru* 26, 2, 4. Die erhaltung der tönenden media ist wie die vergleichung des *g*, *k* dartut wahrscheinlich durch die vorhergehnden tönenden laute veranlasst. — Für inlautendes *b* findet sich meist *b* bewahrt; nach vocalen fand ich 79 *b* gegenüber 36 *p*; diese verteilen sich auf die beiden schreiber A B wie 62 zu 17 einerseits und 26 zu 10 andrerseits, also ebenfalls ohne beträchtliche differenz im gebrauche. Bemerkenswert ist, dass das wort *kalauba* nebst den adj. *kalaubig* 18 mal *b*, nur 2 mal 8, 4, 4. 20, 2, 1 *p*, dagegen das verbum *kalaupen* 6 mal *p* und nur 2 mal *b* zeigt, wahrscheinlich wegen des verschärfenden einflusses, den das ableitende *j* auch hier geübt hat; freilich fallen 2 der *p* dem part. prät. *kalaupit* zu, bei dem ein solcher einfluss nur indirect angenommen werden kann. Schärfer tritt dieser, was ich gleich hier erwähne, in *insueppe* 15, 5, 4 hervor. — Nach *m* bleibt inlautend ausnahmslos, 22 mal, das *b*, vgl. im index die artikel *kambar, chlimban, lamb, simblig, simbulum, umbi-, uuamba.* Nach *r* steht einmal *b* in (*er*)*be* 26, 11, 2, 2 mal *p* in *asterpe* 20, 7, 3; *derpaz* 21, 4, 3. Auslautend ist gewöhnlich verhärtung eingetreten, übereinstimmend also mit der behandlung der gutturalen, aber abweichend von der der dentalen freilich jüngern, d. h. aus der got. spirans entstandenen, dentalen media; s. s. 15. 18. Ich finde nur *lob* 13, 1, 3, *lobafter* 17, 2, 1 neben 22 auslautenden *p*, z. b. *kip* 2, 9, 2 etc.; *lip* 5, 4, 3 etc.; *lop* 1, 1, 3 etc.; *loplichiu* 26, 4. 2; *lopsanc* 25[a], 1, 1, auch nach *m* in *lamp* 7, 10, 1. 21, 4, 2.

Gotisches *f* bleibt im anlaut unangetastet mit ausnahme von *uerti* 2, 3, 4; desgleichen im auslaut *uuarf* 21, 6, 2; *rêf* 26, 6, 4 und vor consonanten in -*haft, chraft* u. s. w. Im inlaut aber nach tönenden lauten ist erweichung zu *v* eingetreten: *erheui* 26, 11, 3, *ruaua* 7, 6, 2 etc., *zuucliuinga* 7, 6, 2, *uueruan* 18, 1, 4, *uuiruit* 25, 6, 4 (wo im got. schon die erweichung in *b* eingetreten ist), endlich in *auur*, d. h. *avur* 1, 6, 1 etc. (10 mal) mit *uu* in *auuar* 4, 3, 4 wechselnd.

3. Gutturale.

Gotisches *k* wird im anlaut in der regel durch *ch* vertreten, auch vor consonanten; daneben findet sich 18 mal unverschobenes *k, c* in *leotkar, kotcund* etc., *cerubyn, cuning, cundenti, clibante, crefti* etc., *crucez*, einmal auch wol verschrieben bloss *h* in *hlochonte* 1, 9, 3. — Für den inlaut gilt sowol nach kurzem wie nach langem vocal für einfaches *k* als regel *ch*, vgl. z. b. die adjectiva auf -*lih*; seltner steht *h*: *mihileru* 1, 8, 4; *pilohaneru* 1, 9, 4; *egislihera* 15, 2, 1; *uuntarlihe* 17, 3, 2; *cocalihemu* 17, 3, 4; *suahe* 20, 6, 2. Dasselbe verhältnis wiederholt sich beim zusammentreffen von auslautendem *ch* mit anlautendem *h*, d. h. es steht sowol *ch* als blosses *h*: *unrachaft* 6, 1, 2; *lichamin* 2, 8, 4 etc. (4); *lichanaftemu* 19, 9, 4, aber *lihamo* etc. 3, 5, 2 usw. (8), *lihamilo* 21, 2, 1. Ganz ausnahmsweise endlich steht auch *he* in *rihees* 1, 7, 4 und *cch* in *pisuuicchilineru* 2, 10, 1; *frecchi* 8, 6, 3. Im auslaut entspricht gewöhnlich *h*, seltnere schreibun-

Einleitung. 17

gen sind *pech* 19, 1, 4; 21, 5, 2; *kauuirich* 22, 1, 2; *eocalihc* 7, 8, 3; *uuerahc* 9, 2, 2; *uuntarlihc* 20, 5, 1. — Nach consonanten steht ebenwol *ch* durchgängig, vgl. z. b. *scalcha, schalchilun; dancha, denchem, trinchem; charchari, marchom, starchisto;* daneben auch *tunchchali* 2, 4, 2 und *folh* 26, 11, 1. — Auch für inlautend verschärftes *k* steht *ch* durch: *dechit, deche, chlochonte, uuechit* etc., und got. *q* entsprechend *kinachatotiu* 22, 5, 1. Im auslaut kommen geminirte *k* nicht vor.

Was die verbindung *sk* anlangt, so wird diese im anlaut 53 mal durch *sc* bezeichnet, das auch vor *e, i* als regel steht. *sk* finde ich nur in *arskin* 25, 8, 1; *kiskentit* 26, 16, 2 in B, und *sch* in *scheffo* 1, 7, 4; *schimo* 3, 1, 1; *schalchilun* 22, 8, 3. Im inlaut und auslaut zählte ich 10 *sc*: *drisca, fleisc, flusc, friscing, himilisces, horsco, arlasctiu, tulisco, unchuscan, uuasc,* 5 *sk*: *hentriskes, fleiskes, himiliska* etc., *uuaskit,* 12 *sg*: *drisgi, fleisge* etc., *himilesges, hiuuisges, unchusger, -em, uuasgi, kauuasge* (diese alle vor *e, i*; für den auslaut ist kein *sg* belegt); endlich ein *sch* in *mannaschines* 24, 3, 2. — Zu bemerken ist hier noch die einschiebung eines *c* zwischen *s* und *l*, die in *sclahan* 1, 4, 3; *sclehtem* 4, 4, 2; *sclahttu* 19, 5, 2; *kasclactot* 21, 4, 2, alle in A, vorliegt (Weinhold AG. § 190).

Für gotisches *q* weist der index anlautend 3 *quh* 2, 7, 3. 23, 1, 2. 26, 12, 1, ein *qhu* 20, 3, 4, ein *quuh* 2, 8, 1; 4 *chuu* 1, 1, 3. 19, 6, 2 (2); 7, 2, und 7 *chu* 1, 10, 3. 6, 4, 4. 7, 9, 4 etc. bis 20, 8, 4 auf. Inlautend findet sich nur das schon unter *k* angeführte *kinachatotiu* 22, 5, 1.

Gotisches *g* ist im anlaut meist verschoben, und zwar finde ich 230 mal *k*, 50 mal *c* dafür geschrieben. Letzteres findet sich namentlich vor *a* (24 mal) und vor *l, n, r* (9 mal) geschrieben; *k* vor einem consonanten steht nur in *kakruuazze* 4, 5, 1. Vor *e, i* herrscht dagegen das *k* unbedingt; nur einmal steht dem entgegen *cifti* 7, 1, 3. Dem gegenüber haben sich nur 18 unverschobene *g* erhalten: *prutigomo* 1, 7, 3; *inginz* 3, 2, 4; *gebe* 3, 4, 4; *gifti* 7, 2, 2; *ufgange* 8, 3, 3; *gange* 9, 2, 2; *gangante* 11, 3, 1; *gihugi* 16, 6, 1; *geuimezze* 19, 8, 2; *kageozzanti* 20, 2, 1; *argebe* 20, 16, 4; *argepan* 21, 5, 4; *uunnigartun* 21, 6, 4; *urgauuida* 25, 1, 4; *ungauuemmit* 7, 10, 1; *ungaporono* 8, 10, 1; *ungaruorige* 22, 5, 3; *ungimezenera* 26, 5, 3. Mit ausnahme von *gifti, ufgange* und *gihugi* steht hier überall das *g* nach tönenden

E. Sievers, Murbacher hymnen. 2

lauten, was zu dem oben über *b* bemerkten gut stimmt. — Eigentümlich ist das *ch*, das für sich anlautendes *g* in *harcheban* 12, 2, 4; *eochalichera* 10, 4, 3; *eochalichemu* 19, 11, 4; *chrimmiu* 1, 5, 2 findet. Aus den nächstliegenden denkmälern kann ich dazu noch beibringen (abgesehen vom auslaut) *inchinnet* Ja. Nyer. 188, *pichnegit* Jb. 184, *chundfano* Rd. 1348; vgl. *scauunche* K. 108, 28 und *kituchi* Jb. 624.

Anders stellen sich die verhältnisse im inlaut. Hier ist *g* 145mal nach vocalen und 57mal nach *l*, *n*, *r* unverschoben erhalten. Verschiebung findet sich nur 7mal in A durch *oucun* 16, 4, 1; *kakan* 1, 10, 4; *takes* 11, 1, 3. 17, 1, 3; *take* 9, 4, 1. 16, 1, 1; *kazokan* 18, 1, 1 belegt, wozu dann noch *kaauctem* 19, 10, 1 sowie *huct* und *inhuct* hinzukommen. Nur bei verschärfung durch nachfolgendes *j*, die aber nur nach kurzer silbe statt hat, tritt zugleich verhärtung ein: *luccer* 15, 3, 1; *lucci* 15, 4, 4; *lickante* 25, 5, 2, doch *kafuage* 5, 5, 4. — Im auslaut ist wie beim *b* verhärtung die regel: nur *cuning* 24, 1, 1 (*friscing* 7, 10, 2 ?, s. anm. zur stelle) bildet eine ausnahme gegenüber 16 *c* (*heilac*, *mac*, *tac*, *katurstic*, *uuarc*, *chuninc*, *lopsanc*, *zilsanc*, *sedalcanc* etc.) und 19 *k* (*mak* 20, 6, 1; *uuak* 2, 2, 2 und 17mal *tak*). Dem anlautenden *ch* entsprechend findet sich auch einmal *h* in *uuirdih* 26, 1, 4; vgl. *ghiziuch* Ja. Nyer. 176; *halspauch* Ja. Nyer. 190; *haruch* Rd. Jb. 772 (vgl. H. Paul in den Beiträgen I, 182).

Gotisches *h* ist vor *l*, *n*, *r*, *w* ohne ausnahme bereits abgefallen. Dagegen ist ein unorganisches *h* nicht selten vor vocalen vorgeschlagen, namentlich in A: *hantheizzom* 3, 3, 1; *hensti* 3, 3, 3; *heitar* 3, 5, 4; *hera* 6, 6, 4; *herda* 7, 8, 3; *hafter* 8, 1, 2; *hchtim* 8, 9, 1; *hupilo* 8, 9, 2; *hantreiti* 11, 3, 1. 14, 2, 4; *harcheban* 12, 2, 4; *habandsterre* 14, 2, 1; *harbeiti* 14, 3, 3; *huns* 17, 3, 1; *habande* 18, 1, 2; *harstant* 19, 3, 4; *hostrun* 21, 3, 1; 4, 1; *hostarlicheru* 21, 7, 2; zusammen 18, in B nur *hentriskes* 24, 9, 1. Dieselbe erscheinung findet sich auch in den nächstliegenden denkmälern wieder, z. b. *hahtonter* Ja. Nyer. 174; *gahotagoter* 174; *arhaughit* 178; *helahun* 184; *hili* 193; *kihabuhter* Jb. 343; *huhaldi* Nyer. 203; *hahsala* Jb. 504; *huruuafani* 658; *hunpuakkhic* 659; *hubarfahanti* 930; *heimstriti* 109; *herda* Rd. Jb. 1129; *heimstrit* Rd. Jb. 1180; *hirrer* Rd. Jb. 1307; *herhaft*, *hehalto* Jc. Nyer. 245; *hubilan* K. 55, 5; *hachustim* 57, 8; *heikinin* 112, 13; *heru* 61, 31 usw. (vgl. auch Weinhold AG. § 230). — Im inlaut fällt

Einleitung.   19

das *h* zwischen vocalen bisweilen aus: *hoi* 6, 4, 3; *hoiu* 6, 3, 1; vielleicht *kadhui* 16, 5, 2, vgl. oben s. 14. Vergleichen lässt sich hiermit der nicht seltene abfall des *h* der enduug -*haft* in *deodrafte* 6, 6, 2. 10, 3, 1; *lichanaftemu* 19, 9, 4; *triuafte* 2, 8, 3; *triuaftemu* 3, 5, 2. Aehnlich finden sich in Ja. *mezaftota* Nyer. 183, in Jb. *pifolaan* 631, in Jc. *hoiro* Nyer. 244 (2), *erhoit* 251. Umgekehrt ist hiatusfüllendes *h* eingeschoben in *kafrehtohem* 1, 13, 3; *hohubit-* 7, 11, 3; *apastohem* 8, 5, 2, vgl. z. b. *duruftigohe* K. 88, 10; *trahtohec* 116, 3 etc. Auch vor *t* ist *h* ein paar mal ausgefallen: *liotfaz* 1, 8, 3; *leotkar* 1, 9, 2; *trutinan* 7, 7, 4; *trutines* 19, 7, 4. Abgesehen hiervon finden sich neben der gewöhnlichen schreibung *ht* noch *htt*, das oben s. 13 besprochen ist, *cht* in *machtiger* 2, 5, 4 (vgl. *rachtomes* Jc. Nyer. 243. 257), *hc* in *arrihctit* 5, 2, 4; *ct* in *urtructe* 4, 6, 1; *slectera* 5, 3, 3; *slecter* 15, 3, 4; *kasclactot* 21, 4, 2; aber *huct* und *inhuct* gehören wegen got. *gahugds* nicht hierher. — Auslautend finden sich neben dem gewöhnlichen *h* noch *ch* in *duruch* 1, 10, 1. 6, 3, 2. 20, 8, 1. 21, 5, 3; *hc* in *duruhc* 7, 2, 3; 4, 4; *farlihc* 8, 10, 1 und *c* in *noc* 4, 1, 3; 4, 1. 5, 1, 4 und *duruc* 6, 2, 3.

4. Die nasale.

Ueber *n* ist nur wenig zu bemerken. Dass anlautendes *hn* zu *n* geworden ist, ist oben s. 18 bemerkt. Die aus *m* geschwächten *n* werden unter *m* besprochen werden. Hier registriere ich nur den ausfall des *n* vor der spirans *s* in *apastohem* 8, 5, 2; *ast* 10, 1, 3. 12, 3, 4. 20, 6, 2; *usih* 25, 7, 3, denen sich fälle wie *teilnuft* K. 95, 5, *farnufst* 79, 7; *sikinuft* Jb. 1000; auch wol *jugiron* K. 45, 3; *iügoron* Otfr. II, 14, 81 V in Müllenhoff's sprachpr. 73 (vgl. über diese form meine anmerkung zum Tatian s. 22) und *kichudida* d. h. **kichuđida* Jc. Nyer. 253, 5 zur seite stellen. Dagegen hat man in *inputan* 25, 7, 4, *cinagu* 26, 5, 4, *uuaffa* 25, 6, 3 und *sigem* 16, 1, 4 wol nur einfache schreibfehler anzunehmen (doch vgl. Weinhold AG. § 167. 200 und I. Harczyk in Haupts zs. XVII, 79 f.), die vielleicht durch das abkürzungszeichen — veranlasst wurden; freilich steht diess nur einmal in *zeichā* 1, 4, 4 sicher für *n* und ist sonst überall durch *m* aufzulösen. — Assimilationen des *n* an vorhergehendes *r* und *m* liegen vor in *habandsterre* 14, 2, 1 neben *sterna* und *tagastern*, und in *stimma, stimmi* neben einmaligem

2*

stimnu 7, 12, 3. Schliesslich fehlerhafte *m* für *n* in *solum* 13, 3, 3; *rihtem* 3 pl. 13, 3, 4; *uunnigartum* 21, 6, 4.

Bezüglich des *m* ist über den an- und inlaut nur das zu bemerken, dass vor *f* es einmal in *notnunfti* 3, 5, 4 zu *n* geschwächt wird; in *chumft, chumftig, siginumft, siganumftiliches* dagegen bleibt es unangetastet. Wichtiger ist das verhalten des flexivischen *m* im auslaut. In betracht kommen hierbei nur die 1. pers. pl. conj. der verba und die dative pluralis, da die formen des indicativs mit einziger ausnahme von *pirum* 1, 6, 1, stets auf *-mes* ausgehn und eine erste pers. sg. ind. nirgends belegt ist. Für den conjunctiv geben die hymnen 34 mal die endung *-m*, wozu noch 4 formen auf *-ē* (4, 6, 4. 8, 7, 4. 9, 4, 4. 12, 1, 1) kommen. Nur einmal ist schwächung zu *n* eingetreten, *uuesen* 2, 8, 3, vielleicht weil ein *t* folgt. — Weiter gegriffen hat die schwächung im dativ pluralis. Als gesammtsumme ergibt sich 56 mal (47 A : 9 B) ausgeschriebenes *-m*, 19 mal (12 A : 7 B) abgekürztes *m* (*-ē* etc.), 21 mal (15 A : 6 B) *-n*. Die hauptmasse der geschwächten formen auf *-n* fällt indess auf die femininen *a*-stämme und die *n*-stämme. Denn während bei der starken declination mit ausnahme der feminina auf *-a* den 65 *m* nur 7 *n* gegenüberstehen, weist jene zweite gruppe neben 10 *m* schon 14 *n* auf. Die schwächung hat also bei diesen, namentlich wol bei den *n*-stämmen, wegen der vielen hier auf *-n* ausgehenden casus begonnen. Ausserdem ist zu beachten, dass verhältnismässig B reicher an *n* ist als A, namentlich auch in der ersten gruppe, wie folgende tabelle veranschaulicht:

	A *m* : *n*	B *m* : *n*
I. gruppe	51 : 2	14 : 5
II. gruppe	8 : 13	2 : 1
gesammt	59 : 15	16 : 6

Diess ergäbe, da B etwa nur $1/5$ des umfangs von A hat, für B verhältnismässig 30 *n* gegen die 16 *n* von A. — Einzelnes folgt bei der flexion.

5. Die alten spiranten.

Für *w* gilt im silbenanlaute des hauptsache nach die gewöhnliche schreibung *uu*, das auch die vertretung von *uw, wu,* ja *uwu* mit übernehmen muss; z. b. *niuuer, niuuan, pliuue, umbiuurft, unuparuuntan, uuasc, uuafit, uuofte, uuochru* (hierüber vgl. s. 12), *eui, aruun; reuun, tauum* usw. Dreifaches *u* steht nur in *uuuastentemu* 21, 3, 2 und inlautend in *zesuuun* 26, 8, 1. Nicht selten aber ist eins der beiden *u* gespart: *unpauollaniu* 8, 8, 3; *uizzanter* 15, 5, 2; *uaro* 21, 5, 1; inlautend *euigem* 1, 13, 3; *pliuames* 18, 2, 2; *geuimezze* 19, 8, 2; vgl. 19, 6, 3. Auch für diese schreibung bieten die übrigen Murbacher und Reichenauer denkmäler zahlreichere beispiele: vgl. *firuicikem* Ja. Nyer. 182; *uigit* Jc. Nyer. 243, *uarbot* ib. 256; *plauaz* Jb. 502; *uald* 1209; *uatage* Rd. 518; *uachar* 537; *uauahst* 620; *furiuorfan* 830; *firinuacharum* 1322 usw. — Nach consonanten, d. h. *ch, q, s, t, z* ist 10 mal *uu*, 18 mal *u* geschrieben; die belege s. im index.

Das *j* wird im anlaut wie gewöhnlich durch *i*, in *giu* und *gehan* durch *g* bezeichnet; s. den index. Inlautend aber hat es sich nur in *saio* 2, 1, 2; *uuastio* 1, 3, 2; *prustio* 24, 14, 1; *ehteo* 4, 5, 3; *ziteo* 18, 1, 4. 25, 1, 3; *uueralteo* 25ª, 1, 4 erhalten, einmal also nach einem vocal, 6 mal nach *t*, wie denn überhaupt, z. b. auch in der Benedictinerregel, die dentalen das *j* nach sich am längsten zu bewahren scheinen. Im übrigen ist es fortgefallen und zwar ohne eine spur zurückzulassen, abgesehen natürlich von seinen einflüssen auf benachbarte vocale, nach consonantenverbindungen (es kommen vor *ft; ht; lt; mm; nd, nt, ng, nch, rb; rm, rn, rr, rz; sc, ss, st*), nach den dauerlauten *s, w, m, ch, f, z* und den erst verhältnissmässig spät aus spiranten zu medien übergetretenen *g, d, b* nach langen vocalen.[1] Dagegen hat es bei den verschlusslauten und *l, n, r* verschärfung hervorgerufen, die ihren ausdruck gewöhnlich durch gemination des betreffenden consonanten findet. Alte *k, t, p* nach kurzem vocal bleiben darnach bekanntlich in der verschiebung um eine stufe zurück (doch vgl. oben unter *ch* und *ff*). *b* und *g* nach kurzem vocal werden geminiert: *insueppe* 15, 5, 4; *lucci* 15, 3, 1; 4, 4; *lickante* 25, 5, 2; ebenso das ihnen gleichstehende *t* z. b. in *antlutti, pittan, dritta, mitti, arrette*, zusammen 28 mal; daneben einfach nur *pitames* 2, 6, 4. Bei *t* ist indes gemination auch nach langem vocal das gewöhnlichere: *leittem* 4, 6, 4; *lutten* 5, 3, 1; *kaluttemes* 7, 12, 3; *peittentemu* 14, 2, 1;

---

1) Doch vgl. das oben s. 15 f. über *kelaupan* bemerkte.

lutte 25, 8, 3 neben *lutant* 7, 7, 4; *leitem* 8, 10, 2; *spreitemes* 23, 2, 3. Bei *l* hat sich die gemination nur nach kurzem vocal festgesetzt, vgl. *hella, stilli, uuillo*, nach langem vocal ist, in *heilant*, das *j* einfach ausgefallen. Auch *n* liebt die gemination selbst nach langem vocal: man vergleiche neben *kadenne, chunni, minna, minnon* und den flectierten infinitiven auch *unreinnen* 5, 4, 3; *kasconnota* 11, 3, 2; *sconniu* 11, 3, 1; *reinnenti* 20, 5, 4; *reinnes* 24, 6, 2; *kasconnot* 26, 4, 3 gegenüber *reinemu* 13, 2, 2. 19, 9, 2; *kasiunes* etc. 15, 4, 4. 19, 9, 4. 20, 2, 2 und nach tieftoniger silbe *laugenente* 25, 5, 4. Ungefähr das gleiche gilt auch wieder von *r*. Es steht *purrenti* 2, 2, 2; *keterran* 24, 10, 3; *spurrento* 24, 14, 2; *crpurres* 25, 1, 4; *terrennes* 25, 3, 4; *ferro* 25, 4, 1 neben *meres* 21, 1, 3 und nach langer silbe *stiurre* 3, 5, 1; *firru* 15, 1, 4; *suarrer* etc. 16, 3, 1; 6, 2. 20, 2, 3; *lutmarreru* 19, 10, 4 *kafuarre* 22, 3, 4 und *uuizzinarra* 21, 3, 2 neben *fuarinti* 4, 3, 4, *fuaremes* 24, 9, 4; *tiuremo* 26, 9, 3 und *charchare* 1, 1, 3; *altare* 21, 2, 2; *unheilara* 22, 4, 4.

II. Flexion.

A. Substantiva.

1. *a*-stämme. Die masculina und neutra der einfachen *a*-stämme weichen in nichts von der gewöhnlichen flexion ab: gen. sg. -*es*, dat. -*e*, instr. -*u* (*atumu, mezu, uuochru*); gen. pl. -*o*, dat. -*um* 10 mal, -*ū* 4 mal, -*un* 2 mal (*scalchun, pantirun*), endlich -*am* in *kaheizzam* 5, 5, 3. Von den bei masc. und neutr. verschiednen casus sind zu bemerken die beiden acc. sg. m. *Adaman* und *Christan*, nom. acc. pl. m. auf -*a* 19 mal, einmal -*o*, *angilo* 17, 3, 2; von neutris der acc. pl. *pentir*, dat. *pantirun*.

Von *va*-stämmen sind nur die gen. sg. *seuues, palouues*, der dat. *reuue*, acc. sg. pl. *chniu* und acc. pl. *reuuir* belegt.

Von *ja*-stämmen kommen vor nom. acc. sg. auf -*i*, 7 masculine, 18 neutrale; gen. sg. n. auf -*s* 13 mal; dat. sg. auf -*e* 2 masc., 4 ntr.; nom. acc. pl. m. *unheilara, uuizzinarra*, ntr. *innodi, richi, kauuati, otmali*; dat. pl. n. *kauuatim* 21, 1, 2 und *uuizzum* 22, 3, 2; *chunnū* 7, 2, 4.

Die feminina flectieren folgendermassen: nom. acc. sg. -*a* ohne ausnahme; gen. sg. -*a* 17 mal, -*o* in *tiurido* 26, 6, 1, -*u* in *selu* 16, 6, 3;

dat. sg. *-u* 17 mal, *-a* in *tiurida* 26, 10, 2?, *-o* in *chorungo* 2, 10, 1; *hellacruapo* 21, 6, 2; *stīmo* 27, 2, 4; nom. acc. pl. *-o*: *kebo* 6, 7, 3; *manalicho* 15, 4, 4; *firino* 20, 1, 4; *sunto* 20, 5, 3. 23, 2, 4; *kiuualtido* 27, 2, 2; gen. pl. *-ono* 6 mal, dat. pl. *-om* in *hizzom* 4, 4, 2; *euuom* 7, 1, 3. 15, 1, 1; *stuntom* 12, 1, 3; *hellom* 24, 1, 1; *ruachō* 15, 1, 3; *-on* in *stimmon* 2, 6, 4 etc.; *stunton* 9, 4, 1 etc.; *marchon* 13, 1, 2; *ruachon* 15, 3, 2; *chlauuon* 22, 4, 3.

2. *i*-stämme. Von masculinis kommen ausser nom. acc. sg. vor 5 dat. sg. auf *-e*, die nom. acc. pl. *falli* und *zuakangi*, und die dat. pl. *plastim*, *lauftim*, *slegim*, *uuaftim*.

Von femininis sind belegt 25 gen. sg., 16 dat. sg., 20 nom. acc. pl., sämmtlich auf *-i*; die gen. pl. *prustio*, *ehteo*, *uueraltco*, *ziteo*, endlich die dat. pl. *hehtim*, *huctim*, *inhuctim*, *creftim*, *siginunftim*; *fizusheitī*, *frehtī*, *chreftī*. Schwächung des *-m* zu *-n* ist also bei den *i*-stämmen noch nicht eingetreten.

3. *u*-stämme. Nur wenige alte formen sind erhalten: es finden sich nom. acc. sg. *sun*, gen. sg. *frido* 8, 8, 1; dat. sg. *sune* neben *suni* 19, 12, 2 und *fuazziu* 19, 2, 3, schliesslich der acc. pl. *fuazzi*. Von femininis ist nur der gen. sg. (?) *henti* erhalten, der bereits bei der *i*-declination mit berechnet ist.

4. *n*-stämme. Die masculina bilden den nom. sg. wie gewöhnlich auf *-o*, gen. dat. sg. auf *-in* zusammen 17 mal, darunter die umgelautete form *henin* 25, 6, 1; acc. sg. auf *-un*, *lihamun*, *manun*, *namun*, *scimun*, *uunnigartun*, doch auch *egison*; nom. acc. pl. *-un* in *potun*, *kiozun*, *schalchilun*, *urchundun* und auf *-on* in *discon*, *lihamon*, gen. pl. auf *-ono* 6 mal, den dat. pl. auf *-om*, *potom* 11, 2, 3. 13, 3, 2; *scolom* 24, 11, 3; *suerom* 19, 4, 2 und *-on* in *poton* 19, 7, 2; *scimon* 2, 3, 2.

An formen der neutra sind belegt nom. sg. *herza*, dat. sg. *hercin*, nom. acc. pl. *herzun*, *oucun*, dat. pl. *herzon*.

Bei den femininis auf *-a* gilt für gen. dat. acc. sg. und nom. acc. pl. durchgängig die endung *-un*, nur einmal weicht der acc. sg. *sceitilon* 2, 3, 3 ab. Sonst kommen noch vor die gen. pl. *chirichono*, *uuntono* und die dat. pl. *hantheizzom* 3, 3, 1; *chuuenom* 19, 6, 2 neben *speichon* 2, 3, 2; *uunton* 19, 10, 1.

Die feminina auf -*i* sind, abgesehen vom dat. pl. (gen. pl. kommen nicht vor) indeclinabel und haben stets -*i*, nie -*in*; jedoch im dat. pl. die flectierten formen *finstrinum* 14, 2, 3; *mendinum* 15, 3, 2; *hohinum* 17, 2, 4.

5. Die übrigen consonantischen stämme bieten wenig bemerkenswertes. Von stämmen auf `-r` kommt vor *fater*, auf *-nt fiant*, *heilant*, *helfant*, *sigufaginont*, *sceffant*, von femininis auf *-t* nur *naht*. Die einzelnen formen sind im index verzeichnet.

B. Adjectiva und participia.

Die *a*- und *ja*-stämme unterscheiden sich nur in der unflectierten form, die bei letztern wie bei den entsprechenden substantiven stets auf -*i* ausgeht. Rücksichtlich der unflectierten form bemerke ich voraus, dass dieselbe bei den participien weit stärker hervortritt als bei den adjectiven. Denn während bei den adjectiven die unflectierten formen sich zu den stark und schwach flectierten des nom. sg. verhalten, wie 35 : 55 : 23, so gestaltet sich diese verhältnisreihe für die participien um zu 66 : 28 : 5; namentlich die schwache declination tritt also bei den participien sehr zurück. Bei den adjectiven hat sich die unflectierte form am ausgedehntesten im neutrum erhalten, nämlich 15 mal neben 11 stark flectierten, während die betreffenden verhältniszahlen für masc. und fem. 12 : 36 und 8 : 19 sind.

Was die flectierten formen angeht, so sind deren endungen folgende:

	masc.	fem.	ntr.
sg. nom.	er	iu	az
gen.	es	era	es
dat.	emu	eru	emu
acc.	an	a	az
pl. nom. acc.	e	o	iu
gen.		ero	
dat.		em	

Ausnahmen hiervon sind nur nom. sg. f. *einu* 10, 4, 3; gen. sg. f. *thincru* 24, 2, 3; dat. sg. m. n. *lutremo* 2, 10, 3; *luzzilemo* 10, 3, 4; *nahtlichemo* 24, 12, 1; *kerihtemo* 27, 7, 1; *singantemo* 25, 4, 4; 6, 1. *tiuremo* 27, 9, 3; *uuihemo* 24, 16, 4. 25*, 1, 3 und *apanstigamu* 3, 4, 2;

kedehtamu 24, 5, 4 (vgl. auch *desamu* 9, 4, 1. 15, 3, 4. 21, 7, 2; *desamo* 16, 6, 2) und ganz vereinzelt *ubaruunnomo* 27, 7, 1 gegenüber etwa 55 *-emu*; dat. sg. f. *ostarlichero* 19, 9, 1; *eochalichera* 10, 4, 3; acc. pl. m. *dina* 14, 3, 2. 16, 5, 3; acc. pl. n. *dinu* 5, 3, 1; gen. pl. *kalaubigeru* 8, 3, 1; *uuiheru* 23, 2, 1; dat. pl. *kalaubigen* 12, 2, 1; *unkalaupigen* 20, 2, 1; *quhedenten* 23, 1, 2; *pisliften* 25, 6, 4.

Die schwache declination der adjectiva weicht nicht von der der substantiva ab: es sind indes bei weitem nicht alle casusformen belegt. Ich bemerke hier nur den dat. pl. *eriston* 8, 1, 2 der schwächung wegen.

Die pronominalformen siehe im index.

C. Verbum.

Der infinitiv der starken verba hat unflectiert stets die endung *-an* bewahrt, in der flexion erscheint einmal *kasehenne* 19, 6, 4 neben 3maligem *-anne(s)*. Auch im part. präs. hat sich das *a* der endung gröstenteils noch ungeschwächt erhalten, ich zählte etwa 40 *-anti* etc. gegen 4 *-enti*, *chucmentemu* 1, 10, 3; *stredentemu* 12, 1, 2; *quhedenten* 23, 1, 2; *kepenter* 24, 15, 2; in allen vier fällen weist hier wie oben beim inf. die stammsilbe ebenfalls *e* auf. Weiter fortgeschritten ist die schwächung bei den verbis auf *-jan*. Hier finden sich *dulten*, *lutten*, *terrennes* neben *ferscurgan*, *keterran*, *pittanne*, *kelaupanne*, *arlosanne*, die volleren formen auffallenderweise ausser *pittanne* alle in B, das doch sonst jüngere sprachformen zu zeigen pflegt als A. Im part. präs. dagegen finden wir diesem angedeuteten verhältnis ferner entsprechend 10 *-anti*, 11 *-enti* in A, 4 *-anti*, 5 *-enti* in B; dazu kommt dann noch *fuarinti* 4, 3, 4, vgl. z. b. *mezzinti* K. 40, 6; *mendinti* Jc. Nyer. 242, *teilinti* ib. 243, *smelzinti* Rd. Jb. 685. In der 3 pl. ind. präs. steht noch ausnahmslos *-ant*, auch bei schwachen verbis: *chussant*, *lutant*, *pisizzant*; dagegen hat in der 1 pl. ind. präs. das *e* schon stark um sich gegriffen. B hat nur *-emes*, 4mal bei starken, 5mal bei schwachen verbis; A von starken verbis 5mal *-ames*, einmal *-emes*, *farlazzemes* 2, 9, 4, von schwachen 6mal *-ames* in *pittames*, 6mal *-emes*. Das *-an* des part. prät. der starken verba bleibt meist unversehrt; nur *kanozzeniu* 20, 8, 3; *ungimezenera* 27, 5, 3 haben das *a* zu *e* geschwächt, und in *ubaruunnomo* 27, 7, 1 scheint das *a* ganz unterdrückt zu sein.

Die bildung der präterita im starken verbum bietet nichts auffallendes; von reduplicierenden kommt nur *anfingi* 26, 6, 3 vor. Von kurzsilbigen verbis auf *-jan* findet sich nur die eine präteritalform *kastuditos* 5, 1, 4. Die langsilbigen syncopieren stets das *i*: *uuanta; erchauftos, eruuahtos; kisuahta, arloste* (?); *erchauftis; karihti.* Im part. prät. ist in der unflectierten form nur einmal in *kasalt* 2, 8, 2 verkürzung eingetreten; sonst steht *-it*, z. b. *kiselit* 22, 4, 1; *kateilit erfullit, kizerrit, ungauucmmit, calaupit, kaleitit, archaufit, kiskentit; karostit:* in den flectierten casusformen aber stehen durchaus die formen ohne *i*, von denen ich die mit rückumlaut — und dieser tritt stets ein — gebildeten formen folgen lasse: *pidahte, archantemu, arlasctiu, arratte, kasuarztem, eruuahter.*

Im übrigen wird für die flexion im einzelnen folgende übersichtstabelle der belegten formen genügen:

	-an	-jan	-én	-ôn
präs. ind. sg. 2.	is	is	...	...
3.	it	it	et	ot
pl. 1.	ames, emes	emes, ames	emes	omes
3.	ant	ant	ent	ont
conj. sing. 2.	es	es	...	oes
3.	e	e	ee	oe
pl. 1.	em	em	eem	o(h)em
3.	en	en	een	oen
imp. sg.	—	i	...	o
prät. ind. sg. 1.	—	ta	...	...
2.	-i	(i)tos	etos	otos
3.	—	ta	eta	ota
pl. 1.	...	[to]mes	...	...
3.	un	...	...	oton
conj. sg. 2.	is	tis	...	otis
3.	...	ti	...	...

Ausnahmen hiervon sind nur die 1. pl. conj. *uuesen* 2, 8, 3, die 3. pl. conj. *cahaltan* 17, 3, 3, wenn sie nicht wie *faran* 19, 8, 3 für eine indicativform verschrieben ist, endlich die 3. sg. ind. *arloste* 10, 3, 4.

Die unregelmässigen formen der verba *pringan, eigan, magan, uuizzan; kan, stan; tuan, uuesan,* die hier nicht mit berücksichtigt wurden, s. im index.

HYMNEN.

I.

Mediae noctis tempore	1 Mittera nahti zite
*pr*ophetica uox admonet:	uuizaclichiu stimma manot
dicam*us* laudes d*omi*no	chuuedem lop truh[ti]ne
patri se*mper* ac filio,	fa[te]re simbulu*m* ioh sune
S*ancto* quoqu*e* sp*iri*t*u*i;	2 uuihemu ouh atume
perfecta enim trinitas	duruhnohtiu ka[uuis]so driunissa
uniusq*ue* substanti*ę*	ioh dera einun capurti
laudanda nob*is* se*mper* e*st*.	za lobone uns simbulu*m* ist
Terrorem tempus hoc habet,	3 egison zit daz hebit
quo cu*m* uastator angelus	demu do uuastio poto chundo
egypto mortes intulit,	ęgypte toda ana prahta
deleuit primogenita.	farcneit eristporaniu
Haec hora iustis salus e*st*,	4 disiu uuila stunta rehtem heili ist
quos ibidem tunc angelus	dea dare do poto
ausus punire n*on* erat	katurstic sclahan uuizzinon ni uuas
signu*m* formidans sanguinis.	zeicha*n* furihtanti pluates
Egyptus flebat fortit*er*	5 [egypt uuaf]ta [starchli]cho
natoru*m* dira funera,	chindo chrimmiu reuuir

Ueberschrift INCIPIUNT HYMNI CANENDAE PER CIRCULŪ ANNI | HYM AD NOCT DOMINICIS DIEBUS.
I. *Daniel* 1, 42. 4, 26. *Morel no.* 35, b. 3, 3 del*euit mit rasur aus &* *corrigiert*.

1, 4. 2, 4 simbulū 4, 3 sclahan *J. Grimm*] sclal chan, *das zweite* l *auf rasur, das erste wie es scheint erst nachträglich zwischengeschrieben*. 4, 4 zeichā 5, 1 egypt *ergänzt nach* 1, 3, 2; uuafta *statt des von J. Grimm vorgeschlagenen* uueinôta, *das in unserem denkmal nicht vorkommt, nach* uuofte *fletu* 25, 7, 4; uuafit *ululat* 19, 1, 4; starchlicho (*J. Grimm*) *nach* starchisto *fortissimus* 19, 2, 1 (*auch* starcho *würde genügen*).

solus gaudebat isra*he*l
agni protectus sanguine.

[ei]no [mand]ta [israhel]
[lam]bes [kascirm]t*er* [plua]te

Nos uero isra*he*l sum*us*;
laetemur in te, d*o*m*i*ne,
hostem spernentes et malu*m*,
christi defensi sanguine.

6 uuir auur israhel liut pirum
frauuoem in dir truhtin
fiant farmanente inti ubil
christes kascirmte pluate

Ipsum p*ro*fecto tempus e*st*
quo uoce euangelica
uenturus sponsus credit*ur*,
regni cęlestis conditor.

7 selbaz kiuuisso zit ist
demu stimmi euangelisceru
chu*m*ftiger prutigomo calaupit ist
rihces himilisces felaho scheffo

Occurrunt s*a*nct*ę* uirgines
obuia*m* tunc aduentui,
gestantes claras la*m*padas,
magno lętantes gaudio.

8 inkagan louffant uuiho magadi
cagan denne chumfti
tragante heitariu liotfaz
mihileru froonte mendi

Stultę uero remanent
quę extinctas habent la*m*padas,
frustra pulsantes ianua*m*
clausa ia*m* regni regia.

9 tulisco auur pilibant
deo arlasctiu eigun leotkar
aruun chlochonte turi
pilohaneru giu riches turi portun

(123ᵃ) Peruigilemus subrie
gestantes mentes splendidas,
aduenienti ut ih*es*u
digni occurramus obuiam.

10 (123ᵃ) duruch uuacheem triulicho
tragante muat heitariu
chuementemu daz heilante
uuirdige kakan lauffem kagani

6, 4 xp*ī*, *und so stets abgekürzt* xp̄s, xpō, xpm̄, *für* Christus *usw*. 10, 4 aduenien*ti mit rasur aus* em.

5, 3 mandta *habe ich statt Hickes*' (*d. h. Junius*') mendôta, *das ahd. nicht belegt ist*, *wegen* mendi *gaudio* 1, 8, 4 *etc. gesetzt;* J. Grimm *vermutete* frauuôta *oder* faginôta, *deren bedeutung jedoch weniger passt; s.* frauuôn *und* sigufaginôn *im index.* 5, 4 kascirmter (*J. Grimm*) *nach* 21, 3, 1. 7, 2 euan : gelisceru, *ein* l *und über dem* n *ge ausradiert.* 7, 3 chūftiger 8, 4 froonte, *das zweite* o *fast ganz abgerieben.* 9, 3 chlochonte *G*] hlochonte 10, 1 triulicho *braucht wol nicht verändert zu werden.* J. Grimm *wollte statt dessen* truclîcho *oder* truhlicho *setzen, wegen* urtruhlicho *sobrie* 3, 6, 3, urtructe *sobrii* 4, 6, 1, urtrhuhtidu *sobrietate* 18, 3, 3; *doch vgl. oben s.* 13.

Hymnen I, 11 — II, 3.

Noctisque medię tempore paulus quoque et sileas christum uincti in carcere conlaudantes soluti sunt.	11 ioh dera naht mittera zite paul auh inti sileas christ kabuntane in charchare samant lobonte inpuntan uurtun
Nobis hic mundus carcer est. te laudamus, christe d*eus*; solue uincla peccatorum in te, christe, credentium.	12 uns deisu uueralt charchari ist dih lobomes christ cot intpint pentir suntono in dih christ kalaupantero
Dignos nos fac, rex agie, uenturi regni gloria, ęternis ut mereamur te laudibus c*o*ncinere.	13 uuirdige unsih tua chuninc uuiho chumftiges riches tiurida euigem daz kafrehtohem dih lobum saman s⸍ingan

II.

D*eus*, qui cęli lumen es satorque lucis, qui polum paterno fultum brachio pręclara pandis dextera.	1 cot du der himiles leoht pist saio ioh leohtes der himil faterlichemu arspriuztan arme duruhheitareru spreitis inluchis ze- sauun
Aurora stellas iam tegit rubrum sustollens gurgitem, humectis na*m*que flatibus terram babtizans rorib*us*.	2 tagarod sterna giu dechit rotan uf purrenti uuak fuhtem kauuisso plastim erda taufanter tauum
Currus iam poscit fosforus radiis rotisque flammeis, quod cęli scandens (123ᵇ) uerticem profectus moram nesciens.	3 reita giu fergot tagastern scimon speichon radum ioh lauginem daz himiles chlimbanter (123ᵇ) scei- tilon dera uerti tuualun ni uuizzanter

---

12, 3 uincula   13, 1 nos *in˗feiner schrift zwischen* dignos *und* fac *nachgetragen.*   II. *Daniel* 1, 66. 4, 29; *nur in O erhalten.*   2, 4 babtizans *auf rasur.*   3, 3 cęlis candens ‖ dens *übergeschrieben mit feiner schrift.*

                   h
11, 2 pa: ul, l *ausradiert.*   11, 3 crist charchare *auf rasur; wahrscheinlich stand vorher* charchre   12, 1 charchari; *es scheint zwischen dem* r *und* c *der senkrechte zug eines* k *ausradiert zu sein.*   II, 1, 2 saio: , h *radiert*   1, 4 duruh-; *das erste* u *ist durch einen fleck undeutlich geworden und daher ein zweites darübergesetzt.*

Iam noctis umbra linquitur,
polum caligo deserit,
tipusque christi lucifer
diem sopitum suscitans.

Dies dierum aius es
lucisque lumen ipse es,
unum potens per omnia,
potens in unum trinitas.

Te nunc, saluator, quesumus
tibique genu flectimus,
patrem cum sancto spiritu
totis rogamus uocibus.

Pater, qui celos contenis,
cantemus nunc nomen tuum;
adueniat regnum tuum
fiatque uoluntas tua.

Hec inquam uoluntas tua
nobis agenda traditur,
simus fideles spiritu
casto manentes corpore.

Panem nostrum cottidie
de te edendum tribue,
remitte nobis debita
ut nos nostris remittimus.

Temptatione subdola
induci nos ne siueris,
sed puro corde supplices
tu nos a malo libera.

4 giu dera naht scato farlazzan ist
himil tunchchali farlazzit
pauchan ioh christes tagastern
tac slafragan uuechenter

5 tac tago uuiher bist
leohtes ioh leoht selbo bist
ein maganti ubar al
machtiger [ma]gantiu in ein driunissa

6 dih nu heilant pittames
dir ioh chniu piugames
fateran mit uuihemu keiste
allem pitames stimmon

7 fater du der himila inthebis
singem nu namun dinan
az quheme richi dinaz
uuerde ioh uuillo din

8 deser quuhad uuillo diner
uns za tuanne kasalt ist
uuesen triuafte ka[lau]bige atume
kadiganemu uuesante lichamin

9 prot unseraz tagauuizzi
fona dir za ezzanne kip
farlaz uns sculdi
eo so uuir unserem farlazzemes

10 chorungo pisuuicchilineru
in caleitit unsih ni lazzes
uzzan lutremo hercin pittente
du unsihc fona ubile arlosi

7, 2 nomen und darüber namun auf rasur.   8, 1 inquem   10, 2 sineris

---

5, 2 selbo auf rasur.   5, 6 machtiger. in ein, dazu am rande .gantiu   6, 4 allē   7, 2 namun auf rasur, s. oben.   8, 1 quuahd   8, 2 tuuanne; s. 4, 5, 1.   8, 3 triuafte   9, 1 unseraz auf rasur.   10, 3 uzan J. Grimm] unzan.

III.

Splendor paternę glorię,
de luce lucem proferens,
lux lucis et fons luminis,
dies dierum inluminans,

Uerusque sol inlabere,
micans nitore perpeti,
iubarque sancti spiritus
infunde nostris sensibus.

(124ª) Uotis uocemus et patrem,
patrem perennis glorię,
patrem potentis gratię,
culpam religet lubricam.

Informet actus strinuos,
dentem retundet inuidi,
casus secundet asperos,
donet gerendi gratiam.

Mentem gubernet et regat
casto fideli corpore,
fides calore ferueat,
fraudis uenena nesciat.

Christusque nobis sit cybus
potusque noster sit fides;
lęti bibamus subrię
ebriętatem spiritus.

Laetus dies hic transeat,
podor sit ut diluculo,
fides uelut meridies,
crepusculum mens nesciat.

1 schimo faterlicher tiurida
fona leohte leoht fram pringanter
leoht leohtes inti prun[n]o leohtes
tak tago leohtanter

2 uuarhaft ioh sunna in slifanne
scinanter scimin clizze emazzigemu
ioh heitarnissa uuihes atumes
in giuz unserem inhuctim

3 (124ª) hantheizzom namoem inti fate-
fateran euuigera tiurida   ran
fateran mahtigera hensti
sunta kapinte sleffara

4 kascafoe katati kambaro
zan uuidar pliuue apanstigamu
falli kapruche sarfę
gebe tragannes anst

5 muat stiurre inti rihte
kadiganemu triuaftemu lihamin
kalauba hizzu strede
notnunfti heitar ni uuizzi

6 christ ioh uns si muas
lid ioh unser si kalauba
froe trinchem urtruhlicho
trunchali atumes keistes

7 frauuer tak deser duruh fare
kadigani si eo so frua in morgan
kalauba eo so mitti tak
dhemar muat ni uuizzi

III. *Daniel* 1, 24. *Mone* 1, 373.   2, 4 infun : $\overset{d}{e}$ 6, 4 ebriętateṁ

III, 1, 3 pruno   2, 1 ins. lifanne   2, 2 scimin *J. Grimm*] scimun clizze *steht unter dem lat. worte.*   3, 1 namoem, *das* o *auf rasur,* *das* e *aus* o *corrigiert.*   6, 3 urtruhlicho *auf rasur.*   7, 2 fruo *corrigiert in* a.

Aurora cursus prouehit,
aurora totos protegat,
in patre totus filius
et totus in uerbo pater.

8 tagarod lauft fram fuarit
tagarod alle scirme
in fatere aller sun
inti aller in uuorte fater

IV.

Aeterne lucis conditor,
lux ipse totus et dies,
noctem nec ullam sentiens,
natura lucis perpete.

1 euuiges leohtes sceffento
leoht er selbo aller inti tak
naht noc einiga intfindanter
kapurt leohtes emazziges

Iam cedet pallens proximo
diei nox aduentui,
obtundens lumen siderum
adest et clarus lucifer.

2 giu intlazit pleichenti nahemu
tage naht chumfti
kagan pliuuanti leoht himilzeichano
az ist inti heitarer tagastern

Iam strato lęti surgimus
grates canentes et tuos,
quod cecam noctem uicerit
reuectans rursus sol diem.

3 giu stroe frauue arstames
dancha singante inti dine
daz plinta naht karihti
auuar traganti uuidar fuarinti auur
    sunna tak

(124ᵇ) Te nunc nec carnis gaudia
blandis subrepant estibus,
dolis nec cedat seculi
mens nostra, sancte, quęsumus.

4 (124ᵇ) dich nu noc fleisges mendi
sclehtem untar sliufen hizzom
fizusheitim noh henge uueralta
muat unser uuiho pittames

Iram nec rixa prouocet,
gulam nec uenter incitet,

5 kapuluht noc paga kakruazze
kitagi noh uuamba kaanazze

8, 2 totus   IV. *Daniel* 1, 39.   4, 29.   4, 3 cedant   4, 4 sc̄a

---

8, 1 frāfuarit   IV, 1, 3 einiga *auf rasur*.   3. 4 × auuartraganti, *dazu*
× uuidarfuarinti *am rande*.   4, 2 sclehtē   4, 3 fizusheitī   *J. Grimm schreibt*
uueralti; *vielleicht aber fasste der übersetzer* seculi *als nom. pl. auf und gebrauchte*
uueralt *als masc. wie Hel.* 5624 obar thesan uuerold alla[n]; 5631 obar thesan uui-
dun uueruld; *Älfreds Metra* 10, 70 gif hine gegrîpan môt se êca deáđ äfter þissum
worulde. *An einen nach analogie der* a-*stämme gebildeten nom. pl. fem. darf nicht
gedacht werden, da dieser* uueralto *zu lauten hätte, wie* kebo 6, 7, 3; firino 20, 1, 4;
sunto 20, 5, 3. 23, 2, 4; kiuualtido 26, 2, 2 *zeigen*.   5, 1 kakruuazze; *s.* 2, 8, 2.

opu*m* p*er*uertat nec famis,
turpis nec luxus occupet.

Sed firma m*en*te subrii
casto manentes corpore
totu*m* fidele sp*iri*tu
christo ducamus hunc diem.

Fulgentis auctor aetheris,
qui luna*m* lumen noctibus,
sole*m* dieru*m* cursibus
certo fundasti tramite.

Nox atra ia*m* depellitur,
mundi nitor renascitur,
nouus*que* ia*m* m*en*tis uigor
dulces in actos eregit.

Laudes sonare ia*m* tuas
dies relatus admonet,
uultus*que* c*e*li blandior
nostra serenat pectora.

Uitemus omne lubricum,
declinet praua sp*iritu*s;
uita*m* facta n*on* inquinent,
lingua*m* culpa non inplicet.

Sed sol die*m* d*um* conficit,
fides profunda ferueat,
spes ad promissa p*r*ouocet,
christo c*on*iungat caritas.

    ehteo pisturze noh hungar
    unchusger noc flusc pifahe

6 uzzan festemu muate urtructe
    cadiganemu uuesante libamin
    allan kalaubigemu atume
    christe leitte*m* desan tak

V.

1 scinantes ortfrumo himiles
    du der manun leoht nahtim
    sunnun tago lauftim
    kauuissemu kastuditos fade

2 naht suarziu giu fartripan ist uuirdit
    uueralti sconi cliz itporan uuirdit
    niuuer ioh giu muates uuahsamo
    suazze in tati arrihctit

3 lop lutten giu dinu
    tak auur pru[n]ganer motit
    antluzz[i] ioh himiles slectera
    unsaro heitarit prusti

4 midem eogalicha sleffari
    kanige abahiu atum keist
    lip kitati ni unreinnen
    zunga sunta ni in kifalde

5 uzzan sunna tak denne kituat
    kilauba tiufiu strede
    uuan za kahcizza*m* cacruaze
    criste kafuage minna

    5, 4 tur*p*is *aus* b *mit rasur corrigiert.*   V. *Daniel* 1, 43. 4, 15.   2, 3 q;
mit feiner schrift nachgetragen.   3, 4 serena*t mit feiner schrift nachgetragen.*
4, 1 lubricum *auf rasur.*   4, 3 factā   4, 4 culpā

    6, 4 leittē   V, 3, 2 pruganer   *J. Grimm änderte ohne* not motit *in*
manôt; môtan *ist got.* maudjan, gamaudjan ὑπομιμνήσκειν, ἀναμιμνήσκειν.   3, 3
antluzz   4, 2 atū   4, 4 zunga *auf rasur, das* g *für* z.

3*

VI.

Deus aeterne luminis,
candor inenarrabilis,
uenturus diei iudex,
qui mentis occulta uides:

1 cot euuiges leohtes
sconi unrachaft
chumftiger tages suanari
du der muates tauganiu kasihis

Tu regnum cęlorum tenes
et totus in uerbo tu es,
per filium cuncta regis,
sancti spiritus fons es.

2 du richi himilo hebis
inti aller in uuorte du bist
duruc sun alliu rihtis
uuihes atumes prunno pist

(125ª) Trinum nomen, alta fides,
unum per omnia potens,
mirumque per signum crucis
tu rector inmense lucis.

3 (125ª) drisgi namo hoiu kalauba
ein uber duruch alliu mahtiger
uuntar ioh duruh zeichan crucez
du rihto unmezziges leohtes

Tu mundi constitutor es,
tu septimo throno sedes,
iudex ex alto humilis
uenisti pati pro nobis.

4 du uueralti kasezzento pist
du sipuntin anasedale sizzis
suanari fona hoi nidares
chuami dulten pi unsihc

Tu sabaoth omnipotens,
osanna summi culminis,
tibi laus est mirabilis,
tu rex primus anastasis.

5 du herro almahtigo
kahalt oponontiges firstes
dir lop ist uuntarlih
du chuninc eristo urristi

Tu fidei auditor es
et humiles tu respicis,
tibi alte sedis thronus
tibique diuinus est honor.

6 du dera calauba helfant pist
inti deodrafte du sihis
dir hohes sezzes anasidili
dir ioh kotcund ist hera

Christo aeternoque deo
patri cum sancto spiritu

7 cr[is]te euuigemu ioh [co]te
[fate]re mit [uuihe]mu atume

VI. *Daniel* 1, 68. 4, 29. 2, 3 regis *klein übergeschrieben*. 3, 1 t: rinum, u *ausradiert*. 3, 4 rectortor *auf rasur*. 4, 1 constitor 5, 3 ē *klein übergeschrieben*. 6, 1 auditor *die hss.; der übersetzer dachte an* adiutor. 6, 4 diuinus *auf rasur*; diuus? *oder besser mit der hs. des Thomasius* que *zu streichen?*

---

             n
VI, 2, 4 pruno 3, 2 duruch *steht über* uber 4, 2 sinpuntin ana sedale? 5, 3 bop est 6, 1 pist *mit rasur aus* b *corrigiert*. 7, 2 atumes, *das* t *und der erste zug des* u *auf rasur*.

Hymnen VII, 1—6.

uite soluamus munera
a sęculis in sęcula.

libes keltem kebo
f[ona uueral]tim [in uue]ralti

VII.

Christe cęli domine,
mundi saluator maxime,
qui nos crucis munere
mortis soluisti legibus.

1 crist hi[mi]les t[ruh]tin
uueralti heilant meisto
der unsih crucez cifti
todes intpunti euuom

Te nunc orantes poscimus:
tua conserues munera,
quę per legem catholicam
cunctis donasti gentibus.

2 dih nu petonte pittemes
dino kihaltes gifti
deo duruhc euua allicha
allem kapi chunnum

Tu uerbum patris aeterni
ore diuino editus,
deus ex deo subsistens,
unigenitus filius.

3 du uuort fateres euuiges
munde kotcunddemu ka[po]ran
kot fona kote untar uuesanti
einporano sun

Te uniuersa creatura
mundi fatetur dominum,
iusso patris inchoata,
tuis perfecta uiribus.

4 dih alliu cascaft
uueralti sprichit tru[h]tinan
ka[po]te fa[te]res incunnaniu
dinem duruhctaniu creftim

Tibi omnes angeli
cęlestem prestant gloriam,
te chorus archangelorum
diuinis laudant uocibus.

5 dir alle angila
himiliska farlihant tiu[ri]da
dih zilsanc ar[changi]lo
kotkundem lobont stimmon

(125ᵇ) Te multitudo seniorum,
bis duodenus numerus,
odoramentis plenas gestant
suplex adorant patheras.

6 (125ᵇ) dih managi hererono
zuuiror zuueliuuinga ruaua
stanchum folle tragant
kanigane zua petont chelicha

VII. *Daniel* 1, 46.   1, 1 *nach* Christe *ist* rex *ausgefallen*, *ebenso* 1, 3 hoc *nach* nos.   3, 3 subsistens *auf rasur für* t   4, 4 perfectis   6, 2 duådenus   6, 4 *l.* gestans *J. Grimm.*   6, 4 *l.* adorat *J. Grimm.*

VII, 2, 3 allicha: , n *ausradiert.*   2, 4 chunnū   3, 2 *kotc. auf rasur.* kaporan (*Junius, J. Grimm*) *ergänzt nach* keporan editum 24, 5, 1; *die hs. hat* ko ron   4, 1 :: cascaft, sc *ausradiert.*   4, 2 trutinan   4, 3 dinē   5, 4 kotkundē

Tibi cerubin et syraphin, throni paterni luminis, senis alarum plausibus clamore iugi personant.	7	dir cerubyn inti siraphin anasidili fater̄liches leohtes schsim feddhacho slegim ruafte simbligemu lutant
Sanctus sanctus sanctus dominus deus sabaoth omne cęlum atque terra tua sunt plena gloria.	8	uuiho uuiho [uuiho] t[ruh]tin kot herro cocalihe himil inti ioh herda dinera sint fol tiurida
Osanna fili dauid, benedictus a patre, qui in nomine dei uenisti de excelsis, domine.	9	kahalt sun d[aui]des kauuihto fona fatere du der in namin kotes chuami fona hohinum t[ruh]tin
Tu agnus inmaculatus datus terrę uictima, qui sanctorum uestimenta tuo lauisti sanguine.	10	du lamp ungauuemmit kakepan erdu frisgine du der uuihero kauuati dinemu uuasgi pluate
Te multitudo beatorum cęlo locata martirum palmis signis et coronis	11	dih managi saligero himile kastatot urchundono siginumftim zeichanum inti hohubit- pantum
ducem sectantur glorię.		leitid folgent tiurida
Quorum nos addas numero te deprecamur, domine, una uoce desonamus, uno laudamus carmine.	12	dero unsih zua katues ruauu dih pittames t[ruh]tin eineru stimnu kaluttemes einemu lobomes sange

VIII.

Diei luce reddita primis post somnum uocibus dei canamus gloriam christi fauente gratia.	1	tago leohte arkepanemu eriston hafter slafe stimmon kotes singem tiurida christes helfanteru ensti

---

12, 4 laudamus *aus* e *corrigiert.*   VIII. *Daniel* 1, 68.

7, 2 fat'liches   8, 3 h'erda   9, 4 foha   10, 2 frisgine *nach s.* 17. 18, friscing *J. Grimm*] friscgin   11, 3 zeichanu   hohubitpantu   1, 2 haft'

Hymnen VIII, 2—8.

Per quem creator omni*um*
die*m* nocte*m*qu*e* condidit,
ęterna lege sanctiens,
ut sem*per* succedant sibi.

Tu uera lux fideliu*m*,
que*m* lex ueterna non tenet,
(126ᵃ) noctem nec orto succedens
ęterno fulgens lumine.

Christe, precamur, annue
orantibus seruis tuis,
iniquitas hęc seculi
ne nostra*m* captiuet fidem.

Non cogitemus impie,
inuideamus nemini,
lesi n*on* reddamus uice*m*,
uincamus in bono malum.

Absit nostris e cordibus
ira dolus superbia,
absistat auaritia,
malorum radix omniu*m*.

Uinu*m* mentem non occupet
ebrietate perpeti,
sed nostro sensui conpetens
tuum bibamus poculu*m*.

Conseruet pacis federa
non simulata caritas,
sed inlibata castitas
credulitate perpeti.

2 duruh den sceffento allero
tak naht ioh scaffota
euuigeru euu heilagonti
daz simblum folgeen im

3 du uuaraz leoht kalaubigeru
den euua altiu ni hebit
(126ᵃ) naht noh ufgange folgenti
euuigemu scinanti leohte

4 christ pittames pauchini
petontem scalchu*m* dinem
unreth desiu uueralti
ni unsera elilentoe ka[lau]pa

5 ni denchem suntlicho
apastohem kataroe[m] neomanne
katarote ni keltem kaganlon
karichem in kuate ubil

6 fer si unsere*m* fona herzon
kapuluht fizusheit keili
fer stante frecchi
ubilero uurza allero

7 uuin muat ni pihabee
trhunchali emazziger[u]
uzzan unsaremu inhucti kalimfanti
dinaz trinche*m* lid

8 kahalte frido uuiniscaf
ni kalichisotiu minna
uzzan unpauollaniu kadigani
kalaubu emazzigeru

3, 1 fide : liū   3, 2 tenet *auf rasur?*

  c
2, 1 seffento   2, 4 folgeeen, *das mittelste* e *aus* t *corrigiert*.   4, 2 scalchū
4, 3 cilentoe; *vgl.* captiuata caelilentot 21, 5, 3.   5, 2 kataroe *mit verweisungs-
zeichen am rande*.   6, 1 unserē fona: , h *ausradiert*.   7, 2 emazziger   7, 4 trinchē
8, 4 emazzigeru *aus* i *oder dem ersten zuge eines* u *gemacht*.

Addendis non sit prediis
malesuada sempe*r* famis,
si affluant diuitie,
proph*ę*te nos psalm*us* regat.

9 za auchonne ni si hehtim
hupilo spano simbulum hungar
ubi uparcussoen otmali
uuizzagin unsih salmo rihte

Presta, pater ingenite,
totum ducamus iugiter
christo placentes hunc diem
s*ancto* repleti sp*iritu.*

10 farl.hc fater ungaporono
allan leitem amazzigo
christo lichente desan tak
uuihemu arfulte atume

IX.

Postmatutinis laudibus,
quas trinitati psallim*us*,
psallamus rursus admonet
uerus pater familias.

1 aftermorganlichem lopum
diu deru driunissu singames
singem auur manot
uuarer fate*r* hiuuisges

Simus semper solliciti
ne p*r*etereat opus d*e*i,
sed oremus sedule
sic*ut* docet apostolus.

2 uuesem simbulu*m* sorgente
ni furi gange uuerahe kotes
uzzan petoem amazzigo
eo so lerit poto

(126ᵇ) Psallamus mente d*omi*no,
psallamus simul et sp*iritu*,
ne uaga mens in turpibus
inertes tegat animos.

3 (126ᵇ) singem muate tr[uhti]ne
singem saman inte atume
ni irri muat in unchusgem
unfruatiu deehe muat

Sed septies in hac die
dicam*us* laudes d*omi*no,
diuinitati perpeti
debita dem*us* glorię.

4 uzzan sibun stunton in desamu take
chuede*m* lop tr[uhti]ne
kotcundi emazzigeru
sculdi kebe*m* dera ti[uri]da

1
10, 3 pacentes   IX. *Daniel* 1, 44. 4, 40.   1, 2 quas *aus* o *corrigiert.*
2, 4 apostolŏs   3, 2 et *ist zu streichen.*

9, 1 hehtim *J. Grimm*] hentim   IX, 1, 1 aftˢ   1, 4 fatˢ   2, 1 simbulū
4, 2 chuedē   4, 4 kebe   dera *auf rasur.*

X.

Dei fide qua uiuim*us*,
spe perenni credimus,
p*er* caritatis gratia*m*
christi canam*us* gloriam.

Qui ductus ora t*er*tia
ad passionis hostia*m*
crucis ferens suspendia
ouem reduxis p*er*ditam.

Pręcemur ergo subditi,
redemptione liberi,
ut eruat a sęculo
quos soluit a chirographo.

Gloria tibi trinitas,
ęqualis una deitas,
et ante omne sęculum
et nunc et in p*er*petuum.

1 kotes kalaubu dera lebemes
uuane simbligemu kalaupemes
duruh dera minna ast
christes si[n]gem tiurida

2 der kaleitt*er* stunta drittun
za dera druunga zebare
chruzes dultenti ufhengida
scaf auur prahta farlo[ra]naz

3 pittem auur deodrafte
urchauffe frige
daz arrette fona uueralti
dea arloste fona luzzilemu kascribe

4 tiurida dir driunissa
epanlichiu einu kotcundi
inti fora eochalichera uueralti
inti nu inti euuon

XI.

Certu*m* tenentes ordine*m*
pio poscam*us* pectore
hora diei t*er*tia
trine uirtutis gloriam.

Ut simus habitaculu*m*
illi s*anc*to sp*iri*tui,

1 kaůuissa habente antrëitida
kanadigeru pitte*m* prusti
stunta takes dritta
drisgera crefti tiurida

2 daz sin kapuid
demo uuihemu atume

X. *Daniel* 1, 71. 4, 353. *Morel no.* 36, p. 47, h.   1, 2 spe, *nach* perenni *ist* qua *zu ergänzen.*   1, 4 gloria   2, 2 hostiā, *das* h *fein nachgetragen.* 3, 2 redemptione, *das* p *fein zwischengeschrieben.*   XI. *Daniel* 1, 45. 4, 42. 1, 4 glorię

X, 1, 4 sigē   2, 1 kaleitt'   XI, 1, 1 kauuissa: , n *ausradiert.*   1, 2 kanadigē; *J. Grimm vermutete* kadiganeru, *welches wort indes nur zur widergabe von castus dient;* kanadigeru *ist durch* kanadilose *impii* 19, 5, 4, *ferner durch die glosse* pius herhaft uuih kinadic *Jc.* 450, gnada *pictate Kero p.* 32, 5, kenadich unde rehtfrumich *pius et iustus Notker ps.* 100, 1 *hinlänglich gerechtfertigt.*   pittē

qui quondam in apostolis
hac hora distributus est.

Hoc gradientes ordine
ornauit cuncta splendida
regni cęlestis conditor
ęterńe uitę premio.

der giu in potom
deseru stuntu kateilit ist

3 demu gangante hantreiti
kasconnota alliu sconniu
riches himilesges sceffant
euuiges libes lone

XII.

(127ᵃ) Dicamus laudes domino
feruente prumptu spiritu:
hora uoluta sexies
nos ad orandum prouocat

1 (127ᵃ) chuedem lop t[ruhti]ne
stredentemu funsemu atume
stunta kiuualdaniu sehstuntom
unsih za petonne cruazzit

Quia in hac fidelibus
uere salutis glorię,
beati agni hostia
crucis uirtutis redditur.

2 danta in deru kal[a]ubigen
uuarera dera heili t[iu]rida
saliges lambes zebar
chruzes chrefti harcheban ist

Cuius luce clarissima
tenebricat meridięs,
sumamus toto pectore
tanti splendoris gratiam

3 des leohte heitiristin
finstret mitti tak
neozzem alleru prusti
so michiles scimin ast

XIII.

Perfectum trinum numerum
ternis horarum terminis
laudes canentes debitas
nonam dicentes psallimus.

1 duruhnoht drisca ruaua
drisgem stuntono marchom
lob singante sculdigiu
niunta uuila chuedente singames

Sacrum dei misterium
puro tenentes pectore,

2 heilac kotes karuni
reinemu habente prusti

3, 4 p̄mia   XII. *Daniel* 1, 45.   XIII. *Daniel* 1, 45. 4, 45.

2, 4 stuntu; *der schreiber hatte zuerst zu einem* a *angesetzt.*   2, 4 kateilit ::: ist, ist *ausradiert.*   XII, 1, 1 chuedē   1, 3 *ein starkes verbum* uualdan volvere *ist zwar sonst nirgends belegt, doch wage ich nicht mit J. Grimm* kiuualdaniu *mit beziehung auf* 14, 1, 4 *in* kiuuollaniu *zu verändern; näher läge noch* kiuualzaniu   2, 1 kalubigen   2, 4 chref:ti

petri magistri regula
signo salutis prodita.

Et nos psallamus sp*iritu*
adherentes apostolis,
qui plantas habent debiles,
christi uirtute dirigant.

peatres magistres spratta
zeichane dera heili kameldetiu

3 inti uuir singem atume
zua clibante potom
dea solun eigun lamo
christes chrefti rihten

XIV.

D*eu*s, qui claro lumine
die*m* fecisti, d*o*m*i*ne,
tuam rogamus gloria*m*
du*m* pronus uoluitur dies.

Iam sol urguente uespero
occasum suu*m* gradit*ur*,
mundu*m* concludens tenebris,
suu*m* obseruans ordine*m*.

Sed tu, excelse d*o*m*i*ne,
precantes tuos famulos,
(127ᵇ) labores fessos diei
quietos nox suscipiat.

Ut non fuscatis mentibus
dies abscedat sęculi,
sed tua tecti gratia
cernam*us* luce*m* prosperam.

1 kot der heitaremu leohte
tak tati t[ruh]tin
dina pittames tiurida
denne framhalder uuillit sih tak

2 giu sunna peittentemu habandsterre
sedal ira kat
uueralt piluchanti finstrinum
sina picaumanti hantreiti

3 uzza[n] du hoher t[ruh]tin
pittente dina scalcha
(127ᵇ) harbeiti armuate tages
stille naht intfahe

4 daz ni kasuarztem muatum
tak kalide uueralti
uzzan dineru pidahte ensti
sehem leoht pruchaz

XV.

D*eu*s qui certis legibus
nocte*m* discernis ac die*m*,
ut fessa curis corpora
somnu*m* relaxet otio.

1 [cot] der kauuissem euuom
naht untarsceidis ioh tak
daz muade ruacho*m* lihamun
slaf intlaze firru

2, 4 signo *mit rasur aus* um *corrigiert.* XIV. Daniel 1, 73. 3, 3 fessus 3, 4 no*x halb ausradiert.* XV. Daniel 1, 42.

XIII, 3, 3 solum 3, 4 rihtem   XIV, 1, 3 di:na , n *ausradiert.* 1, 4 deṅ framhalden   3, 1 uzza   XV, 1, 2 utarsceidis   1, 3 ruachō

Te noctis inter orride
tempus precamur, ut sopor
mentem dum fessam declinet,
fidei lux inluminet.

Hostis ne fallax incitet
lasciuis curis gaudiis,
secreta noctis aduocans
blandus in isto corpore.

Subrepat nullus sensui
horror timoris anxii;
inludat mentem ne uagam
fallax imago uisui.

Sed cum profundus uinxerit
somnus curarum nescius,
fides nequaquam dormiat,
uigil te sensus somniet.

Christe, qui lux es et die
noctis tenebras detegis,
lucisque lumen crederis
lumen beatis predicans.

Precamur, sancte domine,
defende nocte ac die,
sit nobis in te requies,
quietam noctem tribue.

Ne grauis somnus inruat
nec hostis nos subri-(128ª)piat,

2 dih dera naht egislihera
   zit pittemes daz sc[l]af
   muat unzi den[ne] muadaz pihebit
   dera kalauba leoht kaliuhte

3 fiant ni luccer kacruazze
   uuanchontem ruachon mendinum
   tauganiu dera naht kaladonti
   slecter in desamu lihamin

4 untar chrese niheiner inhucti
   egiso dera forhtun angustlichera
   ni triuge muat ni irraz
   lucci manalicho des kasiunes

5 uzzan denne tiufer kapinte
   slaf ruachono [ni u]uizzanter
   kalauba neonaltre slafe
   uuacharer inhuct insueppe

XVI.

1 christ du der leoht pist inti take
   dera naht finstri intdechis
   leohtes ioh leoht kala[u]pit pist
   leoht saligem predigonti

2 pittemes uuiho t[ruh]ttin
   scirmi nahte ioh tage
   si uns in dir rauua
   stilla naht gip

3 ni suarrer slaf ana pleste
   nec hostis unsih untar-(128ª)chriffe

3, 4 corpore: 4, 2 horror, *das* h *fast ganz ausradiert.*   5, 2 cum *fein übergeschrieben.*   profu : ndos   XVI. *Daniel* 1, 33. 4, 54. *Mone no.* 70. *Morel no.* 36, c.

2, 1 egis, *dazu am rande mit verweisungszeichen* lihera   2, 2 scaf   2, 3 den· *steht über* unzi   3, 1 ni: , e *ausradiert.*   3, 2 uuanchonte   5, 2 *vor* uizzanter *eine rasur.*   XVI, 1, 3 kalapit   3, 2 *über* nec hostis *steht von neuerer hand, wie es scheint von Junius geschrieben,* ni fiant

nec illi consentiat,
nos tibi reos statuat.

Oculi somnum capiant,
cor semper ad te uigilet,
dextera tua protegat
famulos qui te diligunt.

Defensor noster, aspice,
insidiantes reprime,
guberna tuos famulos
quos sanguine mercatus es.

Memento nostri, domine,
in graui isto corpore,
qui es defensor animę
adesto nobis, domine.

noh imu kahenge
unsih dir sculdi[ge] kasezze

4 oucun sc[l]af intfahen
herza simbulum za dir uuachee
zesuua diniu scirme
scalcha dea dih minnont

5 scirmanto unser sih
lagonte kadhui
stiuri dina scalcha
dea pluate archauftos

6 gihugi unser t[ruh]tin
in suarremu desamo lichamin
du der pist scirmo dera selu
az uuis uns t[ruh]tin

XVII.

Meridię orandum est,
christus deprecandus est,
ut iubeat nos edere
de suo sancto corporę.

Ut ille sit laudabilis
in uniuerso populo,
ipse cęlorum dominus
qui sedet in altissimis.

Det nobis auxilium
per angelos mirabiles,
qui semper nos custodiant
in omni uita sęculi.

1 mittes takes za petonne ist
christ za pittanne ist
daz kabeote unsih ezzan
fona sinemu uuihemu lihamin

2 daz er si lobafter
in allemu liute
er selbo himilo t[ruh]tin
der sizit in hohinum

3 kebe huns helfa
duruh angilo uuntarlihe
dea simblum unsih cahaltan
in eocalihemu libe uu[e]ralti

3, 3 *nach* nec *ist* caro *ausgefallen.* 3, 4 tatuat 5, 2 reprime *auf rasur.*
XVII. Daniel 1, 72. 4, 44; *nur in O erhalten.* 3, 1 detque?

3, 3 kahenge *J. Grimm*] kahenne, *vgl.* henge *cedat* 4, 4, 3. 3, 4 sculdi
4, 1 scaf 4, 2 simbulū XVII, 2, 1 lobast' 2, 2 liute *auf rasur?* 3, 4
uuralti

XVIII.

Sic ter quaternis trahitur
horis dies ad uesperum,
occasu*m* sol p*ro*nuntians
nocte*m* redire te*m*poru*m*.

1 so driror feorim kazokan ist
stunton tak za habande
sedalcanc sunna fora cundenti
naht ueruan ziteo

Nos ergo signo dom*i*ni
tundimus casta pectora,
ne serpens ille callidus
intrandi adte*m*ptet aditus,

2 uuir auur zeichane t[ruhti]nes
pliuames cadigano prusti
min natra der fizuser
incannes kachoroe zuakangi

Sed armis pudicitiae
mens fulta uigil liberis
(128^b) subrietate comite
hostem repellat inprobu*m*.

3 uzzan uuafanu*m* kahaltini . . . agini
muat arspriuzzit uuachar friiem
(128^b) urtrhuhtidu kasinde
fiant uuidar scurge unchuscan

Sed nec cyboru*m* crapula
tandem distendat corpora,
ne ui p*er* somnu*m* anima*m*
glorificata polluat.

4 uzzan noh muaso uuaragi
uuenneo kadenni lihamon
ni noti duruh sclaf sela
katiurta kauuemme

XIX.

AURORA lucis rutilat,
cęlum laudibus intonat,
mundus exultans iubilat,
gemens infernus ululat,

1 tagarod leohtes lohazit
himil lopum donarot
uueralt feginontiu uuatarit
suftonti pęch uuafit

Cu*m* rex ille fortissimus
mortis confractis uiribus
pede conculcans tarthara
soluit catena miseros.

2 denne chuninc der starchisto
todes kaprochanem chrefti*m*
fuazziu katretanti hellauuizzi
intpant chetinnu uenege

XVIII. *Daniel* 1, 81.   1, 1 trhaitur   1, 3 *pronumtians, das m in n corrigiert; es ist* pronuntiat *zu lesen.*   3, 2 uigel *corrigiert in* i.   XIX. *Daniel* 1, 83. 4, 72. *Mone no.* 141. *Morel no.* 74, p. *Von einer hand des 14. jahrh. als federprobe die überschrift* Imnus depasione dni

---

XVIII, 3, 1 . . . . agini *mit verweisungszeichen am innern rande; die ersten buchstaben unlesbar.*   3, 2 anspriuzzit   4, 3 scaḟ   XIX, 2, 2 chreftī

Hymnen XIX, 3—9.

Ille qui clausus lapide
custoditur sub milite,
triumphans pompa nobile
uictor surgit de funere.

3 der der pilochaner steine
kahaltan ist untar degane
sigufaginont keili adallicho
sigouualta harstant[it] fona reuue

Solutis iam gemitibus
et inferni doloribus
quia surrexit dominus
splendens clamat angelus.

4 arlostem giu uuaftim
inti peches suerom
danta arstuant t[ruh]tin
scinanter haret eingil

Tristes erant apostoli
de nece sui domini,
quem poena mortis crudeli
seui damnarunt impii.

5 cremizze uuarun potun
fona sclahtu iru t[ruh]tines
den uuizze todes crimmemu
sarfe uuizzinoton kanadilose

Sermone blando angelus
predicit mulieribus:
in galilea dominus
uidendus est quantotius.

6 uuorte slehtemu angil
fora chuuidit chuuenom
in galilea in kauimizze t[ruh]ttin
za kasehenne ist so horsco

Ille dum pergunt concite
apostolis hoc dicere,
uidentes eum uiuere
osculant pedes domini.

7 deo denne farant radalicho
poton daz chuuedan
kasehante inan lepen
chussant fuazzi tru[h]tines

Quo agnito discipuli
in galilea propere
(129ᵃ) pergunt uidere faciem
desideratam domini.

8 demu archantemu discon
in geuimezze ilico
(129ᵃ) farant sehan antluzzi
kakerotaz t[ruh]tines

Claro paschale gaudio
sol mundo nitet radio,
cum christum iam apostoli
uisu cernunt corporeo.

9 heitaremu ostarlichero mendi
sunna reinemu scinit scimin
denne [chris]tan giu potun
kasiune kasehant lichanaftemu

3, 1 clausus *auf rasur für* d.   7, 3 ::: eum *auf rasur.*   8, 3 faeiem

3, 2 kahaltant   3, 3 sigufaginont *braucht man wol nicht in* sigufaginonti *zu ändern; es ist wol als substantiviertes particip zu betrachten.*   adallicho; *J. Grimm vermutet frageweise* adallicheru; *der übersetzer aber fasste sicher* nobile *als adverbium auf.*   3, 4 harstantit *J. Grimm]* harstant   5, 2 ti tines, *das erste* ti *in ligatur.*   7, 4 trutines   8, 3 faran   9, 1 *am äussern rande von später hand die federprobe* Landolt.

Ostensa sibi uulnera
in christi carne fulgida
resurrexisse *domi*num
uoce fatetur publica.

10 kaauctem im uunton
in christes fleisge perahṭemu
arstantan t[ruhti]nan
stimmu sprichit lutmarreru

R*ex* christe clementissime
tu corda nostra posside,
ut tibi laudes debitas
reddamus omni tempore.

11 chuninc christ kanadigosto
du herzun unsariu pisizzi
daz dir lop sculdigiu
keltem eochalichemu zite

D*eo* patri sit gloria
eiusque soli filio
cum sp*iri*tu paraclito
et nunc et in perpetuum.

12 kote fatere si tiurida
sine[mu] ioh einin suniu
mit atumu pirnantin
inti nu inte in euun

XX.

Hic est dies uerus d*ei*
s*anctu*s serenus lumine,
quo diluit sanguis sacer
p*ro*brosa mundi crimi*n*a,

1 deser ist tak uuarer cotes
uuiher heitarer leohte
demu uuasc pluat uuihaz
ituuizlicho unc[hus]ko uueralti firino

Fidem refundens perditis
cecos*que* uisu inluminans:
que*m* non graui soluat metu
latronis absolutio?

2 kalaupa kageozzanti unkalaupigen
plinte ioh kasiune inleohtanter
uuenan ni suarremu intpinte forhtun
diubes arlosida

Qui premio mutans crucem
ihe*su*m breui adquesiuit fide
iustus*que* preuio gradu
p*re*uenit in regno d*ei*.

3 der lone muzzonti chruci
heilant churteru kasuahta kalaubu
rehter ioh forakantemu staffin
qhuam in richi cotes

Obstupent et angeli
poena*m* uidentes corpore,
christum*que* adherentem reo
uitam beatam carpere.

4 stobaroen inti engila
uuizzi kasehante lihamin
christ ioh zua chlibantan karasentemu
lip saligan zogon

10, 4 *lies* fatentur   12 *fehlt bei Daniel.*   XX. *Daniel* 1, 49. 4, 17.
Mone no. 167.   *Morel no.* 74, 1.   2, 4 obsolutio   4, 1 *l.* obstupeant

---

12, 2 sine   XX, 1, 4 unc ko *steht über* ituuizlicho   2, 2 pinte   2, 4 di: ubes   3, 1 mözzonti

Mysterium mirabile,
ut abluat mundi luem,
peccata tollat omnium
carnis uitia mundans caro.

(129ᵇ) Quid hoc potest sublimius,
ut culpa querat gratiam,
metumque soluat caritas,
reddatque mors uitam nouam.

Amum sibi mors deuoret
suisque se nodis liget,
moreatur uita omnium,
resurgat uita omnium.

Cum mors per omnes transeat,
omnes resurgant mortui,
consumpta mors ictu suo
perisse se solam gemat.

5 karuni uuntarlihc
daz kauuasge uueralti unreini
sunto neme allero
fleisges achusti reinnenti fleisc

6 (129ᵇ) uuaz diu mak hohira
daz sunta suahe ast
ioh forachtvn arlose minna
argebe ioh tod lip niuuan

7 angul imu tod farslinte
sinem ioh sih reisanum pinte
asterpe lip allero
arstante lip allero

8 denne tod upar alle duruch fare
alle arstanten totun
kanozzeniu tod uurfe sinemu
farloranan sih einun chuere

XXI.

AD CENAM agni prouidi
stolis albis candidi
post transitum maris rubri
christo canamus principi.

Cuius sacrum corpusculum
in ara crucis torredum
cruore eius roseo
gustando uiuimus deo.

1 za nahtmuase lambes kauuare
kauuatim uuizzem cliz[zante]
after ubarferti meres rotes
christe singem furistin

2 des uuih lihamilo
in altare chruzes karostit
trore sinemu rosfaruuemu
choronto lepemes kote

6, 4 nouuā   8, 4 *hierunter steht als federprobe der bekannte schreibervers* adnexique globum zephyri freta kanna secabant.   XXI. *Daniel* 1, 88. 4, 73. 453. Mone *no.* 161. Morel *no.* 74, h.   1, 1 *die erste strophe dieses hymnus ist durch einen grossen tintenfleck zum teil unleserlich geworden.*   2, 1 corpósculū

5, 3 ne : me, *das* n *mit rasur aus* m *verbessert.*   6, 3 forachtǎn   8, 3 kanozzemu   XXI, 1, 2 cliz......   *der schluss des wortes unlesbar.*   1, 3 aft' m . . es, *zwei buchstaben unleserlich.*

E. Sievers, Murbacher hymnen.

Protecti pascha uesperum
a deuastante angelo,
erepti de durissimo
pharaonis imperio.

3 kascirmte hostrun aband
fona uuuastantemu engile
arratte fona starchistin
faraones kapote

Iam pascha no*str*um christus est,
qui immolatus agn*us* est,
sinceritatis azima
caro eius oblata est.

4 giu ostrun unsar christ ist,
der kasc[l]actot lamp ist
dera lutri derpaz
lihamo sin kaoffarot ist

O uere digna hostia,
p*er* qua*m* fracta sunt tarthara,
redempta plebs captiuata,
reddita uite premia!

5 uuola uaro uuirdih zcbar
duruch dea arprochan sint paech
archaufit liut caelilentot
argepan lipes lona

Cu*m* surgit christus tumulo,
uictor redit de baratro,
tyrannu*m* trudens uinculo
et reserens paradysu*m*.

6 denne arstat christ crape
sigesnemo uuarf fona hellacruapo
des palouues uuare kapintanti pante
inti intsperranti uunnigartun

Q*uesumu*s auctor omniu*m*
in hoc paschale gaudio,
ab omni mortis inpetu
tuu*m* defendas populu*m*.

7 pittemes ortfrumo allero
in desamu hostarlicheru mendi
fona allemu todes analaufte
dinan kascirmi liut

XXII.

(116ᵃ) Aeterna christi munera
et martyru*m* uictoria
laudes ferentes debitas
letis canam*us* mentib*us*.

1 (116ᵃ) euuige [chris]tes lon
inti urchundono kauuirich
lop pringante sculdigiu
frouuem singem muatu*m*

Ecclesiaru*m* principes
et belli triu*m*phales duces,

2 chirichono furistun
inti uuiges siganumftiliches leitida

  4, 3 senceritatis   4, 4 caro *aus* o *corrigiert.*   5, 4 uete   6, 2 baratro *aus*
p *corrigiert.*   XXII. *Daniel* 1, 27. 4, 87.   *Mone no.* 733.   2, 2 *es ist* uictorias
zu lesen.

  3, 2 engile *abgerieben.*   3, 3 starchistim   4, 2 kascactot   4, 4 : sin kaoff-
tarot (kaofstarot?)   6, 2 uuaf   6, 4 : intsperranti uunnigartum   XXII, 1, 4
muatū   2, 2 siganumftiliches *aus* g *corrigiert.*

Hymnen XXII, 2—8.

celestis aule milites
et uera mundi lumina.

Terrore uicto seculi
poenis*que* spretis corporis
mortis sacre conpendio
uita*m* beata*m* possident.

Tradunt*ur* igni martyres
et bestiaru*m* dentib*us*,
armata seuis ungulis
tortores insani man*us*.

Nudata pendent uiscera,
sanguis sacratus funditur,
sed p*er*manent inmobiles
uite p*er*ennis gratia.

Deuota s*an*c*t*oru*m* fides
inuicta spes credentium,
p*er*fecta christi caritas
mundi triu*m*phat principes.

In his pat*er*na gloria,
in his uoluntas sp*iritu*s,
exultat in his filius,
caelu*m* repletur gaudio.

Te nunc, redemptor, q*uesumu*s
ut martyru*m* consortio
iungas p*re*cantes seruulos
in sempit*er*na sec*u*la. am*en*.

himiliskera chamara chnehta
inti uuariu uueralti leoht

3 egisin kirichante uueralti
uuizzum ioh fermanente*m* lichamin
todes uuihes kafuarre
lip saligan pisizzant

4 kiselit uuerdant fiure urchundun
inti tioro zenim
kiuuaffantiu sarfem chlauuon
uuizzinarra unheilara henti

5 kinachatotiu hangent innodi
pluat keheiligot kicozan ist
uzan thurah uuesant ungaruorige
libes euuiges ensti

6 kideht uuihero kelauba
unuparuuntan uuan keloubentero
thurahnohtiu christes minna
uueralti ubarsigirot furistun

7 in deam faterlichiu tiurida
in deam uuillo atumes
feginot in deam sun
himil erfullit mendi

8 thih nu chaufo pittemes
thaz urchondono kamachadiu
kemachoes pittante schalchilun
in euuigo uueralti

3, 1 Terrore:, *ein s und über dem e ein ausradiert*. uicto:::, res *ausradiert*. 4, 4 *lies* tortoris 5, 1 pendens 7, 4 gaudiu:, m *ausradiert*. 8, 2 consortiō

3, 3 fermantē 7, 4 *es scheint* menidi *zu stehn, das erste* i *mit dem* n *in ligatur*.

4*

XXIII.

Tempus noctis surgentib*us* 1 cit thera naht erstantante*m*
laudes d*e*o dic*e*ntib*us*   lop cote quhedenten
christo ihe*s*uq*ue* dom*i*no   christe c[hris]te ioh truhtine
in trinitatis gloria.   in dera thriunissa tiuridu

Chorus s*anctorum* psallim*us*, 2 cartsanc uuiheru singames
ceruices n*os*tras flectim*us*,   halsa unsero piugemes
uel genua prosternim*us*   erdu chniu nidar spreitemes
peccata co*n*fitentib*us*.   sunto gehantem

Orem*us* deo iugiter,   3 pittem cot simblum
uincamus in bono malu*m*,   karichem in cuate ubil
cum fructu penitenti*ę*   mit uuochru thera reuun
uotu*m* per*e*nni reddere.   antheizun simbligan keltan

Christum rogem*us* et patre*m* 4 christ pittem inti fateran
s*anctu*m patrisq*ue* sp*iritu*m, uuihan fateres ioh atum
ut det nobis auxilium,   thaz kebe uns helfa
uincam*us* hostem inuidum.   karichem heri fiant abanstigan

XXIV.

(116ᵇ) Rex eternę do*m*ine,   1 (116ᵇ) cuning euuigo truhtin
rerum creator omnium,   rachono scepfant allero
qui es ante secula   ther pist fora uueralti
semp*er* c*um* patre filius.   simblu*m* mit fatere sun

Qui mundi in primordio   2 ther uueralti in frumiscafti
ada*m* plasmasti homine*m*,   adaman kascuofi man
cui tui imaginis   themu thineru kilihnissa
uultum dedisti simile*m*.   antlutti cabi kalichas

XXIII. *Daniel* 1, 67; *nur in O überliefert.* 4, 4 hostēm   XXIV. *Daniel* 1, 85. 4, 20.   1, 1 O rex *die übrigen hss.*   1, 3 *lies* eras   2, 3 tui *nachgetragen.* imagin*is auf rasur.*

XXIII, 1, 1 erstantantë   XXIV, 1, 4 simblū   4, 4 *zu* heri *hostem vgl.* *altfranz.* oz *heer.*   2, 3 them̅

Hymnen XXIV, 3—9.

Quem diabulus deciperat,
hostis humani generis,
cuius tu formam corporis
adsumere dignatus es,

3 then unholda pisuueih
fiant mannaschines chunnes
thes thu kilihnissa pilidi lichamin
antfahan kiuuerdotos

Ut hominem redemeres
quem ante iam plasmaueras
et nos deo coniungeres
per carnis contubernium.

4 thaz man erchauftis
then fora giu kascaffotos
thaz unsih cote kimachotis
thurah flei[s]kes kimachida

Quem ęditum. ex uirgine
pauiscit omnis anima,
per quem nos resurgere
deuota mente credimus.

5 then keporan fona magidi
erfurahtit eocalih sela
thuruh then unsih erstantan
kedehtamu muate kelaubemes

Qui nobis per babtismum
donasti indulgentiam,
qui tenebamur uinculis
ligati conscientię;

6 ther unsih thurah taufi
capi antlazida
uuir dar pihabet uuarun pantirun
kipuntane uuizantheiti

Qui crucem propter hominem
suscipere dignatus es,
dedisti tuum sanguinem
nostrę salutis precium.

7 ther chruci thurah mannan
antfahan kiuuerdotos
cabi thin pluat
unsera heili uuerth

Nam uelum templi scissum est
et omnis terra tremuit,
tunc multos dormientium
resuscitasti, domine.

8 inu lachan thera halla kizerrit uuarth
inti alliu erda pipeta
thenne manege slaffantero
eruuahtos truhtin

Tu hostis antiqui uires
per crucem mortis conteris,
qua nos signati frontibus
uixillum fidei ferimus.

9 thu fientes hentriskes chrefti
thuruh chruci todes mulis
themo uuir kezeichante endinum
siginumft thera kelauba fuaremes

    3, 2 humano   4, 3 coniungeras   6, 1 *lies* baptismata   7, 4 precium
aus t *corrigiert.*   8, 3 multis

    4, 4 fleikes   5, 1 *J. Grimm will* keporanan *lesen.*   8, 4 dtruhtin
9, 4 siginuft

Tu illum a nobis semper reppellere dignaueris, ne umquam possit ledere redemptos tuo sanguine.	10	thu inan fona uns simblun ferscurgan kiuuerdoes ni eonaltre megi keterran archaufte thine[mu] pluate
Qui propter nos ad inferos discendere dignatus es, ut mortis debitoribus uite donares munera.	11	ther thurah unsih za hellom nidar stigan kiuuerdotos thaz todes scolom libes cabis kifti
Tibi nocturno tempore ymnum defflentes canimus, ignosce nobis, domine, ignosce confitentibus.	12	thir nahtlichemo zite lop reozzante singemes pilaz uns truhtin pilaz gehanten
Quia tu ipse testis et iudex quem nemo potest fallere, (117ª) secreta consciencię nostre uidens uestigia.	13	thanta du selbo urchundo inti sua- nari pist then nioman mac triugan (117ª) tauganiu uuizzantheiti unsera sehanti spor
Tu nostrorum pectorum solus inuestigator es, tu uulnerum latentium bonus adsistens medicus.	14	thu unserero prustio eino spurrento pist thu uuntono luzzentero cuater az standanter lachi
Tu es qui certo tempore daturus finem seculi, tu cunctorum meritis iustus remunerator es.	15	thu pist ther kiuuissemu zite kepenter enti uueralti thu allero frehtim rehter lonari pist
Te ergo, sanctę, quesumus ut nostra cures uulnera, qui es cum patre filius semper cum sancto spiritu.	16	thih nu uuiho pittemes thaz unsero reinnes uuntun ther pist mit fatere sun simblum mit uuihemo atume

---

10, 1 a *übergeschrieben*.   11, 4 donaris   13, 1 quia *ist wol zu streichen*.
14, 4 adsiste^ns   16, 2 nostrę^a

14, 4 standant'   15, 1 pi^st   15, 3 frehti   16, 4 simblū

XXV.

Aeternę rerum conditor,
noctem dicmque qui regis
et temporum dans tempora,
ut adleues fastidium.

1 euuigo rachono felahanto
naht tac ioh ther rihtis
inti ziteo kepanti ziti
thaz erpurres urgauuida

Preco diei iam sonat
noctis profunde peruigil,
nocturna lux uiantibus
a nocte noctem segregans.

2 foraharo tages giu lutit
thera naht tiufin thurahuuachar
nohtlih lioht uuegontem
fona nahti naht suntaronti

Hoc excitatus lucifer
soluit polum caligine,
hoc omnis errorum chorus
uiam nocendi desserit.

3 themu eruuahter tagestern
intpintit himil tunchli
themo iokiuuelih irrituomo samanunga
uuec terrennes ferlazit

Hoc nauta uires colegit,
pontique mitescunt freta,
hoc ipsa petri ecclesia
canente culpam diluit.

4 themu ferro chrefti kelisit
seuues ioh kistillent kiozun
themu selbiu pietres samanunga
singantemo sunta uuaskit

Surgamus ergo strenue,
gallus iacentes excitat
et somnolentos increpat,
gallus negantes arguit.

5 arstantem auur snellicho
hano lickante uuechit
inti slaffiline refsit
hano laugenente refsit

Gallo canente spes rediit,
egris salus refunditur,
mucro latronis soluitur
lapsis fides reuertitur.

6 henin singantemo uuan erkepan [ist]
siuchom heili auur kicoz[zan ist]
uuaffa[n] thiupes intpuntan
pisliften kilauba uuiruit

XXV. *Daniel* 1, 15. 4, 3.   3, 4 deš̄erit   5, 4 arguit *auf rasur, wahrscheinlich für* increpat   6, 1 *lies* redit   6, 2 : egri, *ein kleines zwischengeschriebenes* a *ausradiert.*

XXV, 1, 3 *vor* kepanti *ist* kipis *ausradiert, das zu Daniels lesart das stimmen würde.*   2, 3 uuegonte   3, 2 intpintant, *das a sehr klein und undeutlich, so dass man es fast als* i *lesen könnte.*   5, 1 snnellicho   6, 2 siuche   6, 3 uuaffa

Ihesu, pauentes respice
et nos uidendo corrige.
si nos respicis, lapsi non cadunt,
fletuque culpa soluitur.

Tu lux refulge sensibus
noctisque somnum discute,
te nostra uox primum sonet,
et ora soluamus tibi.

7 heilant furahtante kasih
inti unsih kesehanto kirihti
ibu usih kisihis pislifte ni fallant
uuofte ioh sunta inpu[n]tan uuirdit

8 thu lioht arskin huctim
thera naht ioh slaf arscuti
thih unsriu stimma erist lutte
inti munda keltem thir

XXV^a.

Te decet laus, te decet ymnus,
tibi gloria deo patri
et filio cum sancto spiritu
in secula seculorum. amen.

1 thir krisit lop [thir krisit] lopsanc
thir tiurida cote fatere
inti sune mit uuihemo atume
in uueralti uueralteo uuar

XXVI.

(117^b) Te deum laudamus,
te dominum confitemur.
Te ęternum patrem
omnis terra ueneratur.

1 (117^b) thih cot [lobo]mes
thih [truhti]nan gehemes
thih euuigan fater
eokiuuelih erda uuirdit eret

Tibi omnes angeli, tibi caeli
et uniuersę potestates,
Tibi cerubin et syraphin
incessabili uoce proclamant.

2 [thi]r alle [angi]la [thi]r [himi]la
[in]ti allo kiuualtido
[thi]r [cerubin inti siraphin]
unbilibanlicheru stimmo f[ora] harent

Sanctus sanctus sanctus
dominus deus sabaoth,
Pleni sunt cęli et terre
magestate glorię tuę.

3 uuiher [uuihe]r [uuihe]r
[truh]tin [co]t herro
folliu sint [himi]la [in]ti [er]da
thera meginchrefti tiurida [thi]nera

7, 1 pauente:, s *ausradiert*.   8, 3 nostra, *das* s *in* x *hinein corrigiert*.
XXV^a *fehlt bei Daniel usw. Dass die strophe als selbständiger hymnus galt,
zeigt der grosse anfangsbuchstabe der hs. und die bemerkung der Benedictinerregel
cap.* XI (*S.* 62 *Hattemer*): et subsequatur mox ab abbate ymnum 'te decet laus',
auf die mich Steinmeyer aufmerksam machte.   XXVI. *Daniel* 2, 276.   2, 3
sĕraphin   3, 3 terrĕ

7, 3 pislifte *aus* u *corrigiert*.   7, 4 inputan   XXVI, 2, 3 *ergänzt nach*
7, 7, 1   2, 4 stimo

Hymnen XXVI, 4—10.

Te gloriosus apostolorum chorus,   4   [thi]h tiurlicher potono cart
Te prophetarum laudabilis numerus,   [thi]h uuizagono loplichiu ruaua
Te martyrum candidatus   thih urchundono kasconnot
laudat exercitus.   lobo[t] heri

Te per orbem terrarum   5   [thi]h [thuruh] umbiuurft erdono
sancta confitetur ęcclesia,   uuihiu gihit sa[manun]ga
Patrem inmense magestatis,   fater ungimezenera meginchrefti
Uenerandum tuum uerum unicum   erhaftan thinan uuaran einagu[n]
    filium,   sun
Sanctum quoque paraclitum spiritum.   uuihan auh trost atum

Tu rex glorię christus,   6   thu chuninc thera tiurido [chr]ist
Tu patri sempiternus es filius,   thu fateres simbliger pist sun
Tu ad liberandum suscepisti hominem: thu za arlosanne anfingi mannan
non orruisti uirginis uterum.   ni leithlichetos thera magidi ref

Tu deuicto   7   thu kerihtemo ubaruunnomo
mortis aculeo   todes angin
aperuisti credentibus   intat[i] calaupentem
regna celorum.   richi himilo

Tu ad dexteram dei sedes   8   thu za zesuuun [co]tes sizis
in gloriam patris.   in tiuridu fateres
Iudex crederis esse uenturus.   suanari [za] kelaupanne pist uuesan
                                                         chumftiger

Te ergo quesumus,   9   [thi]h auur p[itte]mes
tuis famulis subueni,   [thi]nem s[cal]chun hilf
quos precioso sanguine redemisti.   thea tiuremo pluate [archauftos]

Aeterna fac cum sanctis tuis   10   euuigero tua mit uuihem thinem
gloria munerare.   tiurida lonot.

    6, 4 uirgine, in das e ein i hineingeschrieben.   8, 3 Iudex auf rasur. crederis] deris, cre mit verweisungszeichen am rande.   9, 3 sanguinie (ni in ligatur), das e aus i oder dem ersten zuge eines s corrigiert.

    4, 4 lobo, das vielleicht nicht schreibfehler ist.   5, 3 fat'   5, 4· einagu   7, 1 ubaruunnomo am rande unmittelbar vor thu   7, 3 intat calaupentē   9, 2 thinem] nē   10, 1 uuihc thine

Saluu*m* fac populu*m* tuum, d*o*m*i*ne, 11 k[ehal]tan tua folh liut thinaz
 [truh]tin
et benedic ereditati tuę [inti uui]hi [er]be [thine]mu
Et rege eos et extolle illos [in]ti rihti sie erheui sie
us*que* in eter*num*. unzi in euuin

P*er* singulos dies benedicim*us* te 12 thura*h* einluze taga uuela quhedemes
 thih
et laudam*us* nom*en* tuu*m* [in]ti lobomes [na]mun [thi]nan
in secu*lum* et in secu*lum* sec*u*li. [in uueral]ti [inti in uueral]ti [uue-
 ral]ti

Dignare, d*o*m*i*ne, die isto 13 kiuuerdo [truh]tin [ta]ge [the]mo
sine peccato nos custodire. ana [sun]ta unsih k[ehal]tan

Miserere n*o*s*t*ri, d*o*m*i*ne, 14 .... de [un]ser [truh]tin
miserere n*o*s*t*ri. .... de [un]ser

Fiat misericordia tua, domine, sup*er* 15 si [kena]da thiniu [truh]tin [u]bar
 nos, [un]sih
qu*e*madmodu*m* sperauim*us* in te. thiu mezu [uuanto]mes in thih

In te, d*o*m*i*ne, speraui, 16 [in thi]h [truh]tin uuanta
n*on* confundar in eter*num*. ni si kiskentit in euun

12, 1 dies *aus* e *corrigiert.*

12, 1 thur   12, 3 *über* et in seculum *steht nur ein* ti, *das vielleicht zu* et *gehört; dann wäre für das erste* uueralti *der sing. zu setzen.*

INDICES.

Deutscher Index.

A.

abah *adj. pravus: apn.* abahiu 5, 4, 2.
âband *stm. vesper: ds.* habande 18, 1, 2. *as.* aband 21, 3, 1.
âband-stërn *stm. vesper: ds.* habandsterre 14, 2, 1.
ab-anstîc *adj. invidus: dsm.* apanstigamu 3, 4, 2. *asm.* abanstigan 23, 4, 4.
ab-anstôn *swv. invidere: präs. conj. pl. I.* apastohem 8, 5, 2. — *Vgl.* katarôn.
adal-lîcho *adv. nobiliter:* adallicho *nobile* 19, 3, 3.
Adam *npr. Adam: as.* adaman 24, 2, 2.
after *präp. c. dat. post:* after ubarferti 21, 1, 3. hafter slafe 8, 1, 2.
after-morganlîh *adj. postmatutinus: dpn.* aftermorganlichem 9, 1, 1.
auur *adv. rursus* 4, 3, 4. 9, 1, 3; *vero* 1, 6, 1; 9, 1; *ergo* 10, 3, 1. 25, 5, 1. 26, 9, 1. — *Vgl.* auur pringan, auur keozzan, auur tragan.
â-chust *stf. vitium: ap.* achusti 20, 5, 4.
al *adj. all, ganz: nsm.* aller *totus* 3, 8, 3. 4. 4, 1, 2. 6, 2, 2. *nsf.* alliu *universa* 7, 4, 1; *omnis* 24, 8, 2. *dsm.* allemu *omni* 21, 7, 3; *ntr.?* allemu *universo* 17, 2, 2. *dsf.* alleru *toto* 12, 3, 3. *asm.* allan *totum* 4, 6, 3. 8, 10, 2. *asn.* ubar al *per omnia* 2, 5, 3. *npm.* alle *omnes* 7, 5, 1. 20, 8, 2. 26, 2, 1. *npf.* allo *universae* 26, 2, 2. *gpm.* allero *omnium* 20, 5, 3; 7, 3, 4; *cunctorum* 24, 15, 3. *gpf.* allero *omnium* 24, 1, 2. *gpn.* allero *omnium* 8, 2, 1; 6, 4. 21, 7, 1. *dpf.* allem *totis* 2, 6, 4. *dpn.* allem *cunctis* 7, 2, 4. *apm.* alle *totos* 3, 8, 2; *omnes* 20, 8, 1. *apn.* alliu *omnia* 6, 3, 2; *cuncta* 6, 2, 3. 11, 3, 2.
al-lîh *adj. catholicus: asf.* allicha 7, 2, 3.
al-mahtîc *adj. omnipotens: nsm.* almahtigo 6, 5, 1.
alt *adj. veternus: nsf.* altiu 8, 3, 2.
altar *stn. s.* eonaltre *und* neonaltre.
altari *stm. ara: ds.* altare 21, 2, 2.
amazzîgo *adv. iugiter* 8, 10, 2; *sedulo* 9, 2, 3; *vgl.* emazzîc.
ana *präp., vgl.* ana pringan, ana plesten.
âna *präp. c. acc. sine:* ana sunta 26, 13, 2.

Anm. Man suche *b, p* unter *b* (ausgenommen ist das *p* der lehnwörter); *g, k* unter *g; d, th* unter *d; ch* = fränk. *k* unter *k*, aber *ch* = fränk. *ch* unter *hh* (nach *h*); *quh, qhu* unter *chu; io* unter *eo, ou* unter *au*.

ana-(h)lauft *stm. impetus:* ds. analaufte 21, 7, 3.
ana-sĕdal *stn. (?) thronus:* ds. anasedale 6, 4, 2.
ana-sidili *stn. thronus:* ns. 6, 6, 3. 7, 7, 2.
ka-anazzen *swv. incitare: präs. conj. sg. III.* kaanazze 4, 5, 2.
angil *stm. angelus:* ns. 19, 6, 1. eingil 19, 4, 4. ds. engile 21, 3, 2. *np.* angile 7, 5, 1. *angila* 26, 2, 1. engila 20, 4, 1. *ap.* angilo 17, 3, 2. — *Comp.* archangil.
ango *swm. aculeus:* ds. angin 26, 7, 2.
angul *stm. hamus:* as. 20, 7, 1.
angust-lîh *adj. anxius: gsf.* angustlichera 15, 4, 2.
anst *stf. gratia: gs.* hensti 3, 3, 3. *ds.* ensti 8, 1, 4. 14, 4, 3. 22, 5, 4. *as.* anst 3, 4, 4. ast 10, 1, 3. 12, 3, 4. 20, 6, 2. — *Vgl.* abanstic, abanstôn.
ant-heizzâ *swf. votum: as.* antheizun 23, 3, 4. *dp.* hantheizzom 3, 3, 1.
ant-lâzzida *stf. indulgentia: as.* antlazida 24, 6, 2.
ant-lutti *stn. vultus: as.* 24, 2, 4.
ant-luzzi *stn. vultus: ns.* antluzzi 5, 3, 3. *as.* antluzzi *faciem* 19, 8, 3.
ant-reitî *f. ordo:* ds. hantreiti 11, 3, 1. *as.* hantreiti 14, 2, 4.
ant-reitida *stf. ordo: as.* 11, 1, 1.
arbeit *stf. labor: ap.* harbeiti 14, 3, 3.
arch-angil *stm. archangelus: gp.* archangilo 7, 5, 3.
arm *stm. brachium:* ds. arme 2, 1, 3.
aruun *adv. frustra* 1, 9, 3.
âtum *stm. spiritus: ns.* atum 5, 4, 2. *gs.* atumes 3, 2, 3; 6, 4. 6, 2, 4; 7, 2. 22, 7, 2. *ds.* atume 1, 2, 1. 2, 8, 3. 4, 6, 3. 8, 10, 4. 9, 3, 2. 11, 2, 2. 12, 1, 2. 13, 3, 1. 24, 16, 4. 25ª, 1, 3. *as.* atum 23, 4, 2. 26, 5, 5. *is.* atumu 19, 12, 3. — *S.* keist.
augâ *swn. oculus: np.* oucun 16, 4, 1.
ka-augen *swv. ostendere: prät. part. dpf.* kaauctem 19, 10, 1.
auh *adv. quoque* 1, 11, 2. 26, 5, 5; ouh 1, 2, 1.
auchôn *swv. addere: inf.* za auchonne *addendis* 8, 9, 1.
az *präp. c. dat. ad: vgl.* az qhueman, az standan, az uuesan.

B. P.

pâga *stf. rixa: ns.* 4, 5, 1.
palo *stn. böses, unrecht: gs.* des palouues uuarc *tyrannum* 21, 6, 3.
pant *stn. vinculum:* ds. pante 21, 6, 3. *dp.* pantirun 24, 6, 3. *ap.* pentir 1, 12, 3. — *Comp.* haubitpant.
pauchan *stn. typus: ns.* 2, 4, 3.
pauchanen *swv. annuere: imp. sg.* pauchini 8, 4, 1.
peitten *swv. urgere: präs. part. dsm.* peittentemu 14, 2, 1.
pĕraht *adj. fulgidus: dsn.* perahtemu 19, 10, 2.

ka - pĕran *stv. edere: prät. part. asm.* keporan*an* 24, 5, 1. — *Vgl.* einporan, êristporan, ungaporan.
   it-pĕran *wiedergebären: prät. part. ns.* itporan uuirdit *renascitur* 5, 2, 2.
pĕtôn *swv. orare: inf.* za petonne 12, 1, 4. 17, 1, 1. *präs. conj. pl. I.* petoem 9, 2, 3. *part. npm.* petonte 7, 2, 1. *dpm.* petontem 8, 4, 2.
   zua pĕtôn *adorare: präs. ind. pl. III.* zua petont 7, 6, 4.
pî *präp. c. acc. pro:* pi unsihc 6, 4, 4.
pipên *swv. tremere: prät. ind. sg. III.* pipeta 24, 8, 2.
pilidi *stn. forma: as.* pilidi 24, 3, 3. — *S.* kilihnissa.
pintan *stv. ligare: präs. conj. sg. III.* pinte 20, 7, 2.
   ka-pintan *binden: präs. conj. sg. III.* kapinte *religet* 3, 3, 4; *vinxerit* 15, 5, 1. *part. nsm.* kapintanti *trudens* 21, 6, 3. *prät. part. npm.* kabuntane *vincti* 1, 11, 3. kipuntane *ligati* 24, 6, 4.
   int-pintan *solvere: präs. ind. sg. III.* intpint*it* 25, 3, 2. *conj. sg. III.* intpinte 20, 2, 3. *imp. sg.* intpint 1, 12, 3. *prät. ind. sg. II.* intpunti 7, 1, 3. *sg. III.* intpant 19, 2, 4. *part. nsf.* inpuntan uuirdit 25, 7, 4. *nsn.* intpuntan (uuirdit) 25, 6, 3. *npm.* inpuntan uurtun 1, 11, 4.
ka-peotan *stv. iubere: präs. conj. sg. III.* kabeote 17, 1, 3.
pirnan *swv. erheben, trösten: präs. part. dsm.* mit atumu pirnantin *paraclito* 19, 12, 3.
piugan *stv. flectere: präs. ind. pl. I.* piugames 2, 6, 2. piugemes 23, 2, 2.
pittan *stv. bitten: inf.* za pittanne ist *deprecandus est* 17, 1, 2. *präs. ind. pl. I.* pittames *quaesumus* 2, 6, 1. 4, 4, 4; *deprecamur* 7, 12, 2; *precamur* 8, 4, 1; *rogamus* 14, 1, 3. pittemes *poscimus* 7, 2, 1; *precamur* 15, 2, 2. 16, 2, 1; *quaesumus* 21, 7, 1. 22, 8, 1. 24, 16, 1. pit*t*emes *quaesumus* 26, 9, 1. pitames *rogamus* 2, 6, 4. *conj. pl. I.* pittem *precemur* 10, 3, 1; *poscamus* 11, 1, 2; *oremus* 23, 3, 1; *rogemus* 23, 4, 1. *part. npm.* pittente *supplices* 2, 10, 3; *precantes* 14, 3, 2. *apm.* pittante *supplices* 22, 8, 3.
plâst *stm. flatus: dp.* plastim 2, 2, 3.
pleichên *swv. pallere: präs. part. nsf.* pleichenti 4, 2, 1.
ana **plesten** *inruere: präs. conj. sg. III.* ana pleste 16, 3, 1.
plint *adj. caecus: asf.* plinta 4, 3, 3. *apm.* plinte 20, 2, 2.
pliuuan *stv. tundere: präs. ind. pl. I.* pliuames 18, 2, 2.
   kagan pliuuan *obtundere: präs. part. nsm.* kagan pliuuanti 4, 2, 3.
   uuidar pliuuan *retundere: präs. conj. sg. III.* uuidar pliuue 3, 4, 2.
pluat *stn. sanguis: ns.* 20, 1, 3. 22, 5, 2. *gs.* pluates 1, 4, 4. *ds.* pluate 1, 6, 4. 7, 10, 4. 16, 5, 4. 24, 10, 4. 26, 9, 3. *pluate* 1, 5, 4, *as.* pluat 24, 7, 3.
ka-pot *stn. imperium: ds.* kapote 21, 3, 4. kapote *iusso* 7, 4, 3.
poto *swm. apostolus: ns.* 9, 2, 4; *angelus* 1, 3, 2; 4, 2. *np.* potun 19, 5, 1; 9, 3. *gp.* potono 26, 4, 1. *dp.* potom 11, 2, 3. 13, 3, 2. poton 19, 7, 2. — *Vgl.* chundo.
prĕchan *stv. confringere: prät. part. dpf.* kaprochanem 19, 2, 2.
   ar-prĕchan *stv. frangere: prät. part. npm.* arprochan sint 21, 5, 2.

pringan *anv. ferre: präs. part. npm.* pringante 22, 1, 3.
    ana pringan *inferre: prät. ind. sg. III.* ana prahta 1, 3, 3.
    auur pringan *reducere: prät. ind. sg. III.* auur prahta 10. 2, 4. *part. nsm.* auur prunganer *relatus* 5, 3, 2.
    fram pringan *proferre: präs. part. nsm.* fram pringanter 3, 1, 2.
prôt *stn. panis: as.* 2, 9, 1.
ka-prûchen *swv. secundare: präs. conj. sg. III.* kapruche 3, 4, 3.
prûchi *adj. prosper: asn.* pruchaz 14, 4, 4.
prunno *swm. fons: ns.* 3, 1, 3. 6, 2, 4.
prust *stf. pectus: ds.* prusti 11, 1, 2. 12, 3, 3. 13, 2, 2. *gp.* prustio 24, 14, 1. *ap.* prusti 5, 3, 4. 18, 2, 2.
prûti-gomo *swm. sponsus: ns.* 1, 7, 3.
ka-pûid *stn. habitaculum: ns.* 11, 2, 1.
ka-puluht *stf. ira: ns.* 8, 6, 2. *as.* 4, 5, 1.
er-purren *swv. adlevare: präs. conj. sg. II.* erpurres 25, 1, 4.
    ûf purren *attollere: präs. part. nsm.* uf purrenti 2, 2, 2.
ka-purt *stf. natura: ns.* 4, 1, 4. *gs.* capurti *substantiae* 1, 2, 3.

D. TH.

danch *stm. dank: ap.* dancha *grates* 4, 3, 2.
danta *conj. quia* 12, 2, 1. 19, 4, 3. thanta 24, 13, 1.
dâr *adv. da: dem pron. pers. relative bedeutung verleihend:* uuir dar (*nos*) *qui* 24, 6, 3. du der (*tu*) *qui* 2, 1, 1; 7, 1. 5, 1, 2. 6, 1, 4. 7, 9, 3; 10, 3. 16, 1, 1; 6, 3; *oder ist hier der relativpronomen?*
dare *adv. ibidem* 1, 4, 2.
Dâvîd *npr. David: gs.* dauides 7, 9, 1.
dĕgan *stm. miles: ds.* degane 19, 3, 2.
daz *conj. quod:* 2, 3, 3. 4, 3, 3. *ut:* 1, 10, 3; 13, 3. 8, 2, 4. 10, 3, 3. 11, 2, 1. 14, 4, 1. 15, 1, 3; 2, 2. 17, 1, 3; 2, 1. 19, 11, 3. 20, 5, 2; 6, 2. thaz *ut* 22, 8, 2. 23, 4, 3. 24, 4, 1; 4, 3; 11, 3; 16, 2. 25, 1, 4.
ki-dĕht *adj. devotus: nsf.* kideht 22, 6, 1. *dsn.* kedehtamu 24, 5, 4.
dechen *swv. tegere: präs. ind. sg. III.* dechit 2, 2, 1. *conj. sg. III.* deche 9, 3, 4.
    pi-dechen *tegere: prät. part. npm.* pidahte 14, 4, 3.
    int-dechen *detegere: präs. ind. sg. II.* intdechis 16, 1, 2.
dhĕmar *stn. crepusculum: as.* 3, 7, 1.
denchen *swv. cogitare: präs. conj. pl. I.* denchem 8, 5, 1.
denne *conj.* 1) *tunc* 1, 8, 2. thenne 24, 8, 3. 2) *dum:* denne 5, 5, 1. 19, 7, 1; *cum* 15, 5, 1. 19, 2, 1; 9, 3. 20, 8, 1. 21, 6, 1. denne *dum* 14, 1, 4. unzi denne *dum* 15, 2, 3.
ka-dennen *swv. distendere: präs. conj. sg. III.* kadenne 18, 4, 2.

deodraft — drisgi. 65

deodraft *adj. subditus: npm.* deodrafte 10, 3, 1. *apm.* deodrafte *humiles* 6, 6, 2.
dĕr *pron.* 1) *dieser, hic: nsm.* der *ille* 18, 2. 3. 19, 2, 1. der der *ille qui* 19, 3, 1. *nsn.* daz 1, 3, 1. *dsm.* demu 11, 3, 1. themu 25, 3, 1; 4, 1. 3. demo *illi* 11, 2, 2. themo 25, 3, 3. *themo. isto* 26, 13, 1. *dsf.* deru 12, 2, 1. *asn.* daz 19, 7, 2. *is.* diu 20, 6, 1. *npf.* deo *illae* 19, 7, 1. *dpn.* deam 22, 7, 1. 2. 3. 2) *als bestimmter artikel: gsn.* des 15, 4, 4. 21, 6, 3. *·gsf.* dera 1, 2, 3; 11, 1. 2, 3, 4; 4, 1. 6, 6, 1. 9, 4, 4. 10, 1, 3; 2, 2. 12, 2, 2. 13, 2, 4. 15, 2, 1. 4; 3, 3; 4, 2. 16, 1, 2; 6, 3. 21, 4, 3. 23, 1, 4. thera 23, 1, 1; 3, 3. 24, 8, 1; 9, 4. 25, 2, 2; 8, 2. 26, 3, 4; 6, 1. 4. *dsf.* deru 9, 1, 2. 3) *relativ, qui: nsm.* der 2, 1, 2. 7, 1, 3. 10, 2, 1. 11, 2, 3. 14, 1, 1. 15, 1, 1. 17, 2, 4. 19, 3, 1. 20, 3, 1. 21, 4, 2. ther 24, 1, 3; 2, 1; 6, 1; 7, 1; 11, 1; 15, 1; 16, 3. 25, 1, 2. *gsm.* des 12, 3, 1. 21, 2, 1; thes 24, 3, 3. *gsf.* dera 10, 1. 1. *dsm.* demu 20, 1, 3. themu 24, 2. 3 *dsn.* demu 1, 3, 2; 7, 2. demo 19, 8, 1. themo 24, 9, 3. *asm.* den 8, 2, 1; 3, 2. 19, 5, 2. then 24, 3, 1; 4, 2; 5, 1. 3; 13, 2. *asf.* deâ 21, 5, 2. *is.* thiu mezu *quemadmodum* 26, 15, 2. *npm.* dea 13, 3, 3. 16, 4, 4. 17, 3, 3. *npf.* deo 1, 9, 2. *gpm.* dero 7, 12, 1. *apm.* dea 1, 4, 2. 10, 3, 4. 16, 5, 4. thea 26, 9, 3. *apf.* deo 7, 2, 3. *apn.* diu 9, 1, 2.
der *adv. s.* dâr.
derpi *adj. azymus: nsn.* derpaz 21, 4, 3.
dĕsêr *pron. hic: nsm.* 2, 8, 1. 3, 7, 1. 20, 1, 1. *nsf.* disiu 1, 4, 1. deisu 1, 12, 1. desiu 8, 4, 3. *dsm.* desamu 9, 4, 1. 15, 3, 4. desamo *isto* 16, 6, 2. *dsn.* desamu 21, 7, 2. *dsf.* deseru 11, 2, 4. *asm.* desan 4, 6, 4. 8, 10, 3.
ka-**digan** *adj. part. castus: dsm.* kadiganemu 2, 18, 4. 3, 5, 2. cadiganemu 4, 6, 2. *apf.* cadigano 18, 2, 2. — *Zu* ka-dihan.
ka-**diganî** *f pudor: ns.* 3, 7, 2; *castitas* 8, 8, 3.
dih *pron. s.* dû.
dîn *pron. poss. tuus: nsm.* din 2, 7, 4. diner 2, 8, 1. *nsf* diniu 16, 4, 3. thiniu 26, 15, 1. *nsn.* dinaz 2, 7, 3. *gsf.* dinera 7, 8, 4. thineru (*dat.?*) 24, 2, 3. *thin*era 26, 3, 4. *dsf.* dineru 14, 4, 3. *dsn.* dinemu 7, 10, 4. thine*mu* 24, 10, 4. *thin*emu 26, 11, 2. *asm.* dinan 2, 7, 2. 21, 7, 4. thinan 26, 5, 4. *thi*nan 26, 12, 2. *asf.* dina 14, 1, 3. *asn.* thin 24, 7, 3. dinaz 8, 7, 4. thinaz 26, 11, 1. *dpm.* dinem 8, 4, 2. *thin*em 26, 9, 2. thinem 26, 10, 1. *dpf.* dinem 7, 4, 4. *apm.* dine 4, 3, 2. dina 14, 3, 2. 16, 5, 3. *apf.* dino 7, 2, 2. *apn.* dinu 5, 3, 1.
dir *pron. s.* dû.
disco *swm. discipulus: np.* discon 19, 8, 1.
diup *stm. latro: gs.* diubes 20, 2, 4. thiupes 25, 6, 3.
dô *conj.* 1) *tunc* 1, 4, 2. 2) *cum* 1, 3, 2.
donarôn *swv. intonare: präs. ind. sg. III.* donarot 19, 1, 2.
driror *adv. ter* 18, 1, 1.
drisgi *adj. trinus: nsm.* drisgi 6, 3, 1. *gsf.* drisgera 11, 1, 4. *asf.* drisca 13, 1, 1. *dpf.* drisgem *ternis* 13, 1, 2.

E. Sievers, Murbacher hymnen. 5

dritto *num. tertius:* *ns.* dritta 11, 1, 3. *as.* stunta drittun *horâ tertiâ* 10, 2, 1.
driunissa *stf. trinitas:* *ns.* 1, 2, 2. 2, 5, 4. 10, 4, 1. *gs.* thriunissa 23, 1, 4. *ds.* driunissu 9, 1, 2.
drûunga *stf. passio:* *gs.* druunga 10, 2, 2.
dû *pron. tu* 2, 10, 4. 6, 2, 1. 2; 3, 1; 4, 1. 2; 5, 1. 4; 6, 1. 2. 7, 3, 1; 10, 1. 8, 3, 1. 14, 3, 1. 19, 11, 2. 24, 13, 1. du der *qui* 2, 1, 1; 7, 1. 5, 1, 2. 6, 1, 4. 7, 9, 3; 10, 3. 16, 1, 1; 6, 3. thu 24, 3, 3; 9, 1; 10, 1; 14, 1. 3; 15, 1. 3. 25, 8, 1. 26, 6, 1. 2. 3; 7, 1. 8, 1. *ds.* dir 1, 6, 2. 2, 6, 2; 9, 2. 6, 5, 3; 6, 3. 4. 7, 5, 1; 7, 1. 10, 4, 1. 16, 2, 3; 3, 4; 4, 2. 19, 11, 3. thir 24, 12, 1. 25, 8, 4. 25ª, 1, 1. 2. *thir* 26, 2, 1 (2). 3. *as.* dih 1, 12, 2. 4; 13, 4. 2, 6, 1. 7, 2, 1; 4, 1; 5, 3; 6, 1; 11, 1; 12, 2. 15, 2, 1. 16, 4, 4. dich 4, 4, 1. thih 22, 8, 1. 24, 16, 1. 25, 8, 3. 26, 1, 1. 2. 3; 4, 3; 12, 1; 15, 2. *thîh* 26, 4, 1. 2; 5, 1; 9, 1; 16, 1.
ka-dûhen *swv. reprimere:* *imp. sg.* kadhui 16, 5, 2.
dulten *swv. pati:* *inf.* 6, 4, 4. *präs. part. nsm.* dultenti *ferens* 10, 2, 3.
duruh *präp. c. acc.* 1) *per:* duruh 6, 3, 3. 8, 2, 1. 10, 1, 3. 17, 3, 2. 18, 4, 3. duruch 6, 3, 2. 21, 5, 3. duruc 6, 2, 3. duruhc 7, 2, 3. thuruh 24, 5, 3; 9, 2. thurah 24, 4, 4; 6, 1. thur*a*h 26, 12, 1. 2) *propter:* thurah 24, 7, 1. 11, 1. — *Vgl.* duruh faran, duruhtuon, duruh uuesan, duruh uuachên.
duruh-heitar *adj. praeclarus:* *dsf.* duruhheitareru 2, 1, 4.
duruh-noht *adj. perfectus:* *nsf.* duruhnohtiu 1, 2, 2. thurahnohtiu 22, 6, 3. *nsn.?* duruhnoht 13, 1, 1.
duruh-uuachar *adj. pervigil:* *nsm.* thurahuuachar 25, 2, 2.

E.

ëpan-lîh *adj. aequalis:* *nsf.* epanlichiu 10, 4, 2.
evangêlisc *adj. evangelicus:* *dsf.* euangelisceru 1, 7, 2.
Egypt *npr. Aegyptus:* *dat.* egypte 1, 3, 3.
egis-lîh *adj. horridus:* *gsf.* egislihera 15, 2, 1.
egiso *swm. horror:* *ns.* 15, 4, 2. *ds.* egisin 22, 3, 1. *as.* egison 1, 3, 1.
êht *stf. besitz:* *gp.* ehteo *opum* 4, 5, 3. *dp.* he*h*tim *praediis* 8, 9, 1.
eigan *anv. habere:* *präs. ind. pl. III.* eigun 1, 9, 2. 15, 3, 3. /3, 3, 3
ein *num. unus:* *nsf.* einu 10, 4, 2. *nsn.* ein 2, 5, 3. 6, 3, 2. *gsf.* dera einun 1, 2, 3. *dsf.* eineru 7, 12, 3. *dsn.* einemu 7, 12, 4. *asn.* in ein *in unum* 2, 5, 4. — *Schwach flectiert, solus:* *nsm.* eino 24, 14, 2. eino 1, 5, 3. *dsm.* einin 19, 12, 2. *asf.* einun 20, 8, 4.
einac *adj. unicus:* *asm.* einagun 26, 5, 4.
ein-poran *adj. part. unigenitus:* *nsm.* einporano 7, 3, 4.
eingil s. angil.
cinîc *adj. ullus:* *asf.* einiga 4, 1, 3.
ein-luzzê *adj. pl. singuli:* *apm.* einluze 26, 12, 1.
eitar *stn. venenum:* *ap* heitar 3, 5, 4.

eli-lentôn *swv. captivare: präs. conj. sg. III.* elilentoe 8, 4, 4. *prät. part nsn.* caelilentot 21, 5, 3.

emazzîc *adj. perpes: gsn.* emazziges 4, 1, 4. *dsm.* emazzigemu 3, 2, 2. *dsf.* emazzigeru 8, 8, 4. 9, 4, 3. emazzigeru 8, 7, 2. — *Vgl.* amazzîgo.

endin *stn.? frons: dp.* endinum 24, 9, 3.

engil *s.* angil.

enti *stn. finis: as.* 24, 15, 2.

entrisc *adj. antiquus: gsm.* hentriskes 24, 9, 1.

eo *adv.:* eo so *sicut* 2, 9, 4. 3, 7, 2. 3. 9, 2, 4.

eo-calîh *pron. omnis: nsm.* eocalihc 7, 8, 3. *nsf.* eocalih 24, 5, 2. *dsm.* eocalihemu 17, 3, 4. eochalichemu 19, 11, 4. *dsf.* eochalichera 10, 4, 3. *asf.* eogalicha 5, 4, 1.

eo-cauuëlîh *pron. omnis: nsf.* iokiuuelih 25, 3, 3. cokiuuelih 26, 1, 4.

eo-n-altre *adv. unquam* 24, 10, 3. — *Vgl.* neonaltre *und* altar.

ër *pron. ille: ns.* 17, 2, 1. er selbo *ipse* 4, 1, 2. 17, 2, 3. *ds.* imu 16, 3, 3; *sibi* 20, 7, 1. *as.* inan *eum* 19, 7, 3; *illum* 24, 10, 1. *gp.* iru *sui* 19, 5, 2. *dp.* im *sibi* 8, 2, 4. 19, 10, 1. — *Vgl.* siu.

êra *stf. honor: ns.* hera 6, 6, 4.

erbi *stn. hereditas: ds.* erbe 26, 11, 2.

ërda *stf terra: ns.* 24, 8, 2. 26, 1, 4. herda 7, 8, 3. erda 26, 3. 3. *ds.* erdu 7, 10, 2. *as.* erda 2, 2, 4. *gp.* erdono 26, 5, 1.

ërdu *conj. vel* 23, 2, 3.

êrên *swv. venerari: präs. ind. sg. III.* eret 26, 1, 4. — *Vgl.* uuirden.

êr-haft *adj. venerandus: asm.* erhaftan 26, 5, 4.

êrist *adv. primum* 25, 8, 3.

êristo *num. primus: nsm.* 6, 5, 4. *dpf.* eriston 8, 1, 2.

êrist-poran *adj. part. primogenitus: apm.* eristporaniu 1, 3, 4.

êuua *stf. lex: ns.* 8, 3, 2. *ds.* euu 8, 2, 3. *as.* euua 7, 2, 3. *dp.* euuom 7, 1, 3. 15, 1, 1.

êuuîc *adj. aeternus: nsm.* euuigo 24, 1, 1. 25, 1, 1. *gsm.* euuiges 7, 3, 1; *perennis* 22, 5, 4. *gsf.* euuigera *perennis* 3, 3, 2. *gsn.* euuiges 4, 1, 1. 6, 1, 1. 11, 3, 4. *dsm.* euuigemu 6, 7, 1. 8, 3, 4. *dsf.* euuigeru 8, 2, 3. euuigero 26, 10, 1. *asm.* euuigan 26, 1, 3. *dpm.* euigem 1, 13, 3. *apm.* euuige 22, 1, 1. *apf.* euuigo *sempiterna* 22, 8, 4.

êuuîn *f. ewigkeit: as.* unzi in euuin *usque in aeternum* 26, 11, 4.

êuuo *swm. ewigkeit: as.* (in) euuon *in perpetuum* 10, 4, 4; in euun *in aeternum* 26, 16, 2.

ëzzan *stv. edere: inf.* 17, 1, 3. za ezzanne *edendum* 2, 9, 2.

F.

faginôn *swv. exultare: präs. ind. sg. III.* feginot 22, 7, 3. *part. nsf.* feginontiu 19, 1, 3. — *Vgl. comp.* sigu-faginônt.

ant-**fâhan** *stv. suscipere: inf.* 24, 7, 2; *adsumere* 24, 3, 4. *präs. conj. sg. III.*
intfahen *capiant* 16, 4, 1. *prät. ind. sg. II.* anfingi 26, 6, 3.
pi-fâhan *occupare: präs. conj. sg. III.* pifahe 4, 5, 4.
in ka-**faldan** *stv. implicare: präs. conj. sg. III.* ni in kifalde 5, 4, 4.
fal *stm. casus: np.* falli 3, 4, 3.
fallan *stv. cadere: präs. ind. pl. III.* fallant 25, 7, 3.
faran *stv. pergere: präs. ind. pl. III.* farant 19, 7, 1. farant 19, 8, 3.
duruh faran *transire: präs. conj. sg. III.* duruh fare 3, 7, 1. duruch fare 20, 8, 1.
Farao *npr. Pharao: gs.* faraones 21, 3, 4.
faro *adj. im Compos.* ròsfaro.
fart *stf. profectus: gs.* uerti 2, 3, 4. — *Comp.* ubarfart.
fater *stm. pater: ns.* fater 2, 7, 1. 3, 8, 4. 8, 10, 1. fater 9, 1, 4. *gs.* fateres 7, 3, 1. 23, 4, 2. 26, 6, 2; 8, 2. fateres 7, 4, 3. *ds.* fatere 3, 8, 3. 7, 9, 2. 19, 12, 1. 24, 1, 4; 16, 3. 25ᵃ, 1, 2. fatere 1, 1, 4. *fa*tere 6, 7, 2. *as.* fateran 2, 6, 3. 3, 3, 1. 2. 3. 23, 4, 1. fater 26, 1, 3. fater 26, 5, 3.
fater-lîh *adj. paternus: nsm.* faterlicher 3, 1, 1. *nsf.* faterlichiu 22, 7, 1. *gsn.* faterliches 7, 7, 2. *dsm.* faterlichemu 2, 1, 3.
faz *stn. im Compos.* leohtfaz.
fĕddhah *stm. ala: gp.* feddhacho.
feginôn *s.* faginôn.
fĕlahanto *swm. conditor: ns.* 25, 1, 1. — *Zu* fëlahan.
fĕlaho *swm. conditor: ns.* 1, 7, 4. — *Vgl.* scheffo.
fĕr *adv. fern:* fer si *absit* 8, 6, 1. fer stante *absistat* 8, 6, 3.
fĕrgôn *swv. poscere: präs. ind. sg. III.* fergot 2, 3, 1.
ferro *swm. nauta: ns.* 25, 4, 1.
festi *adj. firmus: dsm.* festemu 4, 6, 1.
fiant *stm. hostis: ns.* 15, 3, 1. 24, 3, 2. *gs.* fientes 24, 9, 1. *as.* fiant 1, 6, 3. 18, 3, 4. 23, 4, 4. — *Vgl.* heri.
int-**findan** *stv. sentire: präs. part. nsm.* intfindanter 4, 1, 3.
finstrên *swv. tenebricare: präs. ind. sg. III.* finstret 12, 3, 2.
finstrî *f. tenebrae: as.?* finstri 16, 1, 2. *dp.* finstrinum 14, 2, 3.
feor *num. vier: d.* feorim *quaternis* 18, 1, 1.
firina *stf. crimen: ap.* firino 20, 1, 4.
firra *stf. otium: ds.* firru 15, 1, 4.
first *stm. culmen: gs.* firstes 6, 5, 2.
flur *stn. ignis: ds.* fiure 22, 4, 1.
fizus *adj. callidus: nsm.* fizuser 18, 2, 3.
fizus-heit *stf. dolus: ns.* 8, 6, 2. *dp.* fizusheitim 4, 4, 3.
fleisc *stn. caro: ns.* 20, 5, 4. *gs.* fleisges 4, 4, 1. 20, 5, 4. fleiskes 24, 4, 4. *ds.* fleisge 19, 10, 2.
flusc *stm. luxus: ns.* 4, 5, 4.

fol *adj. plenus:* npn. fol 7, 8, 4. folliu 26, 3, 3. *apm.* folle 7, 6, 3.

folgên *swv. sectari: präs. ind. pl. III.* folgent 7, 11, 4. *conj. pl. III.* folgeen succedant 8, 2, 4. *part. nsm.* folgenti 8, 3, 3.

folch *stn. populus: as.* folh 26, 11, 1. — *Vgl.* liut.

fona *präp. c. dat. ab:* 2, 10, 4. 7, 9, 2. 10, 3, 3. 4. 21, 3, 2; 7, 3. 24, 10, 1. 25, 2, 4. *ex:* 6, 4, 3. 7, 3, 3. 8, 6, 1. 24, 5, 1. *de:* 2, 9, 2. 3, 1, 2. 17, 1, 4. 19, 3, 4; 5, 2. 21, 3, 3; 6, 2. fona ab 6, 7, 4. fona *de* 7, 9, 4.

fora 1) *adv. ante* 24, 4, 2. 2) *präp. c. dat. ante:* 10, 4, 3. 24, 1, 3 — *Vgl.* fora chunden, fora chuedan, fora kân, fora harên.

fora-haro *swm. praeco: ns.* 25, 2, 1.

forhtâ *swf. metus: gs* forhtun *timoris* 15, 4, 2. *ds.* forhtun 20, 2, 3. *as.* forachtvn 20, 6, 3.

fram *adv. vorwärts, s.* fram pringan, fram halden, fram fuaren.

fram-hald *adj. pronus: nsm.* framhalder 14, 1, 4.

frau *adj. laetus: nsm.* frauuer 3, 7, 1. *npm.* frauue 4, 3, 1. froe 3, 6, 3. *dpn.* frouuem 22, 1, 4.

frauuôn *swv. laetari: präs. conj. pl. I.* frauuoem 1, 6, 2. *part. npm.* froonte 1, 8, 4.

frêht *stf. meritum: dp.* frehtim 24, 15, 3.

ka-**frêhtôn** *swv. mereri: präs. conj. pl. I.* kafrehtohem 1, 13, 3.

frecchî *f. avaritia: ns.* 8, 6, 3.

frî *adj. liber: npm.* frige 10, 3, 2. *dpm.* friiem 18, 3, 2.

fridu *stm. pax: gs.* frido 8, 8, 1.

frisginc *stm. victima: ns.* frisginc 7, 10, 2.

frô, frouuan *s.* frau, frauuan.

frua *adv. frühe:* frua (*var.* fruo) in morgan *diluculo* 3, 7, 2.

fruat *adj. im compos.* unfruat.

frumi-scaft *stf. primordium: ds.* frumiscafti 24, 2, 1.

-frumo *swm. im compos.* ortfrumo.

ka-**fuagen** *swv. coniungere: präs. conj. sg. III.* kafuage 5, 5, 4.

fuaren *swv. ferre: präs. ind. pl. I.* fuaremes 24, 9, 4.

   fram fuaren *provehere: präs. ind. sg. III.* fram fuarit 3, 8, 1.

   uuidar fuaren *revectare: präs. part. nsf.* uuidar fuarinti 4, 3, 4. — *Vgl.* auuar tragan.

ka-**fuari** *stn. compendium: ds.* kafuarre 22, 3, 3.

fuaz *stm. pes: is.* fuazziu 19, 2, 3. *ap.* fuazzi 19, 7, 4.

fûhti *adj. humectus: dpm.* fuhtem 2, 2, 3.

ar-**fullen** *swv. replere: präs. ind. sg. III.* erfullit 22, 7, 4. *prät. part. npm.* arfulte 8, 10, 4.

funs *adj. promptus: dsm.* funsemu 12, 1, 2.

furahtan *swv. formidare: präs. part. nsm.* furihtanti 1, 4, 4. *apm.* furahtante *paventes* 25, 7, 1.

   er-furahtan *c. acc pavescere: präs. ind. sg. III.* erfurahtit 24, 5, 2.

furi *präp. adv. s.* furi kangan.
furisto *swm. princeps:* ds. furistin 21, 1, 4. *np.* furistun 22, 2, 1. *ap.* furistun 22, 6, 4.

G. K.

cagan *adv. obviam* 1, 8, 2. kagani 1, 10, 4. — *S.* kagan pliuuan, kagan lauffan.
in-kagan *adv. s.* inkagan lauffan.
kagan-lôn *stn. as.* kaganlon *vicem* 8, 5, 3.
Galilea *npr. Galilea:* ds. 19, 6, 3.
kambar *adj. strenuus: apf.* kambaro 3, 4, 1.
kanc *stn.* in den *composs.* sedalcanc, ûfcanc, zuacanc.
kangan *stv. gradi: präs. ind. sg. III.* kat 14, 2, 2. *part. npm.* gangante 11, 3, 1.
    fora kangan: *präs. part. dsm.* fora kantemu *praevio* 20, 3, 3.
    furi kangan *praeterire: präs. conj. sg. III.* furi gange 9, 2, 2.
    in kangan *intrare: inf. gen.* in cannes 18, 2, 4.
cart *stm. chorus: ns.* 26, 4, 1.
carto *swm. im compos.* uunnigarto.
cart-sanc *stn. chorus: as.* 23, 2, 1.
pi-**cauman** *swv. observare: präs. part. nsf.* picaumanti 14, 2, 4.
-**gauuida** *stf. im compos.* urgauuida.
kauui-mĕz *stn. gau: ds.* in Galilea in kauimizze *in Galilea* 19, 6, 3; *ähnlich* in geuimezze 19, 8, 3.
kĕba *stf. munus: ap.* kebo 6, 7, 3.
kĕban *stv. dare: präs. ind. sg. II.* kipis 25, 1, 3 *anm. conj. sg. III.* gebe *donet* 3, 4, 4. kebe *det* 17, 3, 1. 23, 4, 3. *pl. I.* kebem 9, 4, 4. *part. nsm.* kepanti 25, 1, 3. kepenter *daturus* 24, 15, 2. *imp. sg.* kip *tribue* 2, 9, 2. gip *tribue* 16, 2, 4. *prät. ind. sg. II.* kapi *donasti* 7, 2, 4. capi *donasti* 24, 6, 2. cabi 24, 2, 4; 7, 3. *conj. sg. II.* cabis *donares* 24, 11, 4. *part. nsm.* kakepan 7, 10, 2.
    ar-kĕban *reddere: präs. conj. sg. III.* argebe 20, 6, 4. *prät. part. nsm.* erkepan (ist) *redit* 25, 6, 1. *nsn.* harcheban ist 12, 2, 4. *dsn.* arkepanemu 8, 1, 1. *npm.?:* argepan 21, 5, 4.
keilî *f. superbia: ns.* 8, 6, 2. *ds.* keili *pompa* 19, 3, 3.
keist *stm. spiritus: ns.* keist 5, 4, 2. *gs.* keistes 3, 6, 4. *ds.* keiste 2, 6, 3. — *Vgl.* âtum.
kĕltan *stv. reddere: inf.* 23, 3, 4. *präs. conj. pl. I.* keltem 8, 5, 3. 19, 11, 4; *solvamus* 6, 7, 3. 25, 8, 4.
kĕrôn *swv. desiderare: prät. part. asn.* kakerotaz 19, 8, 4.
ka-**keozzan** *stv. fundere: präs. part. nsm.* kageozzanti *refundens* 20, 2, 1. *prät. part. nsn.* kicozan ist 22, 5, 2.
    auur (ka)keozzan *refundere: prät. part. nsf.* auur kicozzan (ist) 25, 6, 2.
    in-keozzan *infundere: imp. sg.* ingiuz 3, 2, 4.

keozzo *swm. fretum: np.* kiozun 25, 4, 2.
keuui-mĕz *s.* kauuimez.
kift *stf. munus: ds.* cifti 7, 1, 3. *ap.* gifti 7, 2, 2. kifti 24, 11, 4.
in-kinnan *stv. inchoare: prät. part. nsf.* incunnaniu 7, 4, 3.
kîtagî *f. gula: as.* 4, 5, 2.
clîz *stm. nitor: ns.* 5, 2, 2. — *Vgl.* scônî.
clîzzan *stv. glänzen: präs. part. npm.* clizzante candidi 21, 1, 2.
far-cnîtan *stv. delere: prät. ind. sg. III.* farcneit 1, 3, 4.
como *swm. im compos.* prûtigomo.
cot *stm. deus: ns.* cot 1, 12, 2. 2, 1, 1. 6, 1, 1. kot 7, 3, 3; 8, 2. 14, 1, 1. cot 26, 3, 2. *gs.* kotes 7, 9, 3. 8, 1, 3. 9, 2, 2. 10, 1, 1. 13, 2, 1. cotes 20, 1, 1. cotes 26, 8, 1. *ds.* kote 7, 3, 3. 19, 12, 1. 21, 2, 4. cote 23, 1, 2. 24, 4, 3. 25ᵃ, 1, 2. cote 6, 7, 1. *as.* cot 23, 3, 1. 26, 1, 1.
kot-chund *adj. divinus: nsf.* kotcund 6, 6, 4. *dsm.* kotcunddemu 7, 3, 2. *dpf.* kotkundem 7, 5, 4.
kot-chundî *f. deitas: ns.* kotcundi 10, 4, 2. *ds.* kotcundi divinitati 9, 4, 3.
crap *stn. tumulus: ds.* crape 21, 6, 1.
cremizzi *adj. tristis: npm.* cremizze 19, 5, 1.
crimmi *adj. crudelis: dsn.* crimmemu 19, 5, 3. *apm.* chrimmiu dira 1, 5, 2.
krîsan *stv. s.* ka-rîsan.
cruapa *stf. im compos.* hellacruapa.
cruazzen *swv provocare: präs. ind. sg. III.* cruazzit 12, 1, 4.
ka-cruazzen *provocare: präs. conj. sg. III.* kakruuazze 4, 5, 1. cacruaze 5, 5, 3. kacruazze *incitet* 15, 3, 1.
cuat *adj. bonus: nsm.* cuater 24, 14, 4.
cuat *stn. bônum: ds.* kuate 8, 5, 4. cuate 23, 3, 2.
upar **cussôn** *swv. affluere: präs. conj. pl. III.* upar cussoen 8, 9, 3.

H.

habên *swv. tenere: präs. ind. sg. II.* hebis 6, 2, 1. *sg. III.* hebit 8, 3, 2; *habet* 1, 3, 1. *part. npm.* habente 11, 1, 1. 13, 2, 2.
pi-habên: *präs. ind. sg. III.* pihebit *detinet* 15, 2, 3. *conj. sg. III.* pihabee *occupet* 8, 7, 1. *prät. part. npm.* pihabet uuarun *tenebamur* 24, 6, 3.
int-habên *continere: präs. ind. sg. II.* inthebis 2, 7. 1.
haft *adj. in den composs.* deodraft?, êrhaft, lichamhaft, triuhaft, unrachaft, uuârhaft.
hald *adj. im compos.* framhald.
halla *stf. templum: gs.* halla 24, 8, 1.
hals *stm. cervix: ap.* halsa 23, 2, 2.
ka-**haltan** *stv. conservare: inf.* kehaltan *custodire* 26, 13, 2. *präs. conj. sg. II.* kihaltes 7, 2, 2. *sg. III.* kahalte 8, 8, 1. *pl. III.* cahaltan *custodiant* 17, 3, 3.

imp sg. kahalt *osanna* 6, 5, 2. 7, 9, 1. *prät. part. nsm.* kahalta*n* ist *custoditur* 19, 3, 2. *asm.* keha*l*tan *salvum* 26, 11, 1.
ka-haltanî *f. pudicitia: gs.* kahaltini 18, 3, 1.
hamo *vgl. die composs.* lîchamo, lîchamilo, lîchamhaft.
hangên *swv. pendere: präs. ind. pl. III.* hangent 22, 5, 1.
hano *swm. gallus: ns.* 25, 5, 2. 4. *ds.* henin 25, 6, 1.
hant *stf. manus: np.?* henti 22, 4, 4.
hantheizzâ, hantreitî *s.* antheizzâ, antreiti.
harên *swv. clamare: präs. ind. sg. III.* haret 19, 4, 4. — *Vgl.* fora-haro.
    fora harên *proclamare: präs. ind. pl. III.* fora harent 26, 2, 4.
haubịt-pant *stn. corona: dp.* hohubitpantum 7, 11, 3.
er-heffan *stv. extollere: imp. sg.* erheui 26, 11, 3.
hentim *s.* eht.
heil *adj. im compos.* unheil.
heilac *adj. sacer: asn.* heilac 13, 2, 1.
heilagôn *swv. sancire: präs. part. nsm.* heilagonti 8, 2, 3. *prät. part. nsn.* keheiligot 22, 5, 2.
heilant *stm. salvator: ns.* 2, 6, 1. 7, 1, 2; *Jesus* 25, 7, 1. *ds.* heilante *Jesu* 1, 16, 3. *as.* heilant *Jesum* 20, 3, 2.
heilî *f. salus: ns.* 1, 4, 1. 25, 6, 2. *gs.* heili 12, 2, 2. 13, 2, 4. 24, 7, 4.
heit *stf. in den composs.* fizusheit, uuizzantheit.
heitar *stn. s.* eitar.
heitar *adj. clarus: nsm.* heitarer 4, 2, 4; *serenus* 20, 1, 2. *dsm.* hcitaremu 19, 9, 1. *dsn.* heitaremu 14, 1, 1. *apn.* heitariu 1, 8, 3; *splendida* 1, 10, 2. — *Comp.* duruhheitar.
    heitaristo *sup.: dsn.* heitiristin 12, 3, 1.
heitaren *swv. serenare: präs. ind. sg. III.* hcitarit 5, 3, 4.
heitarnissa *stf. iubar: ns.* 3, 2, 3.
ka-heiz *stm. promissum: dp.* kaheizzam 5, 5, 3. — *Vgl. comp.* antheizzâ.
hëlfa *stf. auxilium: ns.* 17, 3, 1. *as.* 23, 4, 3.
hëlfan *stv. subvenire: imp. sg.* hilf 26, 9, 2. *präs. part. dsf.* helfanteru *favente* 8, 1, 4.
hëlfant *stm. auditor: ns.* 6, 6, 1.
hella *stf. hölle: dp.* za hellom *ad inferos* 24, 11, 1.
hella-cruapa *stf. baratrum: ds.* hellacruapo 21, 6, 2.
hella-uuîzzi *stn. tartara: as.* 19, 2, 2.
hengen *swv. cedere: präs. conj. sg. III.* henge 4, 4, 3.
    ka-hengen *consentire: präs. conj. sg. III.* kahenge 16, 3, 3.
-hengida *stf. im comp.* ûfhengida.
henstî, hentrisc *s.* anst, entrisc.
hêra, hërda *s.* êra, ërda.
heri *stn. exercitus: ns.* 26, 4, 4. *as.* heri *hostem* 23, 4, 4. — *Vgl.* fiant.

hêriro *swm. senior: gpm.* hererono 7, 6, 1.
hĕrro *swm. sabaoth: vs.* 6, 5, 1. 7, 8, 2. 26, 3, 2.
hĕrzâ *swn. cor: ns.* 16, 4, 2. *ds.* hercin 2, 10, 3. *dp.* herzon 8, 6, 1. *ap.* herzun 19, 11, 2.
himil *stm. caelum: ns.* 7, 8, 3. 19, 1, 2. 22, 7, 4. *gs.* himiles 2, 1, 1; 3, 3. 5, 3, 3; *aetheris* 5, 1, 1. himiles 7, 1, 1. *ds.* himile 7, 11, 2. *as.* himil *polum* 2, 1, 2; 4, 2. 25, 3, 2. *np. himi*la 26, 2, 1; 3, 3. *gp.* himilo 6, 2, 1. 17, 2, 3. 26, 7, 4. *ap.* himila 2, 7, 1.
himilisc *adj. caelestis: gsf.* himiliskera 22, 2, 2. *gsn.* himilisces 1, 7, 4. himilesges 11, 3, 3. *asf.* himiliska 7, 5, 2.
himil-zeichan *stn. sidus: gp.* himilzeichano 4, 2, 3.
hîuuisgi *stn. familia: gs.* hiuuisges 9, 1, 4.
hizza *stf. calor: ds.* hizzu 3, 5, 3. *dp.* hizzom *aestibus* 4, 4, 2.
hôh *adj. altus: vsm.* hoher *excelse* 14, 3, 1. *vsf.* hoiu 6, 3, 1. *gsn.* hohes 6, 6, 3. hôhiro *comp.: nsn.* hohira *sublimius* 20, 6, 1.
hôhî *f. höhe: ds.* fona hoi *ex alto* 6, 4, 3. *dp.* fona hohinum *de excelsis* 7, 9, 4. in hohinum *in altissimis* 17, 2, 4.
horsco *adv.:* so horsco *quantocius* 19, 6, 4.
holdâ *swf. im comp.* unholdâ.
ka-huckan *swv. meminisse: imp. sg.* gihugi 16, 6, 1.
hungar *stm. fames: ns.* 4, 5, 3. 8, 9, 2.
huct *stf. sensus: dp.* huctim 25, 8, 1. — *Comp.* inhuct.

I.

ibu *conj. si* 25, 7, 3. — *Vgl.* ubi.
îlico *adv. propere* 19, 8, 2.
im, imu s. ër.
in 1) *präp.* a) *c. dat.* 1, 6, 2. 1, 11, 3. 3, 2, 1; 8, 3 4. 6, 2, 2. 7, 9, 3. 8, 5, 4. 9, 3, 3; 4, 1. 11, 2, 3. 12, 2, 1. 15, 3, 4. 16, 2, 3; 6, 2. 17, 2, 3. 4; 3, 4. 19, 6, 3; 8, 2; 10, 2; 12, 4. 21, 2, 2; 7, 2. 22, 7, 1. 2. 3. 23, 1, 4; 3, 2 24, 2, 1. 26, 8, 2; 16, 2. b) *c. acc.* 1, 12, 4. 2, 5, 4. 3, 7, 2. 5, 2, 4. 20, 3, 4. 22, 8, 4. 25ᵃ, 1, 4. 26, 11, 4. 15, 2. 2) *adv., s.* in kafaldan, in kangan, in kaleitten.
inan s. ër.
in-huct *stf. sensus: ns.* 15, 5, 4. *ds.* inhucti 8, 7, 3. 15, 4, 1. *dp.* inhuctim 3, 2, 4.
innôdi *stn. viscera: np.* innodi 22, 5, 1.
inti *conj. et* 1, 6, 3; 11, 2 3. 3, 1, 3; 3, 1; 5, 1; 8, 4. 4, 1, 2; 2, 4; 3, 2. 6, 2, 2; 6, 2. 7, 7, 1; 11, 3. 13, 3, 1. 16, 1, 1. 19, 4, 2 20, 4, 1. 21, 6, 4. 22, 1, 2; 2, 2. 4; 4, 2. 23, 4, 1. 24, 8, 2; 13, 1. 25, 1, 3; 5, 3; 7, 2; 8, 4. 25ᵃ, 1, 3. *inti* 26, 2, 2; 3, 2; 11, 3; 12, 2. inte 9, 3, 2. inti — inti *et — et* 10, 4, 3. inti — inte 19, 12, 4. inti ioh *atque* 7, 8, 3.

inu *conj. nam* 24, 8, 1.
io *s.* eo-.
irâ *s.* siu.
irri *adj. vagus: nsn.* irri 9, 3, 3. *asn.* irraz 15, 4, 3.
irri-tuom *stm. error: gp.* irrituomo 25, 3, 3.
iru *s.* ër.
Israhel *npr. Israhel* 1, 6, 1. -- *Vgl.* liut.
it-uuizlîh *adj. probrosus: apf.* ituuizlicho 20, 1, 4. — *Vgl.* unchûski.

J.

gëhan *stv. confiteri: präs. ind. sg. III.* gihit 26, 5, 2. *pl. I.* gehemes 26, 1, 2. *part. dpm.* gehantem 23, 2, 4. gehanten 24, 12, 4.
giû *adv. iam* 1, 9, 4. 2, 2, 1; 3, 1; 4, 1. 4, 2, 1; 3, 1. 5, 2, 1. 3; 3, 1. 14, 2, 1. 19, 4, 1; 9, 3. 21, 4, 1. 24, 4, 2. 25, 2, 1; *quondam* 11, 2, 3.
ioh *conj. ac* 1, 1, 4. 16, 2, 2; *et* 15, 1, 2; *que* 1, 2, 3; 11, 1. 2, 1, 2; 3, 2; 4, 3; 5, 2; 6, 2; 7, 4. 3, 2, 1; 2, 3; 6, 1. 2. 5, 2, 3; 3, 3. 6, 3, 3; 6, 4; 7, 1. 8, 2, 2. 16, 1, 3. 19, 12, 2. 20, 2, 2; 3, 3; 4, 3; 6, 3. 4; 7, 2. 22, 3, 2. 23, 1, 3. 25, 1, 2; 4, 2; 7, 4; 8, 2. inti ioh *atque* 7, 8, 3.

CH.

chamara *stf. aula: gs.* 22, 2, 3.
char *stn. im compos.* leohtchar.
charchari *stm. carcer: ns.* 1, 12, 1. *ds.* charchare 1, 11, 3.
chauf *stm. im comp.* urchauf.
ar-**chauffen** *swv. redimere: prät. ind. sg. II.* archauftos *mercatus es* 16, 5, 4. *conj. sg. II.* crchauftis 24, 4, 1. *part. nsn.* archaufit 21, 5, 3. *apm.* archaufte 24, 10, 4.
chaufo *swm. redemptor: vs.* 22, 8, 1.
chelih *stm. patera: ap.* chelicha 7, 6, 4.
ar-**chennen** *swv. agnoscere: prät. part. dsn.* archantemu 19, 8, 1.
cerubyn *npr.* cerubin 7, 7, 1.
chetinna *stf. catena: ds.* chetinnu 19, 2, 4.
chind *stn. natus: gp.* chindo 1, 5, 2.
chirîchâ *swf. ecclesia: gp.* chirichono 22, 2, 1.
chlâuua *stf. ungula: dp.* chlauuon 22, 4, 3.
zua **chlîban** *stv. adhaerere: präs. part. asm.* zua chlibantan 20, 4, 3. *npm.* zua clibante 13, 3, 2.
chlimban *stv. scandere: nsm.* chlimbanter 2, 3, 3.
chlochôn *swv. pulsare: präs. part. npm.* chlochonte 1, 9, 3.
chnëht *stm. miles: np.* chnehta 22, 2, 3.

chorôn *swv. gustare: präs. part.* choronto *gustando* 21, 2, 4.
  ka-chorôn *attemptare: präs. conj. sg. III.* kachoroe 18, 2, 4.
chorunga *stf. temptatio: ds.* chorungo 2, 10, 1.
chraft *stf. virtus: gs.* crefti 11, 1, 4; chrefti 12, 2, 4. *ds.* chrefti 13, 3, 4. *dp.* chreftim *viribus* 19, 2, 2; creftim 7, 4, 4. *ap.* chrefti *vires* 24, 9, 1. 25, 4, 1. — *Compos.* meginchraft.
untar **chrĕsan** *stv. subrepere: präs. conj. sg. III.* untar chrẹse 15, 4, 1.
untar-**chriffen** *swv. subripere: präs. conj. sg. III.* untarchriffe 16, 3, 2.
chrimmi *adj. s.* crimmi.
Christ *npr. Christus: ns.* 3, 6, 1. 17, 1, 2. 21, 4, 1; 6, 1. christ 26, 6, 1. *vs.* christ 1, 12, 2. 4. 8, 4, 1. 16, 1, 1. 19, 11, 1. crist 7, 1, 1. *gs.* christes 1, 6, 4. 2, 4, 3. 8, 1, 4. 10, 1, 4. 13, 3, 4. 19, 10, 2. 22, 6, 3. christes 22, 1, 1. *ds.* christe 4, 6, 4. 8, 10, 3. 21, 1, 4. 23, 1, 3. criste 5, 5, 4. criste 6, 7, 1; criste *Jesu* 23, 1. 3. *as.* christ 1, 11, 3. 20, 4, 3. 23, 4, 1. christan 19, 9, 3.
chrûzi *stn. crux: gs.* cruccz 6, 3, 3. 7, 1, 3. chruzes 10, 2, 3. 12, 2, 4. 21, 2, 2. *as.* chruci 20, 3, 1. 24, 7, 1; 9, 2.
chumft *stf. adventus: ds.* chumfti 1, 8, 2. 4, 2, 2.
chumftîc *adj. venturus: nsm.* chumftiger 6, 1, 3. 26, 8, 3. chumftiger 1, 7, 3. *gsn.* chumftiges 1, 13, 2.
-**chund** *adj. im compos.* cotchund; *vgl.* cotchundî.
fora **chunden** *swv. pronuntiare: präs. part. nsf.* fora chundenti 18, 1, 3.
chundo *swm. angelus: ns.* 1, 3, 2. — *Compos.* urchundo. — *Vgl.* poto.
chuninc *stm. rex: ns.* 19, 2, 1; *vs.* 1, 13, 1. 6, 5, 4. 19, 11, 1. 26, 6, 1. cuning 24, 1, 1.
chunni *stn. genus: gs.* chunnes 24, 3, 2. *dp.* chunnum *gentibus* 7, 2, 4.
churt *adj. brevis: dsf.* churteru 20, 3, 2.
chûski *adj. im compos.* unchûski.
chussen *swv. osculare: präs. ind. pl. III.* chussant 19, 7, 4.
chust *stf. im compos.* âchust.
chuĕdan *stv. dicere: inf.* chuuedan 19, 7, 2. *präs. ind. pl. I.* uuela quhedemes *benedicimus* 26, 12, 1. *conj. pl.* 1. chuuedem 1, 1, 3. chuedem 9, 4, 2. 12, 1, 1. *part. npm.* chuedente 13, 1, 4. *dpm.* quhedenten 23, 1, 2. *prät. ind. sg. I.* quuhad *inquam* 2, 8, 1.
  fora chuĕdan *praedicere: präs. ind. sg. III.* fora chuuidit 19, 6, 2.
chuĕman *stv. venire: präs. part. dsm.* chuementemu *advenienti* 1, 10, 3. *prät. ind. sg. II.* chuami 6, 4, 4. 7, 9, 4. *sg. III.* qhuam 20, 3, 4.
  az chuĕman *advenire: präs. conj. sg. III.* az quheme 2, 7, 3.
chuĕnâ *swf. mulier: dp.* chuuenom 19, 6, 2.
chuĕran *stv. gemere: präs. conj. sg. III.* chuere 20, 8, 4.

L.

ka-ladôn *swv. advocare: präs. part. nsm.* kaladonti 15, 3, 3.
lâgôn *swv. insidiari: präs. part. apm.* lagonte 16, 5, 2.
lachan *stn. velum: ns.* 24, 8, 1.
lâchi *stm. medicus: ns.* 24, 14, 4.
lam *adj. debilis: apf.* lamo 13, 3, 3.
lamp *stn. agnus: ns.* 7, 10, 1. 21, 4, 2. *gs.* lambes 12, 2, 3. 21, 1, 1. *lam*bes 1, 5, 4.
lant *vgl. compos.* elilenti.
ka-lauba *stf. fides: ns.* 3, 5, 3; 6, 2; 7, 3. 6, 3, 1. 15, 5, 3. kilauba 5, 5, 2. 25, 6, 4. kelauba 22, 6, 1. *gs.* calauba 6, 6, 1. kalauba 15, 2, 4. kelauba 24, 9, 4. *ds.* kalaubu 10, 1, 1. 20, 3, 2; *credulitate* 8, 8, 4. *as.* kalaupa 20, 2, 1. ka*lau*pa 8, 4, 4.
ka-lauban *swv. credere: inf.* [za] kelaupanne pist *crederis* 26, 8, 3. *präs. ind. pl. I.* kalaupemes 10, 1, 2 kelaubemes 24, 5, 4. *part. gpm.* kalaupantero 1, 12, 4. keloubentero 22, 6, 2. *dpm.* calaupentem 26, 7, 3. *prät. part. nsm.* calaupit ist *creditur* 1, 7, 3. kalaupit pist *crederis* 16, 1, 3.
ka-laubîc *adj. fidelis: dsm.* kalaubigemu 4, 6, 3. *npm.* ka*lau*bige 2, 8, 3. *gpm.* kalaubigeru 8, 3, 1. *dpm.* kalaubigen 12, 2, 1. — *Compos.* unkalaubic. — *Vgl.* triuhaft.
kakan (h)lauffan *stv. occurrere: präs. conj. pl. I.* kakan lauffem 1, 10, 4.
  inkakan (h)lauffan *occurrere: präs. ind. pl. III.* inkagan louffant 1, 8, 1.
(h)lauft *stm. cursus: as.* lauft 3, 8, 1. *dp.* lauftim 5, 1, 3. — *Compos.* anahlauft.
laugenen *swv. negare: präs. part. apm.* laugenente 25, 5, 4.
laugîn *adj. flammeus: dpn.* lauginem 2, 3, 2.
lâzzan *stv. sinere: präs. conj. sg. III.* ni lazzes *ne siveris* 2, 10, 2.
  pi-lâzzan *ignoscere: imp. sg.* pilaz 24, 12, 3. 4.
  far-lâzzan 1) *deserere: präs. ind. sg. III.* farlazzit 2, 4, 2. ferlazit 25, 3, 4. *prät. part. nsm.* farlazzan ist *linquitur* 2, 4, 1. 2) *remittere: präs. ind. pl. I.* farlazzemes 2, 9, 4. *imp. sg.* farlaz 2, 9, 3.
  int-lâzzan *cedere: präs. ind. sg. III.* intlazit 4, 2, 1. *relaxare: präs. conj. sg. III.* intlaze 15, 1, 4. — *Vgl.* antlâzzida.
lëbên *swv. vivere: inf.* lepen 19, 7, 3. *präs. ind. pl. I.* lebemes 10, 1, 1. lepemes 21, 2, 4.
leidlîchên *swv. horrere: prät. ind. sg. II.* leithlichetos 26, 6, 4.
leitten *swv. ducere: präs. conj. pl. I.* leittem 4, 6, 4. leitem 8, 10, 2. *prät. part. nsm.* kaleitter 10, 2, 1.
  in (ka-)leitten *swv. inducere: prät. part.* in caleitit [uuesan] *induci* 2, 10, 2.
leitid *stm. dux: as.* leitid 7, 11, 4. *ap.* leitida 22, 2, 2.
-lenti *im compos.* elilenti.

leoht — liut. 77

leoht *stn. lux: ns.* 8, **3**, 1. 15, 2, 4. 16, 1, 1; *lumen* 2, 1, 1; 5, 2. 16, 1, 3. lioht 25, 2, 3. *vs.* leoht 3, 1, 3. 4, 1, 2. lioht 25, 8, 1. *gs.* leohtes 2, 1, 2; 5, 2. 3, 1, 3. 4, 1, 1; 1, 4. 6, 3, 4. 16, 1, 3. 19, 1, 1; *luminis* 3, 1, 3. 6, 1, 1. 7, 7, 2. *ds.* leohte 3, 1, 2. 8, 1, 1. 12, 3, 1; *lumine* 8, 3, 4. 14, 1, 1. 20, 1, 2. *as.* leoht 3, 1, 2. 14, 4, 4; *lumen* 4, 2, 3. 5, 1, 2. 16, 1, 4. *np.* leoht 22, 2, 4.
leohtan *swv. illuminare: präs. part. nom.* leohtanter 3, 1, 4. — *S.* kaliuhten.
    in-leohtan *illuminare: präs. part. nsm.* inleohtanter 20, 2, 2.
leoht-faz *stn. lampas: ap.* liotfaz 1, 8, 3.
leoht-char *stn. lampas: ap.* leotkar 1, 9, 2.
far-leosan *stv. perdere: prät. part. asm.* farloranan [uuesan] *perisse* 20, 8, 7. *asn.* farloranaz 10, 2, 4.
lêren *swv. docere: präs. ind. sg. III.* lerit 9, 2, 4.
ka-lĕsan *stv. colligere: präs. ind. sg. III.* kelisit 25, 4, 1.
ar-lesken *swv. extinguére: prät. part. apn.* arlasctiu 1, 9, 2.
lîp *stm. vita: ns.* 20, 7, 3. 4. *gs.* libes 6, 7, 3. 11, 3, 4. 22, 5, 4. 24, 11, 4. lipes 21, 5, 4. *ds.* libe 17, 3, 4. *as.* lip 5, 4, 3. 20, 4, 4; 6, 4. 22, 3, 4.
pi-lîban *stv. remanere: präs. ind. pl. III* pilibant 1, 9, 1. — *Vgl. compos.* unbilibanlih.
lîd *stn. potus: ns.* 3, 6, 2. *as.* lid *poculum* 8, 7, 4.
ka-lîdan *stv. abscedere: präs. conj. sg. III.* kalide 14, 4, 2.
lickan *stv. iacere: präs. part. apm.* lickante 25, 5, 2.
ka-lîh *adj. similis: asn.* kalichas 24, 2, 4. — *Vgl. die composs.* adallih, allih, angustlih, epanlih, egislih, eocalih, eocauuelih, faterlih, ituuizlih, loplih, morganlih, nahtlih, òstarlih, radalih, siganumftilih, snellih, suntlih, tiurlih, triulih, unbilibanlih, urtruhtlih, uuizaclih, uuntarlih; — *vgl.* leidlichên.
far-lîhan *stv. praestare: präs. ind. pl. III.* farlihant 7, 5, 2. *imp. sg.* farlihc 8, 10, 1.
-lîcha *stf. im compos.* manalicha.
lîh-hamo *swm. corpus: ns.* lihamo *caro* 21, 4, 4. *gs.* lichamin 22, 3, 2. 24, 3, 3. *ds.* lichamin 2, 8, 4. 16, 6, 2. lihamin 3, 5, 2. 4, 6, 2. 15, 3, 4. 17, 1, 4. 20, 4, 2. *ap.* lihamun 15, 1, 3. lihamon 18, 4, 2.
lîhham-haft *adj. corporeus: dsm.* lichanaftemu 19, 9, 4.
lîchamilo *swm. corpusculum: ns.* 21, 2, 1.
lîchên *swv. placere: präs. part. npm.* lichente 8, 10, 3.
ka-lîchisôn *swv. simulare: prät. part. nsf.* kalichisotiu 8, 8, 2.
ka-lîhnissa *stf. imago: gs.* kilihnissa 24, 2, 3. *as.* kilihnissa *formam* 24, 3, 3. — *Vgl.* pilidi.
ka-limfan *stv. competere: präs. part. asn.* kalimfanti 8, 7, 3.
ka-liuhten *swv. illuminare: präs. conj. sg. III.* kaliuhte 15, 2, 4. — *S.* leohtan.
liut *stmn. populus: ns.* liut *plebs* 21, 5, 3; *israhel* 1, 6, 1. *ds.* liute 17, 2, 2. *as.* liut 21, 7, 4. 26, 11, 1. — *Vgl.* folch *und* Israhel.

lop *stn. laus: ns.* 6, 5, 3. 25ª, 1, 1. *as.* lop 1, 1, 3; *hymnum* 24, 12, 2. *dp.* lobum 1, 13, 4. lopum 9, 1, 1. 19, 1, 2. *ap.* lop 5, 3, 1. 9, 4, 2. 12, 1, 1. 19, 11, 3. 22, 1, 3. 23, 1, 2. lob 13, 1, 3.
lob-haft *adj. laudabilis: nom.* lobafter 17, 2, 1.
lob-lîh *adj. laudabilis: nsf.* loplichiu 26, 4, 2.
lobôn *swv. laudare: inf.* za lobone *laudanda* 1, 2, 4. *präs. ind. pl. I.* lobomes 1, 12, 2. 7, 12, 4. 26, 12, 2. *lobo*mes 26, 1, 1. *pl. III.* lobont 7, 5, 4. *conj. sg. III.* lobo 26, 4, 4.
saman lobôn *collaudare: präs. part. npm.* samant lobonte 1, 11, 4.
lop-sanc *stn. hymnus: as.* 25ª, 1, 1.
lohazen *swv. rutilare: präs. ind. sg. III.* lohazit 19, 1, 1.
lôn *stnm. praemium: ds.* lone 11, 3, 4. 20, 3, 1. *np.* lona 21, 5, 4. *ap.* lon *munera* 22, 2, 1. — *Compos.* kaganlôn.
lônari *stm. remunerator: ns.* 24, 15, 4.
lônôn *swv. munerari: prät. part.* lonot [uuesan]? 26, 10, 2.
lôs *adj. im compos.* kanâdilôs.
ar-lôsen *swv. solvere: inf.* za arlosanne ad *liberandum* 26, 6, 3. *präs. conj. sg. III.* arlose 20, 6, 3. *imp. sg.* arlosi *libera* 2, 10, 4. *prät. ind. sg. III.* arloste 10, 3, 4. *part. dpm.* arlostem 19, 4, 1.
ar-lôsidᵃ *stf. absolutio: ns.* 20, 2, 4.
lucci *adj. fallax: nsm.* 15, 4, 4, luccer 15, 3, 1.
ant-lûchan *stv. pandere: präs. ind. sg. II.* inluchis 2, 1, 4. — *Vgl.* spreitten.
pi-lûchan *claudere: präs. part. nsf.* piluchanti *concludens* 14, 2, 3. *prät. part. nsm.* pilochaner 19, 3, 1. *dsf.* pilohaneru 1, 9, 4.
(h)lût-mâri *adj. publicus: dsf.* lutmarreru 19, 10, 4.
(h)lûttar *adj. purus: dsm.* lutremo 2, 10, 3.
(h)lûttarî *f. sinceritas: gs.* lutri 21, 4, 3.
(h)lûtten *swv. sonare: inf.* lutten 5, 3, 1. *präs. ind. sg. III.* lutit 25, 2, 1. *pl. III.* lutant *personant* 7, 7, 4. *conj. sg. III.* lutte 25, 8, 3.
ka-(h)lûtten *desonare: präs. ind. pl. I.* kaluttemes 7, 12, 3.
-lutti *stn. im compos.* antlutti.
lûzzên *swv. latere: präs. part. gpf.* luzzentero 24, 14, 3.
-luzzi *stn. im compos.* antluzzi.
-luzzi *adj. im compos.* einluzzê.
luzzil *adj. klein: dsn.* luzzilemu kascribe *chirographo* 10, 3, 4.

M.

magad *stf. virgo: ds.* magidi 24, 5, 1. *np.* magadi 1, 8, 1.
magan *anv. posse: präs. ind. sg. III.* mak 20, 6, 1. mac 24, 13, 2. *conj. sg. III.* megi 24, 10, 3. *part. nsm.* maganti 2, 5, 3. *nsf.* magantiu 2, 5, 4.
magister *stm. magister: gs.* magistres 13, 2, 3.

ka-machadî *f. consortium: ds.* kamachadiu 22, 8, 2.
ka-machida *stf. contubernium: as.* kimachida 24, 4, 4.
ka-machôn *swv. iungere: präs. conj. sg. II.* kemachoes 22, 8, 3. *prät. conj. sg. II.* kimachotis *coniungeres* 24, 4, 3.
mahtîc *adj. potens: nsm.* machtiger 2, 5, 4. mahtiger 6, 3, 2. *gsf.* mahtigera 3, 3, 3. — *Compos.* almahtîc.
-mâli *stn. im compos.* ôtmâli.
man *stm. homo: asm.* man 24, 2, 2; 4, 1. mannan 24, 7, 1. 26, 6, 3.
manac *adj. multus: apm.* manege 24, 8, 3.
managî *f. multitudo: ns.* 7, 6, 1; 11, 1.
mana-lîcha *stf. imágo: np.* (?) manalicho 15, 4, 4.
far-manên *swv. spernere: präs. part. npm.* farmanente 1, 6, 3. *prät. part. dpn.* fermane[n]tem 22, 3, 2.
mannaschîn *adj. humanus: gsn.* mannaschines 24, 3, 2.
mâno *swm. luna: as.* manun 5, 1, 2.
manôn *swv. admonere: präs. ind. sg. III.* manot 1, 1, 2. 9, 1, 3.
mâri *adj. im compos.* (h)lútmâri.
marcha *stf. terminus: dp.* marchon 13, 1, 2.
megin-chraft *stf. maiestas: gs.* meginchrefti 26, 3, 4; 5, 3.
meisto *adj. sup. summus: vsm.* 7, 1, 2.
mĕldên *swv. prodere: prät. part. nsf.* kameldetiu 13, 2, 4.
menden *swv. gaudere: prät. ind. sg. III.* mandta 1, 5, 3.
mendî *f. gaudium: ds.* 1, 8, 4. 19, 9, 1. 21, 7, 2. menidi (?) 22, 7, 4. *np.* mendi 4, 4, 1. *dp.* mendînum 15, 3, 2.
meri *stn. mare: gs.* meres 21, 1, 3.
mĕz *stn. mass: instr. sg.* thiu mezu *quemadmodum* 26, 15, 2. — *Compos.* kauuimez; *vgl.* unmezzîc.
mĕzzan *stv. im compos.* ungimezzan.
mîdan *stv. vitare: präs. conj. pl. I.* midem 5, 4, 1.
michil *adj. magnus: gsm. so* michiles *tanti* 12, 3, 4. *dsf.* mihileru 1, 8, 4.
min *conj. ne* 18, 2, 3.
minna *stf. caritas* 5, 4, 4. 8, 8, 2. 20, 6, 3. 22, 6, 3. *gs.* minna 10, 1, 3.
minnôn *swv. diligere: präs. ind. pl. III.* minnont 16, 4, 4.
mit *präp. cum:* 1) *c. dat.* 2, 6, 3. 6, 7, 2. 24, 1, 4; 16, 3. 4. 25[a], 1, 3. 26, 10, 1. 2) *c. instr.* 19, 12, 3. 23, 3, 3.
mitti *adj. medius: ns.* mitti tak *meridies* 3, 7, 3. 12, 3, 2. *gs.* mittes takes *meridie* 17, 1, 1. *gsf.* mittera 1, 1, 1; 11, 1.
morgan *stm. morgen: as.* frua in morgan *diluculo* 3, 7, 2.
morgan-lîh *adj. im compos.* aftermorganlîh; *oder ist etwa* 9, 1, 1 after morganlichem lopum *zu lesen?*
môtten *swv. admonere: präs. ind. sg. III.* motit 5, 3, 2.
muadi *adj. fessus: asn.* muadaz 15, 2, 3. *apm.* muade 15, 1, 3.

ar-muait adj. part. fessus: apm. armuate 14, 3, 3.
muas stn. cibus: ns. 3, 6, 1. gp. muaso 18, 4, 1. — Compos. nahtmuas.
muat stn. mens: ns. 3, 7, 4. 4, 4, 4. 9, 3, 3. 18, 3, 2. gs. muates 5, 2, 3. 6, 1, 4. ds. muate 4, 6, 1. 9, 3, 1. 24, 5, 4. as. muat 3, 5, 1. 8, 7, 1. 15, 2, 3; 4, 3. dp. muatum 14, 4, 1. muatum 22, 1, 4. ap. muat 1, 10, 2; animos 9, 3, 4.
mullen swv. conterere: präs. ind. sg. II. mulis 24, 9, 2.
mund stm. os: ds. munde 7, 3, 2. ap. munda 25, 8, 4.
mûzzôn swv. mutare: präs. part. nsm. mŏzzonti 20, 3, 1.

N.

ka-nâda stf. misericordia: ns. kanada 26, 15, 1.
ka-nâdîc adj. pius: dsf. kanadigeru 11, 1, 2.
  ka-nâdîgôsto sup. clementissimus: vsm. 19, 11, 1.
ka-nâdi-lôs adj. impius: npm. kanadilose 19, 5, 4.
nâhi adj. proximus: dsm. nahemu 4, 2, 1.
naht stf. nox: ns. 4, 2, 2. 5, 2, 1. 14, 3, 4. gs. nahti 1, 1, 1. 2, 4, 1. 15, 2, 1; 3, 3. 16, 1, 2. naht 23, 1, 1. 25, 2, 2; 8, 2. ds. nahte 16, 2, 2. nahti 25, 2, 4. as. naht 4, 1, 3; 3, 3. 8, 2, 2; 3, 3. 15, 1, 2. 16, 2, 4. 18, 1, 4. 25, 1, 2; 2, 4. dp. nahtim 5, 1, 1.
naht-lîh adj. nocturnus: nsn. nohtlih 25, 2, 3. dsn. nahtlichemo 24, 12, 1.
naht-muas stn. cena: ds. nahtmuase 21, 1, 1.
nachatôn swv. nudare: prät. part. npn. kinachatotiu 22, 5, 1.
namo swm. nomen: ns. 6, 3, 1. ds. namin 7, 9, 3. as. namun 2, 7, 2. namun 26, 12, 2.
namôn swv. vocare: präs. conj. pl. I. namoem 3, 3, 1.
nâtrâ swf. serpens: ns. 18, 2, 3.
nĕman stv. tollere: präs. conj. sg. III. neme 20, 5, 3.
-nĕmo swm. im compos. sigesnemo.
neo-man stm. nemo: ns. 24, 13, 2. ds. neomanne 8, 5, 2.
neo-n-altre adv. nequaquam 15, 5, 3. — S. eonaltre und altar.
neozzan stv. sumere: präs. conj. pl. I. neozzem 12, 3, 3. prät. part. nsf. kanozzeniu consumpta 20, 8, 3.
ni neg. 1) non 1, 4, 3. 5, 4, 3; 4, 4. 8, 3, 2; 5, 1. 3; 7, 1; 8, 2; 9, 1. 20, 2, 3. 25, 7, 3. 26, 6, 4; 16, 2; ähnl. 2, 3, 4. 3, 5, 4; 7, 4. 2) ne 2, 10, 2. 8, 4, 4. 9, 2, 2; 3, 3. 15, 3, 1; 4, 3 (2). 16, 3, 1. 18, 4, 3. 24, 10, 3. daz ni ut non 14, 4, 1.
nidar adv. nieder, s. nidar spreitten, nidar stigan.
nidari adj. humilis: gs. nidares 6, 4, 3.
ka-(h)nîgan stv. declinare: präs. conj. sg. III. kanige 5, 4, 2. prät. part. npm. kanigane supplex 7, 6, 4.

nih-ein *adj. nullus:* *nsm.* niheiner 15, 4, 1.
niunto *num. nonus:* *nsf.?* niunta 13, 1, 4.
niuui *adj. novus:* *nsm.* niuuer 5, 2, 3. *asm.* niuuan 20, 6, 4.
noh *conj. nec* 4, 4, 3; 5, 2. 3. 8, 3, 3. 16, 3, 3. 18, 4, 1. noc 4, 1, 3; 4, 1; 5, 1. 4.
-noht *adj. im compos.* duruhnoht.
noht-lîh *adj. s.* nahtlih.
nôt *stf. vis: ds.* noti 18, 4, 3.
nôt-numft *stf. fraus: gs.* notnunfti 3, 5, 4.
nû *adv. nunc* 2, 6, 1; 7, 2. 4, 4, 1. 7, 2, 1. 10, 4, 4. 19, 12, 4. 22, 8, 1. 24, 16, 1.
-numft *stf. in den composs.* nôtnumft, siginumft.

O.

opanôntîc *adj. summus: gsm.* opønontiges 6, 5, 2.
offarôn *swv. offerre: prät. part. nsm.* kaoffarot ist 21, 4, 4.
ort-frumo *swm. auctor: ns.* 5, 1, 1; *vs.* 21, 7, 1.
ôstṛfun *swf. pl. pascha: np.* 21, 4, 1. hostrun (*dp.?*) 21, 3, 1.
ôstar-lîh *adj. paschalis: dsf.* ostarlichero 19, 9, 1. hostarlicheru 21, 7, 2.
ôt-mâli *stn. divitiae: np.* 8, 9, 3.

P. PF.

pfad *stn. trames: ds.* fade 5, 1, 4.
Paul *npr. Paulus: ns.* 1, 11, 2.
pĕch *stn. infernus: ns.* pẹch 19, 1, 4. *gs.* peches 19, 4, 2. *np.* paech *tartara* 21, 5, 2.
Pêtar *npr. Petrus: gs.* peatres 13, 2, 3. pietres 25, 4, 3.
portâ *swf. regia: ds.* portun 1, 9, 4. — *Vgl.* turi.
prĕdigôn *swv. praedicare: präs. part. nsm.* predigonti 16, 1, 4.

Q *s.* CHU.

R.

rad *stn. rota: dp.* radum 2, 3, 2.
(h)rada-lih *adj. concitus: npf.* radalicho 19, 7, 1.
racha *stf. res: gp.* rachono 24, 1, 2. 25, 1, 1.
rah-haft *adj. im compos.* unrahhaft.
ka-rasên (ka-râsèn?) *swv.: präs. part. dsm.* karasentemu *reo* 20, 4, 3.
râuua *stf. requies: ns.* 16, 2, 3.
(h)rĕf *stn. uterus: as.* ref 26, 6, 4.
refsen *swv. increpare: präs. ind. sg. III.* refsit 24, 5, 3, *arguit* 24, 5, 4.
rĕht *adj. iustus: nsm.* rehter 20, 3, 3. 24, 15, 4. *dpm.* rehtem 1, 4, 1.

E. Sievers, Murbacher hymnen.

rĕht stn. im compos. unreht.
(h)reini adj. mundus: dsm. reinemu 19, 9, 2.   dsn. reinemu puro 13, 2, 2.
(h)reinî f. im compos. un(h)reinî.
(h)reinnen swv. mundare: präs. conj. sg. II. reinnes cures 24, 16, 2. part. nsn. reinnenti 20, 5, 4! — Compos. un(h)reinnen.
reisan stn.? nodus: dp. reisanum 20, 7, 2. (Vgl. ags. wrâsn f.)
reita stf. currus: as. 2, 3, 1.
-reitî f., -reitida stf. in den composs. antreitî, antreitida.
ar-(h)retten swv. eruere: präs. conj. sg. III. arrette 10, 3, 3. prät. part. npm. arratte erepti 21, 3, 3.
(h)rêo stn. funus: ds. reuue 19, 3, 4. ap. reuuir 1, 5, 2.
reozzan stv.' deflere: präs. part. npm. reozzante 24, 12, 2.
(h)reuua stf. s. (h)riuua.
ka-rîchan swv. vincere: präs. conj. pl. I. karichem 8, 5, 4, 23, 3, 2; 4, 4. part. npm. kirichante victores 22, 3, 1. prät. conj. sg. III. karihti 4, 3, 3. part. dsm. kerihtemo devicto 26, 7, 1. — Vgl. ubaruuinnan und ka-uuirih.
rîchi stn. regnum: ns. 2, 7, 3. gs. rihces 1, 7, 4. riches 1, 9, 4; 13, 2. 11, 3, 3. as. richi 6, 2, 1. 20, 3, 4. ap. richi 26, 7, 4.
rihten swv. regere: präs. ind. sg. II. rihtis 6, 2, 3. 25, 1, 2. conj. sg. III. rihte 3, 5, 1. 8, 9, 4. pl. III. rihten dirigant 13, 3, 4. imp. sg. rihti 26, 11, 3.
  ar-rihten erigere: präs. ind. sg. III. arrihctit 5, 2, 4.
  ka-rihten corrigere: imp. sg. kirihti 25, 7, 2.
rihto swm. rector: vs. 6, 3, 4.
ka-rîsan stv. decere: präs. ind. sg. III. krisit 25ª, 1, 1.
-rist stf. im compos. urrist.
(h)riuuâ swf. poenitentia: gs. reuun 23, 3, 3.
rôs-faro adj. roseus: dsm. rosfaruuemu 21, 2, 3.
rôsten swv. rösten: prät. part. asn. karostit torridum 21, 2, 2.
rôt adj. ruber: gsn. rotes 21, 1, 3. asm. rotan 2, 2, 2.
ruaua stf. numerus: ns. 7, 6, 2. 26, 4, 2. ds. ruauu 7, 12, 1. as. ruaua 13, 1, 1.
(h)ruaft stm. clamor: ds. ruafte 7, 7, 4.
ruacha stf. cura: gp. ruachono 15, 5, 2. dp. ruachon 15, 3, 2. ruachom 15, 1, 3.
ka-(h)ruarîc adj. im compos. unka(h)ruarîc.
ka-rûni stn. mysterium: ns. 20, 5, 1. as. 13, 2, 1.

S.

sâio swm. sator: ns. 2, 1, 2.
sâlîc adj. beatus: gsn. saliges 12, 2, 3. asm. saligan 20, 4, 4. 22, 3, 4. gpm. saligero 7, 11, 1. dpm. saligem 16, 1, 4.
saman adv. simul 9, 3, 2. — Vgl. saman lobôn, saman singan.
samanunga stf. ecclesia: ns. samanunga 25, 4, 3; chorus 25, 3, 3. samanunga 26, 5, 2.

sanc *stn. carmen: ds.* sange 7, 12, 4. — *Composs.* cartsanc, lopsanc, zilsanc.
sarf *adj. saevus: npm.* sarfe 19, 5, 4. *dpf.* sarfem 22, 4, 3. *apm.* sarfę *asperos* 3, 4, 3.
sĕdal *stn. sitz: as.* sunna ... sedal ira kat *occasum graditur* 14, 2, 2. — *Compos.* anasedal.
sĕdal-canc *stm. occasus: as.* 18, 1, 3.
sĕhan *stv. videre: inf.* 19, 8, 3. *präs. conj. pl. I.* sehem *cernamus* 14, 4, 4. *imp. sg.* sih *aspice* 16, 5, 1. *part. vsm.* sehanti 24, 13, 4.
    ka-sĕhan *videre: inf.* za kasehenne ist *videndus est* 19, 6, 4. *präs. ind. sg. II.* kasihis 6, 1, 4. kisihis *respicis* 25, 7, 3. *pl. III.* kasehant *cernunt* 19, 9, 4. *imp. sg.* kasih *respice* 25, 7, 1. *part. npm.* kasehante 19, 7, 3. 20, 4, 2. *ger.* kesehanto *videndo* 25, 7, 2.
sĕhs *num. sechs: dp.* sehsim *senis* 7, 7, 3. sehs stuntom *sexies* 12, 1, 3.
sêla *stf. anima: ns.* 24, 5, 2. *gs.* selu 16, 6, 3. *as.* sela 18, 4, 3.
sĕlp *pron. ipse: nsm.* selbo 2, 5, 2. 24, 13, 1. er selbo *ipse* 4, 1, 2. 17, 2, 3. *nsf.* selbiu 25, 4, 3. *nsn.* selbaz 1, 7, 1.
sellen *swv. tradere: prät. part. nsm.* kasalt ist *traditur* 2, 8, 2. *npm.* kiselit uuerdant *traduntur* 22, 4, 1.
sêo *stm. pontus: gs.* seuues 25, 4, 2,
sĕz *stn. sedes: gs.* sezzes 6, 6, 3.
ka-**sezzen** *swv. statuere: präs. conj. sg. III.* kasezze 16, 3, 4. *part. nsm.* kasezzanto *constitutor* 6, 4, 1.
sibun *num. sieben: dp.* sibun stunton *septies* 9, 4, 1.
sibunto *num. septimus: dsn.* si[n]puntin 6, 4, 2.
-sidili *stn. im compos.* anasidili.
siê *pron.: apm.* sie *eos* 26, 11, 3 (2).
siges-nĕmo *swm. victor: ns.* 21, 6, 2.
sigi-numft *stf. sieg: as.* siginumft *vexillum* 24, 9, 4. *dp.* siginumftim *palmis* 7, 11, 3.
sigi-numfti-lîh *adj. triumphalis: gsm.* siganumftiliches 22, 2, 2.
ubar-**sigirôn** *swv. triumphare: präs. ind. sg. III.* ubarsigirot 22, 6, 4.
sigo-uualto *swm. victor: ns.* 19, 3, 4.
sigu-faginônt *stm. triumphans: ns.* 19, 3, 3.
sih *pron. refl. se* 14, 1, 4. 20, 7, 2; 8, 4.
Sileas *npr.: ns.* 1, 11, 2.
simblîc *adj. perennis: nsm.* simbliger *sempiternus* 26, 6, 2. *dsm.* simbligemu 10, 1, 2; *iugi* 7, 7, 4. *asm.* simbligan 23, 3, 4.
simbulum *adv. semper* 8, 9, 2. simbulum 1, 1, 4; 2, 4. 9, 2, 1. 16, 4, 2. simblum 8, 2, 4. 17, 3, 3; *iugiter* 23, 3, 1. simblum 24, 1, 4; 16, 4. simblum 24, 10, 1.
sîn *pron. poss. sein: nsm.* sin *eius* 21, 4, 4. *dsm.* sinemu *suo* 17, 1, 4. 20, 8, 3; *eius* 21, 2, 3. sinemu *eius* 19, 12, 2. *asf.* sina *suum* 14, 2, 4. *dpn.?* sinem *suis* 20, 7, 2.

ka-sind *stm. comes: ds.* kasinde 18, 3, 3.
singan *stv. canere: präs. ind. pl. I.* singemes 24, 12, 2. singames *psallimus* 9, 1, 2. 13, 1, 4. 23, 2, 1. *conj. pl. I.* 8, 1, 3. 21, 1, 4. 22, 1, 4; *psallamus* 9, 1, 3; 3, 1. 2. 13, 3, 1; *cantemus* 2, 7, 2. singem 10, 1, 4. *part. dsm.* singantemo 25, 4, 4; 6, 1. *npm.* singante 13, 1, 3.
 saman singan *concinere: inf.* 1, 13, 4.
siraphin *npr. syraphin: np.* 7, 7, 1.
siu *pron. pers. sie: gsf.* ira 14, 2, 2.
siuh *adj. aeger: dpm.* siuchem 25, 6, 2.
ka-siuni *stn. visus: gs.* kasiunes 15, 4, 4. *ds.* kasiune 19, 9, 4. 20, 2, 2.
sizzan *stv. sedere: präs. ind. sg. II.* sizzis 6, 4, 2. sizis 26, 8, 1. *sg. III.* sizit 17, 2, 4.
 pi-sizzan *possidere: präs. ind. pl. III.* pisizzant 22, 3, 4. *imp. sg.* pisizzi 19, 11, 2.
scâf *stn. ovis: as.* 10, 2, 4.
scaffôn *swv. condere: prät. ind. sg. III.* scaffota 8, 2, 2.
 ka-scaffôn *plasmare: präs. conj. sg. III.* kascafoe *informet* 3, 4, 1. *prät. ind. sg. II.* kascaffotos 24, 4, 2.
ca-scaft *stf. creatura: ns.* 7, 4, 1. — *Vgl.* frumiscaft.
scalch *stm. famulus: dp.* scalchum *servis* 8, 4, 2, scalchun 26, 9, 2. *ap.* scalcha 14, 3, 2. 16, 4, 4; 5, 3.
scalchilo *swm. servulus: ap.* scalchilun 22, 8, 3.
scato *stm. umbra: ns.* 2, 4, 1.
sceffan *stv. condere: präs. part. nsm.* sceffento *conditor* 4, 1, 1; *creator* 8, 2, 1.
 ka-sceffan *plasmare: prät. ind. sg. II.* kascuofi 24, 2, 2.
sceffant *stm. conditor: ns.* 11, 3, 3. *vs.* scepfant *creator* 24, 1, 2
sceffo *swm. conditor: ns.* scheffo 1, 7, 4. — *Vgl.* felaho.
untar-**sceidan** *stv. discernere: präs. ind. sg. II.* untarsceidis 15, 1, 2.
sceitilâ *swf. vertex: as.* sceitilon 2, 3, 3.
ka-scenten *swv. confundere: prät. part. nsm.* si kiskentit 26, 16, 2.
scîmo *swm. splendor: vs.* schimo 3, 1, 1. *gs.* scimin 12, 3, 4. *ds.* scimin *radio* 19, 9, 2. scimin *nitore* 3, 2, 2. *dp.* scimon *radiis* 2, 3, 2. — *Vgl.* speichâ.
scînan *stv. fulgere: präs. ind. sg. III.* scinit *nitet* 19, 9, 2. *part. nsm.* scinanti 8, 3, 4. scinanter *micans* 3, 2, 2; *splendens* 19, 4, 4. *gsm.* scinantes 5, 1, 1.
 ar-scînan *refulgere: imp. sg.* arskin 25, 8, 1.
scirman *swv. protegere: präs. conj. sg. III.* scirme 3, 8, 2. 16, 4, 3. *imp. sg.* scirmi *defende* 16, 2, 2. *part. nsm.* scirmanto *defensor* 16, 5, 1.
 ka-scirman *defendere: imp. sg.* kascirmi *defendas* 21, 7, 4. *prät. part.* kascirmter *protectus* 1, 5, 4. *npm.* kascirmte 1, 6, 4; *protecti* 21, 3, 1.
scirmo *swm. defensor: ns.* 16, 6, 3.
scl- *s.* sl-.
scolo *swm. debitor: dp.* scolom 24, 11, 3.

scônî — sprĕchan. 85

scônî *f. nitor: ns.* sconi 5, 2, 2; *candor* 6, 1, 2. — *Vgl.* clîz.
scônî *adj. splendidus: apn.* sconniu 11, 3, 2.
ka-**scônnôn** *swv. ornare: prät. ind. sg. III.* kasconnota 11, 3, 2. *part. nsn.* kasconnot *candidatus* 26, 4, 3.
ka-**scrîp** *stn. schriftstück: ds.* luzzilemu kascribe *chirographo* 10, 3, 4.
sculd *stf. debitum: ap.* sculdi 2, 9, 3. 9, 4, 4.
sculdîc *adj. reus: apm.* sculdige 16, 3, 4. *debitus: npm.* sculdigiu 13, 1, 3. 19, 11, 3. 22, 1, 3.
uuidar **scurgan** *swv. repellere: präs. conj. sg. III.* uuidar scurge 18, 3, 4.
  fer-**scurgan** *swv. repellere: präs. conj. sg. III.* uuidar scurge 18, 3, 4
ar-**scutten** *swv. discutere: imp. sg.* arscuti 25, 8, 2.
slâf *stm. somnus: ns.* 15, 1, 4. 15, 5, 2. 16, 3, 1. sclaf *sopor* 15, 2, 2. *ds.* slafe 8, 1, 2. *as.* slaf 25, 8, 2. sclaf 16, 4, 1. 18, 4, 3.
slâffan *stv. dormire: präs. conj. sg. III.* slafe 15, 5, 3. *part. gpm.* slaffantero 24, 8, 3.
slâffilîn *adj. somnolentus: apm.* slaffiline 25, 5, 3.
slâfrac *adj. sopitus: asm.* slafragan 2, 4, 4.
slac *stm. plausus: dp.* slegim 7, 7, 3.
slahan *stv. punire: inf.* sclahan 1, 4, 3. — *Vgl.* uuîzzinôn.
slahta *stf. nex: ds.* sclahttu 19, 5, 2.
slahtôn *swv. immolare: prät. part. nsn.* kasclactot 21, 4, 2.
slĕffar *adj. lubricus: asf.* sleffara 3, 3, 4.
slĕffarî *f. lubricum: as.* 5, 4, 1.
slĕht *adj. blandus: nsm.* slecter 15, 3, 4. *dsn.* slehtemu 19, 6, 1. *dpf.* sclehtem 4, 4, 2.
  slĕhtiro *compar.: nsn.* slectera 5, 3, 3.
slîfan *stv. labi: inf.* in slifanne *inlabere* (!) 3, 2, 1.
far-**slintan** *stv. devorare: präs. conj. sg. III.* farslinte 20, 7, 1.
pi-**slipfen** *swv. wanken machen: prät. part. npm.* pislifte *lapsi* 25, 7, 3. *dpm.* pisliften *lapsis* 25, 6, 4.
untar **sliuffan** *stv. subrepere: präs. conj. pl. III.* untar sliufen 4, 4, 2.
snĕl-lîcho *adv. strenue* 25, 5, 1.
sô *adv.* 1) *sic* 18, 1, 1. so horsco 19, 6, 4. so michiles *tanti* 12, 3, 4. 2) *sicut:* eo so 9, 2, 4. eo so *ut* 2, 9, 4. 3, 7, 2. 3.
solâ *swf. planta: ap.* solun 13, 3, 3.
sorgên *swv. sorgen: präs. part. npm.* sorgente *solliciti* 9, 2, 1.
spano *swm. verlocker: ns.* hupilo spano hungar *malesuada* 8, 9, 2.
speichâ *swf. radius: dp.* speichon 2, 3, 2. — *Vgl.* scîmo.
int-**sperran** *swv. reserare: präs. part. nsm.* intsperranti 21, 6, 4.
spor *stn. vestigium: ap.* 24, 13, 4.
sprattâ *swf. regula: ns.* 13, 2, 3.
sprĕchan *stv. fateri: präs. ind. sg. III.* sprichit 7, 4, 2. 19, 10, 4.

spreitten *swv. pandere: präs. ind. sg. II.* spreitis 2, 1, 4. — *Vgl.* inlûchan.
nidar **spreitten** *prosternere: präs. ind. pl. I.* nidar spreitemes 23, 2, 3.
ar-spriuzzen *swv. fulcire: prät. part. nsf.* arspriuzzit (*ms.* an-) 18, 3, 2. *asm.* arspriuztan 2, 1, 3.
spurrento *swm. investigator: ns.* 24, 14, 2.
ar-stân *stv. s.* arstantan.
stanch *stn. odoramentum: dp.* stanchum 7, 6, 3.
stantan *stv. stehen, in*
az **stantan** *assistere: präs. part. nsm.* az standanter 24, 14, 4.
fër **stantan** *absistere: präs. conj. sg. III.* fer stante 8, 6, 3.
ar-**stantan** *surgere: inf.* arstantan *resurrexisse* 19, 10, 3. erstantan *resurgere* 24, 5, 3. *präs. ind. sg. III.* arstat 21, 6, 1. harstantit (*oder* harsta[n]t?) 19, 3, 4. *pl. I.* arstames 4, 3, 1. *conj. sg. III.* arstante 20, 7, 4. *pl. I.* arstantem 25, 5, 1. *pl. III.* arstanten *resurgant* 20, 8, 2. *part. dpm.* erstantantem 23, 1, 1. *prät. ind. sg. III.* arstuant 19, 4, 3.
stapho *swm. gradus: ds.* staffin 20, 3, 3.
starchisto *adj. superl. fortissimus: nsm.* 19, 2, 1. *dsn.* starchistin *durissimo* 21, 3, 3.
ka-**statôn** *swv. locare: prät. part. nsf.* kastatot 7, 11, 2.
stein *stm. lapis: ds.* steine 19, 3, 1.
ar-**stërpan** *stv. mori: präs. conj. sg. III.* asterpe 20, 7, 3.
stërn *stm. stella: ap.* sterna 2, 2, 1. — *Composs.* âbandstern, tagastern.
nidar **stîgan** *stv. descendere: inf.* 24, 11, 2.
stilli *adj. quietus: asf.* stilla 16, 2, 4. *apm.* stille 14, 3, 4.
ka-**stillên** *swv. mitescere: präs. ind. pl. III.* kistillent 25, 4, 2.
stimma *stf. vox: ns.* 1, 1, 2. 25, 8, 3. *ds.* stimmu 19, 10, 4. stimnu 7, 12, 3. stimmo 26, 2, 4. *dp.* stimmon 2, 6, 4. 7, 5, 4. 8, 1, 2.
stimmî *f. vox: ds.* 1, 7, 2.
stiurren *swv. gubernare: präs. conj. sg. III.* stiurre 3, 5, 1. *imp. sg.* stiuri 16, 5, 3.
stobarôn *swv. obstupere: präs. conj. pl. III.* stobaroen 20, 4, 1.
strëdan *stv. fervere: präs. conj. sg. III.* strede 3, 5, 3. 5, 5, 2. *part. dsm.* stredentemu 12, 1, 2.
strechen *swv. prosternere: präs. ind. pl. I.* (nidar?) strechemes 23, 2, 3. — *S.* nidar spreitten.
strô *stn. stratum: ds.* stroe 4, 3, 1.
ka-**studen** *swv. fundare: präs. ind. sg. II.* kastuditos 5, 1, 4.
stunta *stf. hora: ns.* 1, 4, 1. 12, 1, 3. *ds.* stuntu 11, 2, 4. *as.* stunta 10, 2, 1. 11, 1, 3. *gp.* stuntono 13, 1, 2. *dp.* stunton 18, 1, 2. sehs stuntom *sexies* 12, 1, 3. sibun stunton *septies* 9, 4, 1.
pi-**sturzen** *swv. pervertere: präs. conj. sg. III.* pisturze 4, 5, 3.

suachen *swv. quaerere: präs. conj. sg. III.* suahe 20, 6, 2.
    ka-suachen *adquirere: prät. ind. sg. III.* kasuahta 20, 3, 2.
suanari *stm. iudex: ns.* 6, 1, 3; 4, 3. 24, 13, 1. 26, 8, 3.
suazzi *adj. dulcis: apm.* suazze 5, 2, 4.
sûftôn *swv. gemere: präs. part. nsn.* suftonti 19, 1, 4.
sun *stm. filius: ns.* 3, 8, 3. 7, 3, 4. 22, 7, 3. 24, 1, 4; 16, 3. 26, 6, 2. *vs.* 7, 9, 1. *ds.* sune 1, 1, 4. 25ᵃ, 1, 3. suniu 19, 12, 2. *as.* sun 6, 2, 3. 26, 5, 4.
sunnâ *swf. sol: ns.* 3, 2, 1. 4, 3, 4. 5, 5, 1. 14, 2, 1. 18, 1, 3. 19, 9, 2. *as.* sunnun 5, 1, 3.
sunta *stf. culpa: ns.* 5, 4, 4. 20, 6, 2. 25, 7, 4. *as.* sunta 3, 3, 4. 25, 4, 4; *peccatum: as.* sunta 26, 13, 2. *gp.* suntono 1, 12, 3. *ap.* sunto 20, 5, 3. 23, 2, 4.
sunt-lîcho *adv. impie* 8, 5, 1.
suntarôn *swv. segregare: präs. part. nsm.* suntaronti 25, 2, 4.
suâri *adj. gravis: nsm.* suarrer 16, 3, 1. *dsm.* suarremu 16, 6, 2. 20, 2, 3.
suarz *adj. ater: nsf.* suarziu 5, 2, 1.
in-**sueppen** *swv. somniare: präs. conj. sg. III.* insueppe 15, 5, 4.
suĕro *swm. dolor: dp.* suerom 19, 4, 2.
ka- **suerzen** *swv. fuscare: prät. part. dpn.* kasuarztem 14, 4, 1.
pi-**suîchan** *stv. decipere: prät. ind. sg. III.* pisuueih 24, 3, 1.
pi-**suichilîn** *adj. subdolus: dsf.* pisuuicchilineru 2, 10, 1.

T.

tac *stm. dies: ns.* tac 2, 5, 1. tak 3, 1, 4; 7, 1; 4, 1, 2. 5, 3, 2. 14, 1, 4; 4, 2. 18, 1, 2. 20, 1, 1. mitti tak *meridies* 3, 7, 3. 12, 3, 2. *gs.* tages 6, 1, 3. 14, 3, 3. 25, 2, 1. takes 11, 1, 3. mittes takes *meridie* 17, 1, 1. *ds.* tage 4, 2, 2. 16, 2, 2. *tage* 26, 13, 1. take 9, 4, 1. 16, 1, 1. *as.* tac 2, 4, 4. 25, 1, 2. tak 4, 3, 4; 6, 4. 5, 5, 1. 8, 2, 2; 10, 3. 14, 1, 2. 15, 1, 2. *gp.* tago 2, 5, 1. 3, 1, 4. 5, 1, 3. 8, 1, 1. *ap.* taga 26, 12, 1.
tagarôd *stm. aurora: ns.* 2, 2, 1. 3, 8, 1. 2. 19, 1, 1.
taga-stĕrn *stm. lucifer: ns.* 2, 4, 3. 4, 2, 4; *phosphorus* 2, 3, 1. tagestern 25, 3, 1.
tagauuizzi *adv.? cottidie:* 2, 9, 1.
ka-**tarôn** *swv. laedere: präs. conj. pl. I.* kataroem *invideamus* 8, 5, 2. *prät. part. npm.* katarote 8, 5, 3. — *Vgl.* abanstôn.
tât *stf. actus: ap.* tati 5, 2, 4.
    ka-**tât** *stf. factum: np.* kitati 5, 4, 3. *ap.* katati *actus* 3, 4, 1.
tau *stn. ros: dp.* tauum 2, 2, 4.
tauffan *swv. baptizare: präs. part. nsm.* taufanter 2, 2, 4.
tauffî *f. baptismus: as.* taufi 24, 6, 1.
taugan *adj. occultus: apm.* tauganiu 6, 1, 4; *secreta* 15, 3, 3. 24, 13, 3.
teilen *swv. distribuere: prät. part. nsm.* kateilit ist 11, 2, 4.

teor *stn. bestia: gp.* tioro 22, 4, 2.
terran *swv. nocere: inf.* terrennes 25, 3, 4.
 ka-terran *laedere: inf.* keterran 24, 10, 3.
tiuf *adj. profundus: nsm.* tiufer 15, 5, 1. *nsf.* tiufiu 5, 5, 2. *gsf.* tiufun 25, 2, 2.
tiuren *swv. glorificare: prät. part. asf.* katiurta 18, 4, 4.
tiuri *adj. pretiosus: dsm.* tiuremo 26, 9, 3.
tiurida *stf. gloria: ns.* 10, 4, 1. 19, 12, 1. 22, 7, 1. 25ª, 1, 2. *gs.* tiurida 1, 13, 2. 3, 1, 1; 3, 2. 7, 11, 4. 11, 1, 4. 26, 3, 4. ti*u*rida 9, 4, 4. ti*u*rida 12, 2, 2. tiurido 26, 6, 1. *ds.* tiuridu 23, 1, 4. 26, 8, 2. tiurida? 26, 10, 2. *as.* tiurida 8, 1, 3. 10, 1, 4. 14, 1, 3. tiurida 7, 5, 2.
tiur-lîh *adj. gloriosus: nsm.* tiurlicher 26, 4, 1.
tôd *stm. mors: ns.* 20, 6, 4; 7, 1; 8, 1. 3. *gs.* todes 7, 1, 3. 19, 2, 2; 5, 3. 21, 7, 3. 22, 3, 3. 24, 9, 2; 11, 3. 26, 7, 2. *ap.* toda 1, 3, 3.
tôt *adj. mortuus: npm.* totun 20, 8, 2.
tragan *stv. gestare: inf.* tragannes *gerendi* 3, 4, 4. *präs. ind. pl. III.* tragant 7, 6, 3. *part. npm.* tragante 1, 10, 2; *portantes* 1, 8, 3.
 auur tragan *revectare: präs. part. nsf.* auuar traganti 4, 3, 4. — *Vgl.* uuidar fuaren.
ka-**trĕtan** *stv. conculcare: präs. part. nsm.* katretanti 19, 2, 3.
far-**trîban** *stv. depellere: prät. part. nsm.* fartripan ist (uuirdit) *depellitur* 5, 2, 1.
trinchan *stv. bibere: präs. conj. pl. I.* trinchem 3, 6, 3. trinchem 8, 7, 4.
triugan *stv. fallere: inf.* 24, 13, 2. *präs. conj. sg. III.* triuge *inludat* 15, 4, 3.
triu-haft *adj. fidelis: dsm.* triuaftemu 3, 5, 2. *npm.* triuafte 2, 8, 3. — *Vgl.* kalaubîc.
triu-lîcho *adv. sobrie* 1, 10, 1.
trôr *stm. cruor: ds.* trore 21, 2, 3.
trôst *stm. paraclitus: as.* 26, 5, 5.
-truht *stf. in den composs.* urtruht, urtruhtida, urtruhtlih.
truhtîn *stm. dominus: ns.* tru*h*tin 7, 8, 2. 19, 4, 3. tru*h*ttin 19, 6, 3. tru*h*tin 26, 3, 2. *vs.* truhtin 1, 6, 2. 24, 1, 1; 8, 4; 12, 3. tru*h*tin 7, 1, 1; 9, 4; 12, 2. 14, 1, 2; 3, 1. 16, 6, 1. 4. 17, 2, 3. tru*h*tin 26, 11, 1; 13, 1; 14, 1; 15, 1; 16, 1. tru*h*ttin 16, 2, 1. *gs.* tru*h*tines 18, 2, 1. tru*h*tines 19, 5, 2; 8, 4. trutines 19, 7, 4. *ds.* truhtine 23, 1, 2. tru*h*tine 1, 1, 3. tru*h*tine 9, 3, 1; 4, 2. tru*h*tine 12, 1, 1. *as.* trutinan 7, 4, 2. tru*h*tinan 19, 10, 3. tru*h*tinan 26, 1, 2.
trunchalî *f. ebrietas: ds.* trhunchali 8, 7, 2. *as.* trunchali 3, 6, 4.
-tuam *stm. im compos.* irrituam.
tuan *stv. facere: inf.* za tuuanne *agenda* 2, 8, 2. *imp. sg.* tua 1, 13, 1. 26, 10, 1; 11, 1. *prät. ind. sg. II.* tati 14, 1, 2.
 duruh-tuan *perficere: prät. part. nsf.* duruhctaniu 7, 4, 4.
 ka-tuan *conficere: präs. ind. sg. III.* kituat 5, 5, 1.
 zua katuan *addere: präs. conj. sg. II.* zua katues 7, 12, 1.

in-tuan *aperire: prät. ind. sg. II.* intati 26, 7, 3.
tulisc *adj. stultus: npf.* tulisco 1, 9, 1.
tunchalî *f. caligo: ns.* 2, 4, 2. *ds.* tunchli 25, 3, 2.
turî *f. ianua: ds.* turi *regia* 1, 9, 4. *as.* turi 1, 9, 3.
ka-turstîc *adj. ausus: nsm.* 1, 4, 3.
tuâlâ *swf. mora: as.* tuualun 2, 3, 4.

U.

ubar *präp. c. acc. ubar:* uber al *per omnia* 2, 5, 3. uber alliu *per omnia* 6, 3, 2. *ubar unsih super nos* 26, 15, 1. upar alle *per omnes* 20, 8, 1. — *Vgl.* ubar cussôn.
ubar-fart *stf. transitus: ds.* ubarferti 21, 1, 3.
ubi *conj. si* 8, 9, 3. — *Vgl.* ibu.
ubil *stn. malum: ns.* 8, 5, 4. *ds.* ubile 2, 10, 4. *as.* ubil 1, 6, 3. 23, 3, 2.
ubil *adj. malus: gpm.* ubilero 8, 6, 4. — *nsm.* hupilo spano hungar *malesuada* 8, 9, 2. — *Vgl.* spano.
ûf *adv. im compos.* ûf purren.
ûf-gane *stm. ortus: ds.* ufgange 8, 3, 3.
ûf-hengîda *stf. suspendium: as.* 10, 2, 3.
umbi-(h)uurft *stm. orbis: as.* umbiuurft 26, 5, 1.
un-pauuollan *adj. part. inlibatus: nsf.* unpauollaniu 8, 8, 3.
un-bilibanlîh *adj. incessabilis: dsf.* unbilibanlicheru 26, 2, 4.
un-fruat *adj. iners: apn.* unfruatiu 9, 3, 4.
un-kaporan *adj. part. ingenitus: vsm.* ungaporono 8, 10, 1.
un-kalaubîc *adj. perditus: dpm.* unkalaupigen 20, 2, 1.
un-kamezzan *adj. part. inmensus: gsf.* ungimezenera 26, 5, 3.
un-ka(h)ruarîc *adj. inmobilis: npm.* ungaruorige 22, 5, 3.
un-kauuemmit *adj. part. immaculatus: nsn.* ungauuemmit 7, 10, 1.
un-heilari *stm. insanus: np.* unheilara 22, 4, 4.
un-holdâ *swf. diabolus: ns.* 24, 3, 1.
un-chûski *adj. turpis: nsm.* unchusger 4, 5, 4. *asm.* unchuscan *improbum* 18, 3, 4. *dpn.* unchusgem 9, 3, 3. *apf.* unchusko *probrosa* 20, 1, 4. — *Vgl.* ituuizlih.
un-mĕzzîc *adj. inmensus: gsn.* unmezziges 6, 3, 4.
un-rahhaft *adj. inenarrabilis: nsf.* unrachaft 6, 1, 2.
un-rĕht *stn. iniquitas: ns.* unreth 8, 4, 3.
un-(h)reinî *f. lues: as.* unreini 20, 5, 2.
un-(h)reinnen *swv. inquinare: präs. conj. pl. III.* unreinnen 5, 4, 3.
uns, unsar *pron. s.* uuir.
unsar *pron. poss. noster: nsm.* unser 3, 6, 2. 4, 4, 4. 16, 5, 1. *nsf.* unsriu 25, 8, 3. *nsn.* unsar 21, 4, 1. *gsf.* unsera 24, 7, 4; 13, 4. *dsm.* unsaremu

8, 7, 3.   *asf.* unsera 8, 4, 4.   *asn.* unseraz 2, 9, 1.   *gpf.* unserero 24, 14, 1. *dpm.* unserem 2, 9, 4.   3, 2, 4.   *dpn.* unserem 8, 6, 1.   *apf.* unsaro 5, 3, 4. unsero 23, 2, 2.   24, 16, 2.   *apn.* unsariu 19, 11, 2.
unsih *pron. s.* uuir.
untar *präp. c. dat. sub:* untar degane 19, 3, 2. — *Vgl.* composs. untar chresan, untar uuesan.
un-uparuuntan *adj. part. invictus: nsm.* 22, 6, 2.
unzi 1) *präp. bis:* unzi in euuin *usque in aeternum* 26, 11, 4.   2) *conj. dum* 15, 2, 3. — *Vgl.* denne.
ur-gauuida *stf. fastidium: as.* 25, 1, 4.
ur-chauf *stm. redemptio: ds.* urchauffe 10, 3, 2.
ur-chundo *swm. martyr: ns.* urchundo *testis* 24, 13, 1.   *np.* urchundun 22, 4, 1. *gp.* urchundono 7, 11, 2.   22, 1, 2; 8, 2.   26, 4, 3.
ur-rist *stf. anastasis: gs.* urristi 6, 5, 4.
ur-truhti *adj. sobrius: npm.* urtructe 4, 6, 1.
ur-truhtida *stf. sobrietas: ds.* urtrhuhtidu 18, 3, 3.
ur-truht-lîcho *adv. sobrie* 3, 6, 3.
ûzzan *conj. sed* 2, 10, 3.   4, 6, 1.   5, 5, 1.   8, 7, 3; 8, 3.   9, 2, 3; 4, 1.   14, 4, 3. 15, 5, 1.   18, 3, 1; 4, 1.   uzzan 14, 3, 1.   uzan 22, 5, 3.

UU.

uuâk *stm. gurges: as.* 2, 2, 2.
uuâffan *stn. mucro: ns.* uuaffan 25, 6, 3.   *dp.* uuafanum *armis* 18, 3, 1.
uuâffanen *swv. armare: prät. part. nsf.* kiuuaffantiu 22, 4, 3.
uuahsamo *swm. vigor: ns.* 5, 2, 3.
uuachar *adj. vigil: nsm.* uuacharer 15, 5, 4.   *nsf.* uuachar 18, 3, 2.
uuachên *swv. vigilare: präs. conj. sg. III.* uuachee 16, 4, 3.
   duruh uuachên *pervigilare: präs. conj. pl. I.* duruch uuacheem 1, 10, 1.
uualdan *stv. volvere: prät. part. nsf.* kiuualdaniu 12, 1, 3.
ka-**uualtida** *stf. potestas: np.* kiuualtido 26, 2, 2.
-**uualto** *swm. im compos.* sigouualto.
uuamba *stf. venter: ns.* 4, 5, 2.
uuân *stm. spes: ns.* 5, 5, 3.   22, 6, 2.   25, 6, 1.   *ds.* uuane 10, 1, 2.
uuânnen *swv. sperare: prät. ind. sg. I.* uuanta 26, 16, 1.   *pl. I. uuanto*mes 26, 15, 2.
uuanchôn *swv. wanken: präs. part. dpf.* uuanchontem *lascivis* 15, 3, 2.
ka-**uuar** *adj. providus: npm.* kauuare 21, 1, 1.
uuâr *stn. wahrheit: ns.* uuar *amen* 25[a], 1, 4.
uuâr *adj. versus: nsm.* uuarer 9, 1, 4.   20, 1, 1.   *nsf.* uuariu 22, 2, 4.   *nsn.* uuaraz 8, 3, 1.   *gsf.* uuarera 12, 2, 2.   *asm.* uuaran 26, 5, 4.
   uuâro *adv. vere:* uaro 21, 5, 1.
uuâr-haft *adj. verus: nsf.* 3, 2, 1.
uuarc *stm.: as.* des palouues uuarc *tyrannum* 21, 6, 3.

uuaskan *stv. diluere: präs. ind. sg. III.* uuaskit 25, 4, 4.   *prät. ind. sg. II.* uuasgi *lavisti* 7, 10, 4.   *sg. III.* uuasc 20, 1, 3.
  ka-uuaskan *abluere: präs. conj. sg. III.* kauuasge 20, 5, 2.
ka-uuâti *stn. vestimentum: dp.* kauuatim *stolis* 21, 1, 2.   *ap.* kauuati 7, 10, 3.
(h)uuaz *pron. s.* (h)uuer.
uuĕc *stm. via: as.* 25, 3, 4.
uuĕgôn *swv. viare: präs. part. dpm.* uuegontem 25, 2, 3.
uuechen *swv. excitare: präs. ind. sg. III.* uuechit 25, 5, 2.   *part. nsm.* uuechenter *suscitans* 2, 4, 9.
  ar-uuechen *resuscitare: prät. ind. sg. II.* eruuahtos 24, 8, 4.   *part. nsm.* eruuahter *excitatus* 25, 3, 1.
uuĕla *adv. wol:* uuela quhedemes *benedicimus* 26, 12, 1. — *Vgl.* uuola.
uuĕllan *stv. volvere: präs. ind. sg. III.* uuillit sih *volvitur* 14, 1, 4.
  pi-uuĕllan *s. compos.* unpauuollan.
ka-**uuemmen** *swv. polluere: präs. conj. sg. III.* kauuemme 18, 4, 4. — *Vgl. compos.* ungauuemmit.
uuênac *adj. miser: apm.* uuenege 19, 2, 4.
(h)uuenneo *adv. tandem:* uuenneo 18, 4, 2.
(h)uuĕr *pron. quis: nsn.* uuaz 20, 6, 1.   *asm.* uuenan 20, 2, 3.
uuĕrah *stn. opus: ns.* uuerahc 9, 2, 2.
uuĕralt *stf. seculum: ns.* uueralt *mundus* 1, 12, 1.   19, 1, 3.   *gs.* uueralti 8, 4, 3. 14, 4, 2.   22, 3, 1;   *mundi* 5, 2, 2.   6, 4, 1.   7, 1, 2;   4, 2.   20, 1, 4;   5, 2. 22, 2, 4;   6, 4.   24, 2, 1.   uueralti 4, 4, 3.   uueralti 17, 3, 4.   *uueralti* 26, 12, 3.   *ds.* uueralti 10, 3, 3;   4, 3.   24, 1, 3.   *as.* uueralt *mundum* 14, 2, 3.   *gp.* uuneralteo 25ᵃ, 1, 4.   *dp. uueral*tim 6, 7, 4.   *ap.* uueralti 22, 8, 4. 25ᵃ, 1, 4.   *uueralti* 6, 7, 4.   *uueralti* 26, 12, 3 (2).
uuĕrd *stn. pretium: as.* uuerth 24, 7, 4.
uuĕrdan *stv. werden: präs. ind. sg. III.* fartripan uuirdit *depellitur* 5, 2, 1.   itporan uuirdit *renascitur* 5, 2, 2.   inpuntan uuirdit *solvitur* 25, 7, 4.   *pl. III.* kiselit uuerdant *traduntur* 22, 4, 1.   *conj. sg. III.* uuerde *fiat* 2, 7, 4.   *prät. ind. sg. III.* kizerrit uuarth *scissum est* 24, 8, 1.   *pl. III.* inpuntan uurtun *soluti sunt* 1, 11, 4.
ka-**uuĕrdôn** *swv. dignari: präs. conj. sg. III.* kiuuerdoes 24, 10, 2.   *imp. sg.* kiuuerdo 26, 13, 1.   *prät. ind. sg. II.* kiuuerdotos 24, 3, 4;   7, 2;   11, 2.
(h)uuĕrvan *stv. redire: inf.* uueruan 18, 1, 4.   *präs. ind. sg. III.* uuiruit *revertitur* 25, 6, 4.   *prät. ind. sg. III.* uuarf 21, 6, 2.
uuĕsan *stv. esse: inf.* 26, 8, 3.   *präs. ind. sg. II.* pist 2, 1, 1.   6, 2, 4;   4, 1;   6, 1. 16, 1, 1;   6, 3.   24, 1, 3;   13, 1;   14, 2;   15, 1. 4;   16, 3.   26, 6, 2.   kalaupit pist *crederis* 16, 1, 3.   za kelaupanne pist *crederis* 26, 8, 3.   bist 2, 5, 1. 2. 6, 2, 2.   *sg. III.* ist 1, 4, 1;   7, 1;   12, 1.   6, 5, 3.   20, 1, 1.   21, 4, 1. 2. calaupit ist *creditur* 1, 7, 3.   farlazzan ist *linquitur* 2, 4, 1.   kasalt ist *traditur* 2, 8, 2.   fartripan ist *depellitur* 5, 2, 1.   harcheban ist *redditur* 12, 2, 4·

kazokan ist *trahitur* 18, 1, 1. kahaltan ist *custoditur* 19, 3, 2. kicozan ist *funditur* 22, 5, 2. — kateilit ist *distributus est* 11, 2, 4. kaoffarot ist *oblata est* 21, 4, 4. — za lobone ist *laudanda est* 1, 2, 4. za petonne ist *orandum est* 17, 1, 1. za pittanne ist *deprecandus est* 17, 1, 2. za kasehanne ist *videndus est* 19, 6, 4. *pl. I.* pirum 1, 6, 1. *pl. III.* sint 7, 8, 4. 26, 3, 3. arprochan sint *fracta sunt* 21, 5, 2. *conj. sg. I.* si kiskentit *confundar* 26, 16, 2. *sg. III.* si 3, 6, 1. 2; 7, 2. 8, 9, 1. 16, 2, 3. 17, 2, 1. 19, 12, 1. fer si *absit* 8, 6, 1. si *fiat* 26, 15, 1. *pl. I.* sin 11, 2, 1. uuesem 9, 2, 1. uuesen 2, 8, 3. *part. npm.* uuesante *manentes* 2, 8, 4. 4, 6, 2. *prät. ind. sg. III.* uuas 1, 4, 3. *pl. I.* pihabet uuarun *tenebamur* 24, 6, 3. *pl. III.* uuarun 19, 5, 1.

az uuësan *adesse: präs. ind. sg. III.* az ist 4, 2, 4. *imp. sg.* az uuis *adesto* 16, 6, 4.

duruh uuësan *permanere: präs. ind. pl. III.* thurah uuesant 22, 5, 3.

untar uuësan *subsistere: präs. part. nsm.* untar uuesanti 7, 3, 3.

uuidar *adv. s.* uuidar pliuuan, uuidar fuaren, uuidar scurgan.

uuîc *stm. bellum: gs.* uuiges 22, 2, 2.

uuîh *adj. sanctus: ns.* uuiher 20, 1, 2. 26, 3, 1; *agius* 2, 5, 1. *uuiher* 26, 3, 1 (2). *nsf.* uuihiu 26, 5, 2. *nsn.* uuihaz *sacer* 20, 1, 3. *vsm.* uuiho 4, 4, 4. 7, 8, 1 (2). 16, 2, 1. 24, 16, 1; *agie* 1, 13, 1. *gsm.* uuihes 3, 2, 3. 6, 2, 4; *sacri* 22, 3, 3. *dsm.* uuihemu 1, 2, 1. 2, 6, 3. 8, 10, 4. 11, 2, 2. 17, 1, 4. *uuihe*mu 6, 7, 2. uuihemo 24, 16, 4. 25ᵃ, 1, 3. *asm.* uuihan 23, 4, 2. 26, 5, 5. *asn.* uuih *sacrum* 21, 2, 1. *npf.* uuiho 1, 8, 1. *gpm.* uuihero 7, 10, 3. 22, 6, 1. uuiheru 23, 2, 1. *dpm.* uuihem 26, 10, 1.

uuîhen *swv. benedicere: imp. sg.* uuihi 26, 11, 2. *prät. part. nsm.* kauuihto 7, 9, 2.

(h)uuîla *stf. hora: ns.* uuila 1, 4, 1. *as.?* niunta uuila *nonam* 13, 1, 4. — *Vgl.* stunta.

uuillo *swm. voluntas: ns.* 2, 7, 4; 8, 1. 22, 7, 2.

uuîn *stm. vinum: ns.* 8, 7, 1.

uuini-scaf *stf. foedus: as.* uuiniscaf *foedera* 8, 8, 1.

ubar-**uuinnan** *stv. devincere: prät. part. dsm.* ubaruunnomo 26, 7, 1. — *Vgl.* karichen.

ubar-**uuintan** *stv. s.* unubaruuntan.

uuir *pron. pers. nos.* 1, 6, 1. 2, 9, 4. 13, 3, 1. 18, 2, 1.' 24, 9, 3. uuir dar *qui* 24, 6, 3. *gp.* unser 16, 6, 1. *unser* 26, 14, 1. 2. *dp.* uns 1, 2, 4; 12, 1. 2, 8, 2; 9, 3. 3, 6, 1. 16, 2, 3; 6, 4. 23, 4, 3. 24, 10, 1; 12, 3. huns 17, 3, 1. *ap.* unsih 1, 13, 1. 2, 10, 2. 7, 1, 3; 12, 1. 8, 9, 4. 12, 1, 4. 16, 3, 2; 3, 4. 17, 1, 3; 3, 3. 24, 4, 3; 5, 3; 6, 1; 11, 1. 25, 7, 2. 26, 13, 2. u*n*sih 26, 15, 1. unsihc 2, 10, 4. 6, 4, 4. usih 25, 7, 3.

uuirden *swv. venerari: präs. ind. sg. III.* uuirdit 26, 1, 4. — *Vgl.* êrên.

uuirdîc *adj. dignus: vsn.* uuirdih 21, 5, 1. *npm.* uuirdige 1, 10, 4. *apm.* uuirdige 1, 13, 1.

ka-uuirih ? *victoria: asp.* kauuirich 22, 1, 2. *J. Grimm vermutet* kauuin, rîch *oder* karîh, *vgl.* ka-richan.

ka-uuis *adj. certus: dsm.* kauuissemu 5, 1, 4. *dsn.* kiuuissemu 24, 15, 1. *asf.* kauuissa 11, 1, 1. *dpf.* kauuissem 15, 1, 1.

ka-uuisso *adv. profecto:* kiuuisso 1, 7, 1. kauuisso *namque* 2, 2, 3. ka*uu*isso *enim* 1, 2, 2.

(h)uuîz *adj. albus: dpn.* uuizzem 21, 1, 2.

uuîzzago *swm. propheta: gs.* uuizzagin 8, 9, 4. *gp.* uuizagono 26, 4, 2.

unîzzac-lîh *adj. propheticus: nsf.* uuizaclichiu 1, 1, 2.

uuizzan *anv. wissen: präs. conj. sg. III.* ni uuizzi *nesciat* 3, 5, 4; 7, 4. *part. nsm.* ni uuizzanter *nesciens* 2, 3, 4, *ni* u*u*izzanter *nescius* 15, 5, 2.

uuizzant-heit *stf. conscientia: gs.* uuizzantheiti 24, 13, 3. uuizantheiti 24, 6, 4.

-uuizzi ? *in compos.* tagauuizzi.

uuîzzi *stn. poena: ds.* uuizze 19, 5, 3. *as.* uuizzi 20, 4, 2. *dp.* uuizzum 22, 3, 2. — *Compos.* hellauuîzzi.

uuîzzinari *stm. tortor: np.* uuizzinarra 22, 4, 4.

uuîzzinôn *swv. punire: inf.* 1, 4, 3. *prät. ind. pl. III.* uuizzinoton *damnarunt* 19, 5, 4.

uuola *adv. o* 21, 5, 1. — *Vgl.* uuëla.

uuort *stn. verbum: vs.* 7, 3, 1. *ds.* uuorte 3, 8, 4. 6, 2, 2; *sermone* 19, 6, 1.

uuaffen *swv. ululare: präs. ind. sg. III.* uuafit 19, 1, 4.

uuaft *stm. fletus: ds.* uuofte 25, 7, 4. *dp.* uuaftim *gemitibus* 19, 4, 1.

uuachar *stn. fructus: is.* uuochru 23, 3, 3.

uuaragî *f. crapula: ns.* 18, 4, 1.

uuasten *swv. devastare: präs. part. dsm.* uuuastentemu 21, 3, 2.

uuastio *swm. vastator: ns.* 1, 3, 2.

uuataren *swv. iubilare: präs. ind. sg. III.* uuatarit 19, 1, 3.

uunni-garto *swm. paradisus: as.* uunnigartun 21, 6, 4.

uuntâ *swf. vulnus: gp.* uuntono 24, 14, 3. *dp.* uunton 19, 10, 1. *ap.* uuntun 24, 16, 2.

uuntar *stn. mirum: ns.* 6, 3, 3.

uuntar-lîh *adj. mirabilis: nsn.* 6, 5, 3. uuntarlihe 20, 5, 1. *apm.* uuntarlihe 17, 3, 2.

uurf *stm. ictus: ds.* uurfe 20, 8, 3.

-(h)uurft *stm. im compos.* umbi(h)uurft.

uurzâ *swf. radix: ns.* 8, 6, 4.

Z.

za *präp. c. dat. ad* 5, 5, 3. 10, 2, 2. 16, 4, 2. 18, 1, 2. 21, 1, 1. 24, 11, 1. 26, 8, 1. — za lobone *laudanda* 1, 2, 4. za tuuanne *agenda* 2, 8, 2. za ezzanne *edendum* 2, 9, 2. za auchonne *addendis* 8, 9, 1. za petonne (*ad*) *oran-*

dum 12, 1, 4. 17, 1, 1. za pittanne *deprecandus* 17, 1, 2. za kasehenne. *videndus* 19, 6, 4. za arlosanne *ad liberandum* 26, 6, 3.

zan *stm. dens: ds.* 3, 4, 2. *dp.* zenim 22, 4, 2.

zëbar *stn. hostia: ns.* 12, 2, 3. *vs.* 21, 5, 1. *ds.* zebare 10, 2, 2.

zeichan *stn. signum: ds.* zeichane 13, 2, 4. 18, 2, 1. *as.* zeichan 6, 3, 3. zeichan 1, 4, 4. *dp.* zeichanum 7, 11, 3. — *Compos.* himilzeichan.

ka-zeichanen *swv. signare: prät. part. npm.* kezeichante 24, 9, 3.

zeohan *stv. trahere: prät. part. nsm.* kazokan ist *trahitur* 18, 1, 1.

zerren *swv. scindere: prät. part. nsn.* kizerrit uuarth 24, 8, 1.

zësuuâ *swf. dextera: ns.* 16, 4, 3. *ds.* zesauun 2, 1, 4. zesuuun 26, 8, 1.

zîl-sanc *stn. chorus: ns.* 7, 5, 3.

zît *stfn. tempus: ns.* 1, 3, 1; 7, 1. cit 23, 1, 1 (2). *ds.* zite 1, 1, 1; 11, 1. 19, 11, 4. 24, 12, 1; 15, 1. *as.* zit 15, 2, 2. *gp.* ziteo 18, 1, 4. 25, 1, 3. *ap.* ziti 25, 1, 3.

zogôn *swv. carpere: inf.* 20, 4, 4.

zua *adv. in* zua peton, zua chliban, zua katuan.

zua-kanc *stm. aditus: ap.* zuakangi 18, 2, 4.

zungâ *swf. lingua: ns.* 5, 4, 4.

zuuelivinc *num. duodenus:* zuuiror zuueliuuinga ruaua *bis duodenus numerus* 7, 6, 2.

zuuiror *adv. bis* 7, 6, 2, *s. das vorige.*

Lateinischer Index.

ab fona.
absit fer si.
abluere kauuasgan.
abscedere kalidan.
absistere fer stantan.
absolutio arlòsida.
ac, atque joh, inti joh.
actus tât, katât.
aculeus ango.
ad za.
Adam adam.
addere auchôn, zua katuan.
adesse az uuesan.
adfluere upar cussôn.
aditus zuakanc.
adhaerere zua chlîban.
adlevare erpurren.
admonere manôn, môtten.
adnuere pauchanen.
adorare zua petôn.
adquirere kasuachen.
adsistere az stantan.
adspicere sehan.
adsumere antfâhan.
adtemptare kachorôn.
advenire chueman, az chueman.
adventus chumft.
advocare kaladôn.
aeger siuh.
Aegyptus egypt.
aequalis epanlih.

aestus hizza.
aeternus êuuîc. in aeternum in êuuîn, in êuun.
aether himil.
agere tuan.
agius uuih.
agnoscere archennen.
agnus lamp.
ala feddhah.
albus uuîz.
altus hôh. ex alto fona hôhî. in altissimis in hôhinum.
amen uuâr.
anastasis urrist.
anima sêla.
animus muat.
angelus angil, poto, chundo.
ante fora.
antiquus entrisk.
anxius angustlih.
aperire intuan.
apostolus poto.
ara altari.
archangelus archangil.
arguere refsen.
arma uuâffan.
armare uuâffanen.
asper sarf.
ater suarz.
atque s. ac.
auctor ortfrumo.

auditor helfant.
aula chamara.
aurora tagarôd.
ausus katurstic.
auxilium helfa.
avaritia frecchi.
azyma derpaz.
baptismus tauffi.
baptizare tauffen.
baratrum hellacruapa.
beatus sâlic.
bellum uuîc.
benedicere uuela quhedan, uuîhen, kauuîhen.
bestia teor.
bibere trinchan.
bis zuiror.
blandus sleht.
bonum cuat.
bonus cuat.
brachium arm.
brevis churt.
cadere fallan.
caecus plint.
caelestis himilisc.
caelum himil.
caligo tunchali.
callidus fizus.
calor hizza.
candidatus kascônnôt.
candidus clîzzanti.
candor scônî.
canere singan.
cantare singan.
capere antfâhan.
captivare elilentôn.
carcer charchari.
caritas minna.
carmen sanc.
caro fleisc, lîhhamo.
carpere zogòn.
castitas kadiganì.

castus kadigan.
casus fal.
catena chetinna.
catholicus allih.
cedere intlâzzan, hengen.
cena nahtmuas.
cernere sehan, kasehan.
certus kauuis.
cervix hals.
cherubin cerubyn.
chirographum luzzil kascrip.
chorus cart, samanunga; cartsanc, zîlsanc.
christus christ.
cibus muas.
clamare harên.
clamor (h)ruaft.
clarus heitar.
claudere pilûchan.
clemens kanâdic.
cogitare denchen.
comes kasind.
concinere saman singan.
concitus (h)radalih.
concludere pilûchan.
conculcare katretan.
condere scaffôn.
conditor felaho, felahanto, scheffo, sceffant, sceffento.
conficere katuan.
confiteri jehan.
confringere (ka)prechan.
confundere kaskenten.
coniungere kafuagen, kamachòn.
conlaudare samant lobòn.
conligere kalesan.
conpendium kafuari.
conpetere kalimfan.
conrigere karihten.
conscientia uuizzantheit.
consentire kahengen.
conservare kahaltan.

consortium kamachadî.
constitutor kasezzanto.
consumere kaneozzan.
conterere mullen.
continere inthabên.
contubernium kimachida.
cor herzâ.
corona haubitpant.
corporeus lîchamhaft.
corpus lîchamo.
corpusculum lîchamilo.
cotidie tagauuizzi.
crapula uuaragî.
creator scepfant, sceffento.
creatura kaskaft.
credere kalauben.
credulitas kalauba.
crepusculum dhemar.
crimen firina.
crudelis crimmi.
cruor trôr.
crux crûci.
culmen first.
culpa sunta.
cum mit; do, denne.
cuncti allê.
cura ruacha.
curare (h)reinnen.
currus reita.
cursus hlauft.
custodire kahaltan.
damnare uuîzzinôn.
dare keban.
David dauid.
de fona.
debilis lam.
debitor scolo.
debitum sculd.
debitus sculdîc.
decere karîsan.
decipere pisuuîhhan.
declinare ka(h)nîgan.

defendere scirman, kascirman.
defensor scirmo, scirmanto.
deflere reozzan.
deitas cotchundî.
delere farcnîtan.
dens zan.
depellere fartrîban.
deprecari pitten.
descendere nidar stîgan.
deserere farlâzzan.
desiderare kakerôn.
desonare ka(h)lûtten.
detegere intdechen.
detinere pihabên.
deus cot.
devastare uuasten.
devincere ubaruuinnan, karîchan.
devorare farslintan.
devotus kadeht.
dextera zesuuâ.
diabolus unholdâ.
dicere chuedan.
dies tac.
dignari kauuerdôn.
dignus uuirdîc.
diligere minnôn.
diluculo frua in morgan.
diluere uuaskan.
dirigere rihten.
dirus crimmi.
discernere untarsceidan.
discipulus disco.
discutere arscutten.
distendere kadennen.
distribuere kateilen.
divinitas cotchundi.
divinus cotchund.
divitiae otmâli.
docere lêrren.
dolor suero.
dolus fizusheit.
dominus truhtîn.

E. Sievers, Murbacher hymnen.

donare — gestare.

donare kepan.
dormire slâffan.
ducere leitten.
dulcis suazzi.
dum denne, unzi.
duodenus zuueliuinc.
durus starch.
dux leitid.
e, ex fona.
ebrietas trunchali.
ecclesia chirichâ, samanunga.
edere ezzan.
edere , kaperan.
eius sîn.
enim kauuisso.
eos sie.
ergo auur.
erigere arrihten.
eripere arretten.
esse uuesan; uuerdan.
et inti.
eum inan.
evangelicus evangêlisc.
excelsus hôh; de excelsis fona hôhinum.
excitare uuechen; aruuechen.
exercitus heri.
extinguere arlesken.
extollere arheffan.
exultare faginôn.
facere tuan.
facies antluzzi.
factum kitât.
fallax lucci.
fallere triugan.
familia hiuuiski.
fames hungar.
famulus scalch.
fastidium urgauuida.
fateri sprechan.
favere helfan.
ferre pringan, fuaren.
fervere stredan.

fessus muadi, armuait.
fieri uuerdan, uuesan.
fidelis kalaubîc, triuhaft.
fides kalauba.
filius sun.
finis enti.
firmus festi.
flammeus laugîn.
flatus plâst.
flectere piugan.
flere uuaffen.
fletus uuaft.
foedus uuiniscaf.
fons prunno.
forma kilîhnissa, pilidi.
formidare furahtan.
fortis starch.
fortiter starchlîcho.
frangere arprechan.
fraus notnumft.
fretum keozzo.
frons endin.
fructus uuachar.
frustra aruun.
fulcire arspriuzzan.
fulgere scînan.
fulgidus peraht.
fundare kastuden.
fundere kakeozzan.
funus hrêo.
fuscare kasuerzen.
Galilea galilea, kauuimez.
gallus hano.
gaudere menden.
gaudium mendî.
gemere sûftôn, chueran.
gemitus uuaft.
gens chunni.
genu chniu.
genus chunni.
gerere tragan.
gestare tragan.

gloria tiurida.
glorificare katiurren.
gloriosus tiurlih.
gradi kangan.
gradus staph.
grates dancha.
gratia anst.
gravis suâri.
gubernare stiurren.
gula kitagî.
gurges uuâk.
gustare chorôn.
habere cigan.
habitaculum kapúid.
hamus angul.
hereditas erbi.
hic desér, der.
homo man.
honor éra.
hora uuila, stunta.
horrere leidlichén.
horridus egislih.
horror egiso.
hostia zebar.
hostis fiant, heri.
humanus mannaschin.
humectus fúhti.
humilis nidari, deodraft.
hymnus lop, lopsanc.
ibidem darc.
ictus uurf.
ignis fiur.
ignoscere pilázzan.
ille er, der; ille qui der der.
imago manalicha, kalihnissa.
in in.
incessabilis unbilibanlih.
incitare kaanazzen, kacruazzen.
incohare inkinnan.
increpare refsen.
inducere in kaleitten.
indulgentia antlâzzida.

inenarrabilis unrahhaft.
iners unfruat.
inferus hella.
infernus pech.
inferre ana pringan.
informare kascaffön.
infundere in keozzan.
ingenitus ungaporan.
iniquitas unreht.
inlabi sliffan.
inlibatus unpauuollan.
inludere triugan.
inluminare leohtan, inleohtan, kaliuhten.
inmaculatus ungauuemmit.
inmensus ungamezzan, unmezzîc.
inmobilis unka(h)ruaric.
inmolare kaslahtôn.
inperium kapot.
inpetus ana(h)lauft.
inpius kanâdilôs; adv. suntlicho.
inplicare in kifaldan.
inprobus unchûski.
inquam quedan.
inquinare un(h)reinnen.
inruere ana plesten.
insanus unheil.
insidiari lâgôn.
intonare donarôn.
intrare in cân.
investigator spurrento.
invictus unuparuuntan.
invidere apanstôn, katarôn.
invidus apanstîc.
ipse selp, er selbo.
ira kapuluht.
Israhel israhel, liut.
iste desér, der.
iacere lickan.
iam giû.
ianua turi.
Iesus heilant, christ.
iubar heitarnissa.

7*

iubere kapeotan.
iubilare uuataren.
iudex suanari.
iugis simblîc.
iugiter amazzîgo, simbulum.
iungere kamachôn.
iussum kapot.
iustus reht.
labi *s.* pislipfen.
labor arbeit.
laedere katerran, katarôn.
laetari frauuôn, frôôn.
laetus frau, frô.
lampas leohtfaz, leohtchar.
lapis stein.
lascivus uuanchônti.
latere lûzzên.
latro diup.
laudabilis lophaft, loplîh.
laudare lobôn.
laus lop.
lavare uuasgan.
lex êuua.
liber frî.
liberare arlôsen.
ligare pintan.
lingua zungâ.
linquere farlâzzan.
locare kastatôn.
lubricum sleffarî.
lubricus sleffar.
lucifer tagastern.
lues un(h)reinî.
lumen leoht.
luna mâno.
lux leoht.
luxus flusc.
magister magister.
magnus michil.
maiestas meginchraft.
manere uuesan.
manus hant.

mare meri.
martyr urchundo.
malesuadus upilo spano.
malum upil.
malus upil.
medicus lâchi.
medius mitti.
memento gihugi.
mens muat.
mercari archauffen.
mereri kafrëhtôn.
meridies mitti tac.
meritum frëht.
metus forhtâ.
micare scînan.
miles chneht, degan.
mirabilis uuntarlih.
mirum uuntar.
miser uuênac.
misereri kanâdên?
misericordia kanâda?
mitescere kistillên.
mora tuâla.
mori arsterpan.
mors tôd.
mucro uuâffan.
mulier chuenâ.
multitudo managî.
mundare (h)reinnen.
mundus (h)reini.
mundus uueralt.
muncrare lônôn.
munus lôn, keba, kift.
mutare mûzzôn.
mysterium karûni.
nam inu.
namque kauuisso.
natura kapurt.
natus chind.
nauta ferro.
ne ni, min.
nec noh.

negare laugenen.
nemo neoman.
nequaquam neonaltre.
nescire ni uuizzan.
nescius ni uuizzanti.
nex slahta.
nitere scînan.
nitor scîmo, scônî, cliz.
nobilis adallîh.
nobis uns.
nocere terren.
nocturnus nahtlih.
nodus reisan.
nomen namo.
non ni.
nona niunta (h)uuîla.
nos uuir, unsih.
noster unsar.
nostri unsar.
novus niuui.
nox naht.
nudare nachatôn.
nullus nihein.
numerus ruaua.
nunc nû.
o uuola.
observare picauman.
obstupere stobarôn.
obtundere kagan pliuuan.
obviam kagan, kagani.
occasus sedalcanc, sedal.
occupare pifâhan, pihabên.
occultus taugan.
occurrere kagan, inkagan (h)lauffan.
oculus augâ.
odoramentum stanch.
offerre offarôn.
omnipotens almahtîc.
omnis al, eokalih, eokauuelih.
opes êhti.
opus uuerah.
orare petôn, pittan.

orbis umbi(h)uurft.
ordo antreitî, antreitida.
ortus ûfganc.
ornare kascônnôn.
os mund.
osanna kahalt.
osculare chussan.
ostendere kaaugen.
otium firra.
ovis scâf.
pallere pleichên.
palma siginumft.
pandere spreitten, inlûchan.
panis prôt.
paraclitus trôst, pirnanto.
paradisus uunnigarto.
pascha ôstrûn.
paschalis ôstarlih.
passio drûunga.
pater fater.
patera chelih.
paternus faterlih.
pati dulten.
Paulus paul.
pavere furahtan.
paviscere erfurahtan.
pax fridu.
peccatum sunta.
pectus prust.
pendere hangên.
per duruh, ubar.
perdere farleosan.
perditus unkalaubîc.
perennis simblîc, êuuîc.
perfectus duruhnoht, duruhtân.
pergere faran.
perire farloran [uuesan].
permanere duruh uuesan.
perpetuus emazzîc; in perpetuum in
  êuun.
personare (h)lûtten.
pervertere pisturzen.

pervigil duruhuuachar.
pervigilare duruhuuachên.
pes fuaz.
Petrus peatar.
Pharao farao.
phosphorus tagastern.
pius kanâdîc.
placere lîchên.
planta solâ.
plasmare kasceffan, kascaffôn.
plausus slac.
plebs liut.
plenus fol.
poculum lîd.
poena uuîzzi.
poenitentia (h)riuua.
polluere kauuemmen.
polus himil.
pompa keilî.
pontus séo.
populus folch, liut.
portare tragan.
poscere fergôn, pittan.
posse magan.
possidere pisizzan.
post after.
postmatutinus aftermorganlîh.
potens mahtic, maganti.
potestas kauualtida.
potus lîd.
praeclarus duruhheitar.
praeco foraharo.
praedicare predigôn.
praedicere fora chuedan.
praedium êht.
praemium lôn.
praestare farlihan.
praeterire furi kangan.
praevius fora kânti.
pravus abah.
precari pittan.
pretiosus tiuri.

pretium uuerd.
primogenitus êristporan.
primordium frumiscaft.
primum êrist.
primus êristo.
princeps furisto.
pro pî.
probrosus ituuîzlîh, unchûski.
proclamare fora harên.
prodere meldên.
profecto kauuisso.
profectus fart.
proferre fram pringan.
profundus tiuf.
promissum kaheiz.
promptus funs.
pronuntiare fora chunden.
pronus framhald.
propere îlico.
propheta uuîzzago.
propheticus uuîzzaclih.
propter durah.
prosper prûchi.
prosternere nidar spreitten, strechen.
protegere scirmen.
provehere fram fuaren.
providus kauuar.
provocare cruazzen, kacruazzen.
proximus nâh.
psallere singan.
publicus (h)lûtmâri.
pudicitia kahaltani.
pudor kadiganî.
pulsare chlochôn.
punire uuîzzinôn, slahan.
purus (h)lûttar, (h)reini.
quaerere suachen.
quaesumus pittamês.
quantocius sô horsco.
quaterni feor.
que joh.
quemadmodum diu. mezu.

qui der; *vgl.* dû der, uuir dar.
quia danta.
quietus stilli.
quis (h)uuer.
quod daz.
quondam giû.
quoque auh.
radius scîmo, speichâ.
radix uurzâ.
rector rihto.
reddere arkeban, keltan.
redemptio urchauf.
redemptor chauffo.
redimere archauffen.
redire (h)uuervan, arkepan uuesan.
reducere auur pringan.
referre auur pringan.
refulgere arskinan.
refundere (auur) kakeozzan.
regere rihten.
regia turi, portâ.
regnum rîchi.
regula sprattâ.
religare kapintan.
remanere piliban.
remittere farlâzzan.
remunerator lônari.
renasci itporan uuerdan.
repellere. ferscurgan, uuidar scurgan.
replere arfullen.
reprimere kadûhen.
requies râuua.
res racha.
reserare intsperren.
respicere kasehan.
resurgere arstantan.
resuscitare aruuechen.
retundere uuidar pliuuan.
reus karasênti, sculdic.
revectare auur tragan, uuidar fuaren.
reverti (h)uuervan.
rex chuninc.

rixa pâga.
rogare pittan.
ros tau.
roseus rôsfaro.
rota rad.
ruber rôt.
rursus auur.
rutilare lohazen.
sabaoth herro.
sacer uuîh, heilac.
sacrare heilagôn.
saevus sarf.
salus heili.
salvator heilant.
salvus kahaltan.
sancire heilagôn.
sanctus uuîh.
sanguis pluat.
sator sâio.
scandere chlimban.
scindere zerren.
se sih.
secretus taugan.
sectari folgên.
seculum uueralt.
secundare kaprûchen.
sed ûzzan.
sedere sizzan.
sedes sez.
sedulo amazzigo.
segregare suntarôn.
semper simbulum.
sempiternus êuuîc, simblic.
seni sehs.
senior hêriro.
sensus huct, inhuct.
sentire intfindan.
septies sibun stuntôn.
septimus sipunto.
serenare heitaren.
serenus heitar.
sermo uuort.

serpens nâtrâ.
servulus scalchilo.
servus scalch
sexies sehs stuntôm.
si ibu, ubi.
sic sô.
sicut eo sô.
sidus himilzeichan.
signare zeichanen.
signum zeichan.
Sileas sileas.
similis kalih.
simul saman.
simulare kalichisón.
sinceritas (h)lúttri.
sine âna.
sinere lâzzan.
singuli einluzzé.
sobrie urtruhtlicho, triulicho.
sobrietas urtruhtida.
sobrius urtruhti.
sol sunnâ.
sollicitus sorgěnti.
solus eino.
solvere arlósen, intpintan; keltan.
somniare insueppen.
somnolentus slâffilin.
somnus slâf.
sonare (h)lútten.
sopitus slâfrac.
sopor slâf.
sperare uuânnen.
spernere farmanên.
spes uuân.
spiritus âtum, keist.
splendere scînan.
splendidus heitar, scóni.
splendor scîmo.
sponsus prûtigomo.
statuere kasezzen.
stella stern.
stola kauuâti.

stratum strô.
strenue snellîcho.
strenuus kambar.
stultus tulisc.
sub untar.
subditus deodraft.
subdolus pisuuicchilin.
sublimis hôh.
subrepere untar chresan, unter sliuffan.
subripere untar chriffen.
subsistere untar uuesan.
substantia capurt.
subvenire helfan.
succedere folgên.
sumere neozzan.
summus opanôntîc, meisto.
super ubar.
superbia keili.
supplex ka(h)nigan, pittenti.
surgere arstantan.
suscipere intfâhan.
suscitare uuechen.
suspendium ûfhengida.
sustollere ûf purren.
suus sîn; *vgl.* irâ, irô.
syraphin syraphîn.
tandem (h)uuenneo.
tantus sô michil.
tartarus peh, hellauuizzi.
te dih.
tegere dechen, pidechen.
templum halla.
temptatio chorunga.
tempus zît.
tenebrae finstrî.
tenebricare finstrên.
tenere habên, pihabên.
ter driror.
terminus marcha.
terni drisgê.
terra erda.
terror egiso.

Nachträge und Berichtigungen.

S. 4 anm. 2. Aus Wattenbach's Geschichtsqu. Deutschl. II[3], 369 ersehe ich, dass das Murbacher handschriftenverzeichnis doch in Genf existiert und schon bei J. Senebier, Catal. de Genève (Genf 1779) s. 77 zum teil gedruckt ist (daher die bezeichnung der hs. bei Pertz, Archiv VII, 257). Etwas wesentliches ergibt sich auch aus dem hier mitgeteilten nicht, nur erfahren wir, dass auch das Genfer ms. am schluss die worte trägt: Legentes orent pro Bartholomeo de Andolo abbate Morbacensi, qui hunc et alios plures comparauit et renouauit anno MCCCLVIII. Hierzu bemerkt Senebier: 'j'ai appris que presque tous les mss. de cette Abbaye portoient le nom de ce De Andolo, Maître ès Arts dans l'Université de Heidelberg, où il avoit étudié le Droit Canon.' Bartholomeus von Andolo (jetzt Andlau im Niederelsass, bei Barr) erscheint vom jahre 1450 ab bei Schöpflin, Alsatia dipl. II, 385 ff. häufig als abt von Murbach.

S. 11, 11 v. u. sind noch anzuführen *kahaltini* 18, 3, 1, *uuenege* 19, 2, 1, *ungaporono* 8, 10, 1, desgl. s. 12, 16 *chrẹse* 15, 4, 1, z. 20 *sarfẹ* 3, 4, 3. S. 13, 16 ff. Zu den beispielen aus der Benediktinerregel kommen nach E. Steinmeyer's collation (Zs. f. d. a. XVII, 439) noch *notduruftti* 83, 1. *durufttigot* 83, 20; aus den gl. K. *rihttitha* 157, 1. *zuhtte* 196, 23. Alts. noch *Heribrahtti*, *Fresbrahtteshem*, Heinzel, Niederfrk. Geschäftsspr. 22; ags. *pihttisc* Chron. Sax. in den Monn. hist. brit. I, 291. Besonders häufig, ja fast zur regel geworden sind diese *htt* in der Germ. XVIII, 186 ff. gedruckten mhd. Franciscanerregel: *wihennahtten* 189, 11. 16. 31; *bihtte* 189, 28. *bihtten* 189, 30. 32. *andehtteclichen* 189, 32. *rehtter* 190, 17. 192, 8. *rihttunge* 190, 27. *rehtte* 190. 34. *betrahtten* 191, 12. S. 15, 10 v. u. füge hinzu *bist* 2, 5, 1. 2. 6, 2, 2; s. 19, 10 ff. *unreth* 8, 4, 3, *forachtvn* 20, 5, 3, *dich* 4, 4, 1; s. 25, 3 v. u. *fientes* 24, 9, 1; s. 72, 17 *sacratum*.

S. 14, 3 lies *luzzilemu*; 16, 18 *zuueliuuinga*; 18, 19 *uuirdih* 21, 5, 1; 19, 10 *trutinan* 7, 4, 2. S. 22, 6 ist wol *unheilara* zu streichen und dasselbe dafür s. 24 unten mit aufzuführen; wahrscheinlich ist das wort nicht mit Graff IV, 871 als nom. pl. zu *unheilari* aufzufassen, sondern der übersetzer zog *insani* als gen. sg. zum folgenden *manus*. S. 24, 3 ist *luzzilemo* zu streichen, statt dessen ist auf einige abweichende formen von *dër*, *dësêr* im index zu verweisen. S. 47, 4 lies *sigouualto*. S. 62 überschr. *anahlauft*, s. 74, 2. 8 *ituuizlih*.

tertius dritto.
testis urchundo.
thronus anasedal, anasidili.
tibi dir.
timor forhtâ.
tollere neman.
torridus karôstit.
tortor uuîzzinâri.
totus al.
tradere sellen.
trahere zeohan.
trames pfad.
transire duruh̄ faran.
transitus ubarfart.
tremere pipên.
tribuere kepan.
trinitas driunissa.
trinus drisgi.
tristis cremizzi.
triumphalis siginumftilih.
triumphare ubarsigirôn, sigufaginôn.
trudere kapintan.
tu dû.
tumulus crap.
tunc denne, dô.
tundere pliuuan.
turpis unchûsgi.
tuus dîn.
typus pauchan.
tyrannus des palouues uuarc.
ullus einîc.
ululare uuaffan.
umbra scato.
ungula chlâuua.
unicus einac.
unigenitus einporan.
universus al.
unquam eonaltre.
unus ein.
urgere peitten.
usque in unzi in.
ut daz; eo só.
uterus (h)ref.
vagus irri.
vastator uuastio.
vel erdu.
velum lachan.

venenum eitar.
venerandus êrhaft.
venerari uuirden, êrên.
venire chueman.
venter uuamba.
venturus chumftîc.
verbum uuort.
vere uuâro.
vero auur.
vertex sceitilâ.
verus uuâr, uuârhaft.
vesper âband, âbandstern.
vestigium spor.
vestimentum kauuâti.
veternus alt.
vexillum siginumft.
via uuec.
viare uuegôn.
vicem kaganlôn.
victima frisginc.
victor sigouualto, sigesnemo.
victoria kauuirih.
videre sehan, kasehan.
vigil uuachar.
vigilare uuachên.
vigor uuahsamo.
vincere karichan.
vincire kapintan.
vinculum pant.
vinum uuîn.
virgo magad.
virtus chraft.
vis nòt; vires chrefti.
viscera innôdi.
visus kasiuni.
vita lip.
vitare midan.
vitium âchust.
vivere lepên.
vocare namôn.
voluntas uuillo.
volvere kiuualdan, uuellan.
votum antheizzâ.
vox stimma, stimmi.
vulnus uuntâ.
vultus antlutti, antluzzi.

II.

thih kiporeen. sona magidi & furahtu. eo calih sela
Quem editū ex uirgine. p̄cuiscit omnis anima
thuruh thih unsih & steentan ke deh teemu muate kelecubenet
pque nos resurgere. dō uotcē te credimus;
Thih unsih sethuruh teccisi capi ant slazida
Qui nobis p̄cebtis mū. donec er̄g indulgentiam.
uuirdar pihabet iuuarun pantarun kispuntane uui zeem hsŋ.
Qui tenebeemur uinculis ligter̄g conscientie;

Cod. Jun. 25, fol. 116ᵇ, Z. 9 ff.

E. Sievers.

I.

Cod. Jun. 25, fol. 122ᵇ.

mez teros nacha hre anief lichez stimma
Medice noctis tempore. ppheẑica uox
ōmee nor chuueden lop truhno fare simbulunoh sune
Ġ admo nē&. dicam' lecu der dn̄o. patri sēp ac filio.
uuihenu ouh ecemo duruh nohtu lec so dụanisfee
Sc̄o quoq̄; sp̄ui. per fac̄tee enim trinitees:
ioh deres gnun ex patri habbone uns simbulu ist
un iur q; subst̄eenti̯e. lecudeendan ob sēp ē.

E. Sievers.